Vilijam Stivenson
Igla Babe Gerton

Naslov originala
William Stevenson
Gammer Gurton's Needle

Vilijam Stivenson

Igla Babe Gerton

S engleskog preveo
i prvo srpsko izdanje priredio
dr Slobodan D. Jovanović

Udruženje pisaca Srbije i okruženja
Beograd, 2016.

Vilijam Stivenson
IGLA BABE GERTON

Recenzenti
Prof. dr Radmila Nastić, redovni profesor,
Filološko-umetnički fakultet (FILUM), Univerzitet u Kragujevcu

Prof. dr Maja Ćuk, vanredni profesor,
Fakultet za strane jezike, Univerzitet Alfa BK

Urednik
Dragan Lazarević

Izdavač
Udruženje pisaca Srbije i okruženja, Beograd

Za Izdavača
Vojislav Stamenković, predsednik Udruženja

Grafičko uređenje i izgled korica
Ratomir Dimitrijević

Štampa
Pharmalab, Beograd

Tiraž 100

ISBN 978-86-89897-08-1

SADRŽAJ

PREDGOVOR

Šesnaesti vek je period konačnog formiranja engleske renesansne komedije, mada je od početka tog stoleća trebalo da protekne još dosta do pojave nekih značajnih umetničkih ostvarenja. Ovo je vreme koje se još odlikuje prisustvom moraliteta i njihovom popularnošću, s tim što ih sada sve češće pišu obrazovani ljudi. Ipak, sve više jača i značaj interluda, dramske vrste za koju se znalo još u petnaestom veku, ali od koje skoro da i nema ranije zapisanih primera. Što se tiče samog naziva *interlud*, on je isprva najverovatnije upotrebljavan da se označi nekakav intermeco koji je prikazivan između mirakula, ili kratak zabavni komad igran između služenja obroka pri nekoj velikoj i svečanoj gozbi. Interlud kakav se javlja u prvim decenijama šesnaestog veka, međutim, uglavnom ima karakter lakrdije, kratkog komičnog komada, i može se sa sigurnošću nazvati neposrednim pretečom prave renesansne komedije.

Presudnu ulogu u formiranju engleske renesansne komedije odigrali su, posredstvom humanista, klasični uticaji. Prvu etapu tog razvoja predstavljalo je proučavanje klasičnih komedija, dela Plauta i Terencija, u takozvanim gramatičkim školama. Školska izvođenja su kasnije preneta iz školskih prostorija na dvor, koji je postajao najvažnije sedište umetnosti, učenosti, ali i zabave. Sledeći korak je predstavljalo prevođenje tih komedija, isprva samo u rukopisu, za lokalne potrebe, a kasnije i u štampanoj formi. Komedija koja se prva pojavila u štampanom prevodu bila je Terencijeva *Andarka* (*Andria*, 1560). Konačno, usledio je i stadijum u kom su talentovani i sposobni komediografi krenuli u stvaralačku adaptaciju latinskih uzora, čime su nastale prve engleske komedije u punom smislu te reči. Počasno mesto među takvima mora da se dodeli naslovu *Ralf hvalisavac – Ralph Roister Doister,* delu koje je svakako nastalo pre 1553. godine, a štampano je kasnije. Reč je o komediji Nikolasa Judala (otpr. 1506-1556), predavača na Itonu i u nekim drugim školama, i autora raznorodnih dela. Tako se ispostavlja da negde na polovini šesnaestog veka leži nimalo pouzdano utvrđen datum rođenja engleske renesansne komedije.

Posebnog pomena vredna je druga rana komedija, koja je igrana 1556, prvi put možda 1553, ali je štampana tek 1575. godine. Reč je o naslovu *Igla babe Gerton – Gammer Gurton's Needle*, o čijem autorstvu se dugo nagađalo, da bi danas bilo široko prihvaćeno da je njen pisac Vilijam Stivenson (1530-1575), pripadnik Hristovog koledža u Kembridžu.

I ovaj komad je podeljen u pet činova, odlikuje se jedinstvima mesta, vremena i radnje, ali opisuje život naroda u unutrašnjosti Engleske i mnogo je snažnije natopljen narodskim duhom. Stih je dugačak i nemaran, neravnomeran, mestimično deluje kao sklepan u sedmostopne (uglavnom) kuplete, ali dikcija pokazuje snažnu nadarenost za komiku i nekakvu naturalističku žicu. Autor nastoji da prenese živ seljački govor, i zato se služi dijalektom. Zaplet se odlikuje originalnošću i inventivnošću: cela radnja je izvedena iz jedne oveštale seoske anegdote, koja govori o tome kako neka stara seljanka izgubi iglu, što je sitna nezgodacija, reklo bi se danas, ali dovoljna da se na nju nadgrade razne svađe i smicalice; imati iglu, u tim vremenima, nije bilo mala stvar.

Seoski likovi su veoma dobro izvajani. Tu su kreštave i svadljive žene, sveštenik koji voli dobro da popije, priglupi ali dobrodušni nadničar Hodž, a daleko iznad svih je Dikon bedlamski prosjak, sitna protuva ali krunski smutljivac, istaknut u piću i u pesmi, neimar svih komičnih nesporazuma koji stvaraju zaplet i pokreću celu radnju. Dikon je potomak Poroka, što znači i Plautovog bistrog sluge, a najbliži je i najtešnji prototip Šekspirovog obešenjaka Autolika u *Zimskoj bajci*; originalna je tvorevina, potpuno uklopljen u engleski seoski ambijent. Za sve što radi on nema nikakvu posebnu motivaciju, već je vođen sopstvenom ludom prirodom i sklonošću ka besomučnoj šali i izmotavanju, dok su ostali likovi dovoljno naivni i skloni zaletanju tako da prosto traže da budu žrtve njegovih manipulacija. Svojim neverovatnim, u trenu smišljenim, pričama i obmanama Dikon ih dovodi u zaista urnebesno smešne situacije

Svi likovi u komediji govore seoskim dijalektom južne Engleske, koji je današnjem čitaocu originala, a naročito prevodiocu, mestimično vrlo težak za praćenje i potpuno shvatanje. Posebno istaknuta osobenost ovog dijalekta je upotreba zamenice za prvo lice jednine u obliku *ich*, kao i brojnih kombinovanih formi poput *'chad*, *'cham*, *'chi'll*, *'chold*, *'chwold*. Mnoge reči su, naravno, tokom vekova menjale svoja značenja, tako da njihovo poznavanje u ravni savremenog engleskog jezika nije garancija potpunog razumevanja upotrebe u vreme nastanka ove komedije. Sveukupan ton koji preovlađuje u komadu je vrlo slobodan, često razuzdan pa i otvoreno vulgaran, s velikim brojem reči i izraza koji svojom plastičnošću i naturalnošću daju dodatnu nijansu, predstavljaju upotpunjenje i obogaćenje slike života na selu, seoskog življa i međusobnih odnosa svih učesnika u radnji.

Komad je nadasve izvor i ponuda smešnog. Početna situacija ne može da je jednostavnija. Baba Gerton je izgubila svoju jedinu iglu, i sada je toliko tvrdoglavo ojađena i zlovoljna zbog nemogućnosti da radi ono što je želela i što joj je važno da joj ne pada na pamet da bi iglu mogla makar da uzme na zajam od svoje susetke, gospe Čet. Putujuća luda Dikon, dobro znan svima u selu, toliko je zagolican njenom bezglavom potragom za iglom da začas odlučuje da se poigra; proizvodi opasan nesporazum između dve „sestre slatke" i time još više zamuti i zakomplikuje sve što se dešava posle naizgled naivnog početka. Ubrzo su glavni likovi već u gromovitoj svađi i obračunu, tako da i lokalni potparoh i, najzad, pomoćnik šerifa iz grada moraju da se uključe. Jadni sveštenik dobije teške batine kad Gospa Čet, zavedena Dikonovom smicalicom, misli da je on Hodž, koji je provalio da bi joj pokrao živinu. Pomalo hvalisavi i prilično glasni Hodž pokazuje da je u stvari kukavičke prirode u situaciji kad se Baba Gerton i Gospa Čet grebu, čupaju i tuku nasred pozornice, to jest u središtu zbivanja. A u svemu tome najviše uživa, naravno, Dikon.

Iako joj je površinsko tkanje grubo i nemarno, *Igla babe Gerton* je zbog svega izloženog sjajna komedija, koju bi i danas vredelo oživeti na sceni. Njen uspeh i njena vrednost su u originalnom izrazu i neponovljivom prikazu one urođene vragolaste duhovitosti običnog seoskog življa. Ta komedija je prva koja je povezala konce farse, interluda i školske igre i uprela ih u dobro zasnovanu komediju iz seoskog života s razdraganim humorom ludog, s krepkim i sočnim razmenama tipično ženskog, sa čoserovskim smehom koji nije senzualan već je pre animalan, s uživanjem u fizičkim neumesnostima, sa srednjovekovnom naklonjenošću svemu što je groteskno, s jezikom koji svim svojim sredstvima, a naročito izborom reči, snažno doprinosi oslikavanju i potvrđivanju svega navedenog. Ipak, izraziti elementi farsičnog u mnogim urnebesnim situacijama jesu održivi, povezano zasnovani tako da svaki prizor vodi vrhuncu i zaključku čina, a svaki čin konačnom razrešenju. Likovi su istovremeno i tipični to jest tipski, i individualni. Rasplet je u komediografskom smislu iskorak, jer nije samo akademskog, veštačkog, karaktera, tako da ovaj komad predstavlja pravo dostignuće na polju komedije razdraganosti i veselja.

Prevod ovog dela nastao je tokom leta 2013. godine, a urađen je prema tekstu koji je na elektronskoj adresi *https://web.gsc.edu/fs/bstrickland/Gammer%20Gurton's%20Needle.pdf* izneo dr Bred Striklend. Reč je o verziji pisanoj na način savremenog engleskog jezika, prema tekstu primerka iz 1575. godine koji je štampao Tomas Kolvel. Ugledni teoretičari, među njima i slavni Henri Bredli, smatraju da je komad prvi put izveden za vreme kratke vladavine kralja Edvarda VI (12. oktobar 1537-6. jul 1553), najverovatnije tokom njegove poslednje godine na prestolu. Veruje se da je autor Vilijam Stivenson, nastavnik na Hristovom koledžu u Kembridžu, koji je, prema dokumentaciji Koledža, bio plaćan da stvara komade za igranje od 1552. do 1560. godine. Zbog toga je danas prihvaćeno verovanje da je upravo on "Mr. S. Master of Art" koji je napisao delo *Igla Babe Gerton*, hrapavu i galamdžijski uzavrelu farsu, u čijem punom naslovu stoji:

A Right Pithy, Pleasant and Merry Comedy: Entitled
Gammer Gurtons Needle
Played on Stage, not long ago in Christ's College in Cambridge
Made by Mr. S. Master of Art

Ravno 460 godina posle svog prvog izvođenja ova „Prava Krepka, Šaljiva i Vesela Komedija" spremna je da potraži čitaoce i poštovaoce i u najširoj intelektualnoj i kulturnoj javnosti Srbije.

dr Slobodan D. Jovanović

Prava Krepka, Šaljiva i Vesela Komedija: Naslovljena
Igla Babe Gerton
Igrana na Pozornici, ne tako davno u Hristovom Koledžu
u Kembridžu
Iz Pera Gospodina S., Mastera

Imena Onih koji govore u ovoj Komediji

Ludi Dikon
Hodž, zemljoradnik i radnik na imanju Babe Gerton
Tiba, sluškinja u kući Babe Gerton
Baba Gerton
Koki, služinče u kući Babe Gerton
Gospa Čet, komšinica Babe Gerton
Paroh Pacoje, mesni sveštenik
Gos'n Bejli, redar seoski
Doli, sluškinja Gospe Čet
Palica, Gos'n Bejlijev sluga
Meštani (prisutni, ne govore)

[Mesto radnje: jedno selo u Engleskoj]

Bog da čuva Kraljicu!

PROLOG

Baba Gerton stara krupnim bodom šila,
Na krilu čakšire Hodžu krpila,
Al' k'o za baksuz, joj, sve to ispustila,
U čakšire kožne iglu zaturila.
Do Dikona ludog o tom priča stigla
Da baka Gerton ne zna gde je igla,
Pa u isti čas[1] nalaga kod prije
Da Gospa Čet, drūga[2] njena, iglu krije.
A ova pojma imala, paz' se 'di si,
Kol'ko klisar Tom dok drema na misi![3]
I onda poput groma izbi udar,
Gospe da blaži morade pop mudar,
Jer on je pamet i sudija ljuti;
I zateče, o, gle, što Dikon zamuti![4]
Kad sve tumbe i naskroz ludo beše,[5]
Neka sreća il' zvezde što teše
Mignuše, te Hodža igla zapeče,
Iz guza je izvuče, tu je zateče.
Srca im svima blaženo da'nuše,
Uz dobro pivo pljesak zaslužiše.[6]

PRVI ČIN

Prvi prizor

Seoska ulica. Kuća Babe Gerton je na jednoj strani, a pivnica Gospe Čet na drugoj strani. Vreme: subotnje veče po zalasku sunca.

[Ulazi Dikon, pojavljuje se iz kuće Babe Gerton.]

Dikon: Mnogu me milju nose noge po kiši i blatu,
U mnogoj sam dobroj kući bio im na vratu.
Mnogu sam od druga čašu u životu podig'o,
I mnogi sam ražanj[7] i ražnjić okren'o i smaz'o,
Mnogi sam komad slanine s tavana[8] dig'o,
Po zemlji korakom dugim i smornim svuda stig'o-
A opet noga na ovak'a vrata[9] kročila nije,
Da ište mesa, ribe, luka crnog, belog, il' da pije,
Da bi ikad vid'o ovol'ke[10] sumorne boje[11]
Kol'ko u ovoj kući videše oči moje!

[Pokazuje ka kući Babe Gerton.]

Tu zavijaju i nariču, svi u nekoj tuzi;[12]
Kenjkaju, strašnu tugu stenju, ogrezli u suzi;[13]
Dahću, jecaju, plaču, nariču i kukaju.
Pametan nisam koji ih đavoli stiskaju![14]

Stara sluta[15] sedi i kukumavči „Ja-oj!“, „Jo-oj!“
A Tiba ruke sve krši u još tuzi goroj,[16]
I siroti Koki, dečko. Tak'i ih vrag smlavi,
Smatram da to društvo duguje u glavi.
Pitaš ih šta žale, il' ko im stradaj nameni,[17]
Oni opet ništa, samo „Avaj!“ i „Teško meni!“[18]
Vid'o da vajde nema, izvuko' se preko reda,[19]
I zgrabi' kaiš slanine, rek'o niko ne gleda!
A to ću sad za čas, samo da ništa ne biva,
Odma' da dam, da se menjam za dve krigle piva![20]

[Upućuje se ka pivnici Gospe Čet.]

PRVI ČIN

Drugi prizor

[Pojavljuje se, dolazi iz polja, Hodž i obraća se Dikonu.]

Hodž: Pogle'! Umazan[21] u blatu, u kopanju![22]
Ta što me posla u muku, proliv na nju![23]
Nikad bednik ovako živ'o nije!
Bogo moj,[24] ilovača svud po meni je!
Gle' kako se krpa[25] cepa, blagi Bogo!

[Pokazuje pocepani tur svojih čakšira.]

Da medvede vodam bolje bi bilo mnogo!
Svega mi, vidi rupetinu! Sramota!
Da čovek glavu proturi, divota!

Dikon: Ćalca mi, Hodže, da me neko pita,[26]
Mor'o bi' da kažem – na tebi sve je rita!
Al' šta ti pa tu najbolje dođe sad[27] –
Pa, da metneš krpu neku jaku k'o grȁd.

Hodž: Božića mu, čoveče, nema ni dva dana
Kako mi Baba Gerton ovo skrpila sȃma!
Al' kad ja sve moram, da dirindžim marveno,
Odrp'o bi i da je žicom šiveno.

Dikon: Pusti to, Hodže, nego reci, budi brži –
Koj' sad đavo matoru i Tibu prži?

Hodž: Ćut', more! Ne znaš ti! Toga svaki dan ima;[28]
Žale ugalj što gori, oči pune dima.

Dikon: Ne, svega mi! Dobro videh kad dođoh amo
Da Tiba i gazdarica svađale se samo,[29]
Il' tako nešto krupno – sa' ćeš da vidiš sȃm.

Hodž: Molim Svevišnjeg da im sloge i ne svane dan![30]

Dikon: Bogo moj, eno sede k'o u kaldrmi kocka,
K'o pod mađijom,[31] il' zli duh da ih glocka.

Hodž: Božja milost! Smeo sam i kapu da smlatim[32]
Da ću neki užas[33] naći čim s' u varoš vratim!

Dikon: Šta, Hodže, je l' si vidovit? Il' si već čuo, bre?

Hodž: Jok; al' takva čuda videh kakva nikad pre.
Tankardova krava – Bogo moj! – punom silinom
Poletela njegovim placem, drmala repinom,
K'o da joj pčela roj u dupištu-
Viknuh „Kurveštino, stoj!" inače ode ona tuđem
dvorištu![34]

Dikon: Kako, Hodže! Je l' joj neka mađija u repu stanuje?

Hodž: Pa, kažu da takav znak[35] ne omanjuje.
                Nego, vere ti, zašto ova mrči matora?
                Je l' neko ukr'o patke, il' uštrojio[36] mačora?[37]

Dikon: Vrag će ga znati? Ni reč nisam stig'o;
                Briga i' za mene, kol'ko s' tebi za gazdu dig'o.

Hodž: A baš sada nemam mira – šta to bi tako!
                Idem ja, da vidim šta je naopako.[38]

Dikon: Onda zdravo, Hodže, kad kući žuriš živo,
                A ja kod dobre Gospe Čet, da probam joj pivo.

                        [Dikon izlazi, odlazi u krčmu Gospe Čet.]

PRVI ČIN

Treći prizor

[Hodž ostaje; kasnije ulazi Tiba.]

Hodž: Zgranut sam, nebesa mi! Šta da radim, ne znam![39]
                Prekrstim s' dobro pre no uđem da doznam!

                [Krsti se.]

                Kanda nam zao duh u kući zbilja zavlada,
                Nisam onda blesav,[40] u to se nos ne zabada!

                        *[Dok on stoji na vratima, boji se da uđe, Tiba
                        izlazi iz kuće.]*

Tiba: Luđa sam od lude,[41] Neba mi, da mi se ovo deli!
               Psovke,[42] grdnje, batine meni dan vasceli,
               Skr'ana, glađu mučena, krv, masnice podbule,[43]
               Ni krpe da leđa skrijem, samo dronje trule!

Hodž: Hej, Tibo – ako jesi Tiba, k'o što znam da si –
               Kakav je to metež,[44] to – gazdarica i ti?

Tiba: 'Leba mi, Hodže, sreća tvoja što ne beše tu![45]
               Što l' i mi ne besmo bez traga, na milju[46] svu!
               Baba tol'ko iščašila i seče odjednom, bre,
               Koki, mališa, i jadna ja, na našu grbinu sve!

Hodž: A šta to bi – hajde, Tibo – odakle to, kako?

Tiba: Propala, kaže! Ode radost, smrt joj blizu jako!
               Ako uteha ne stigne, veli, grob je čeka;
               Na usta više – ni mesa ni hleba ni leka!

Hodž: Majko sveta, ne volim da je vidim očajnu.[47]
               Znam...[48] sa šamlice pala, trticu razbila vajnu!

Tiba: Jok, da je to najgore, ni briga nas nije,
               Ni dupe da rascopa,[49] stolicu da slomije;
               Nego, gore, uh, gore je! A sva će po nama ludila.

Hodž: Božjih mu rana! Nije valda – iglu – izgubila?[50]

Tiba: Njenu iglu!

Hodž: Iglu?

Tiba: Iglu, iglu!
               Stvoritelja mi, istinu celu velim!

Hodž: Božja strasti, što joj srce iz utrobe ne ispade, to želim!

Đavolu je, il' ženi mu, bila grdno dužna![51]
Kako to – kako, Tibo, šta joj bi, nek' je kužna![52]

Tiba: Sela ona na njenu,[53] a ja da donesem rke tvoje;[54]
I, tako – prokletstvo – nije ni uboda učinila dvoje
Da guzicu ti skrpi, kad spazi,[55] 'spod očiju,
Ono Giba, mačka naša, u mleku do ušiju!
„Jao, kurvo! Lopužo!" dreknu, baci dole krpež,
Jurnu štapom, a kroz prozor Tiba, nasta metež,
I od toga trena ljudi je nisu videli.[56]
Bogo moj, Koki i ja dvajs' puta je tražili![57]

Hodž: I onda, čakšire neušivene, što sutra bi' da i' nosim sveže?[58]

Tiba: Pa, ništa od nji' Hodže. Onako isto sve, na gomili leže.[59]

Hodž: Vala, prokleto da je sve, kad tako da bude morade[60] –
I mačka, i kuća, i služavka – kad bolje ne umede!

[Spazi Babu, koja se pojavljuje iz kuće.]

Evo je, ide, gmiže! 'Ajde, gonili te vrazi![61]
Danas si dobro uradila, a? Pričaj, i pazi![62]

PRVI ČIN

Četvrti prizor

*[Baba izlazi iz kuće i prilazi. Hodž i Tiba ostaju;
Koki se pojavljuje kasnije.]*

Baba Gerton: Kuku, Hodže! Avaj! Proklet da je doveka
Ovaj dan, kad je i svanuo, kraj Gibe i mleka!

Zbog toga, i hude sreće, zna i mali Koki ovde,
Ostadoh bez igle moje mile, sva radost ode!
Dugačka, ravna igla moja, jedino blago!
Od danas lelek živim, nestade sve drago![63]

Hodž: Ne sačuva što imade! Luda – navek luda!
Iz ruke nestalo.[64] I kome to... gle čuda!

Baba Gerton: Begaj, Tibo, žuri, kurvo, na đubre na kraj sela![65]
Gledaj gde prosu, gde đubre si i pep'o odnela;
Vid'la si kako ja čeprkam dok sam kukala,
Tako sve da s' prevrnula, svaku trun okrenula!

Tiba: Oću, Baba, sve tako, brzo,[66] odma' vraćam se!

Baba Gerton: Pazi! Kleči i gledaj dobro! 'Ajde, trudi se![67]

Hodž: Lepa parada! Šta će sve još te budale tupe![68]
Nesrećo,[69] ti bi izgubila i rođeno dupe!
Igle ti nema? Doveka ti patnja i jad![70]
Rano 'Ristova, a zakrpa? Ovako l' ću sutra ja mlad?[71]

Baba Gerton: Joj, Hodže, Hodže! Da iglu moju nađem, krsta mi,[72]
Zašila bi' ti,[73] veruj mi, duplo i jakim koncem,
I zakrpe na kolena, dva mes'ca jake.[74]
Bože i svi sveti,[75] dajte iglu stare bake!

Hodž: Čem' ti ruke, čem' oči, kad iglu ne sačuva!?[76]
Đavola si tražila? Ni usnula, ni gluva![77]
Ja tamo kopam i riljam onaj kâl i smrad,
Šljiskam i govna šljapkam, crn k'o uvek i sad;[78]
Sto stvari da ima, da sredim šalješ mene –
A *čet'ri* vas džaba sedi, niko u iglu da blene!

Baba Gerton: Igla moja, lele! Eto, Hodže, kad sam skočila[79]
Da spasem mleko za tebe, jer Giba navalila.

Hodž: Đavo razbio i Gibu i Tibu, i s njima sve!
Obrni-okreni, uvek meni najgore!
Gde si sve preturala od kad si je izgubila?

Baba Gerton: U kući, i kraj vrata, i tamo gde sam sedela,
I tražila dugo pre no svi dođoše.
Nesreća! Badava sve; iglu moju ne nađoše!

Hodž: Sveću dajte; 'oću da grebem i drljam gde god da je.
Bogo moj, budala si tol'ka, ne vidiš je pod nosom da ti je!

Baba Gerton: Ovamo, Koki! Čuješ, Koki, kad zovem!

[Dečak Koki, Gertonkino služinče, pojavljuje se iz kuće.]

Koki: Šta je, Baba!

Baba Gerton: 'Ajde, požuri,
Zaviri 'spod onog tučanog tiganja; a tamo kad ruku pružiš,
Tamo ima jedna cipela stara; u nju kad nos zabodeš
Ima da nađeš kličak bele masne sveće.[80]
Upali, pa donesi smesta.

Koki: Začas ima da bude.[81]

[Koki se udaljava, vraća se u kuću.]

Baba Gerton: Jok, čekaj,[82] Hodže, svetlo da stigne, a onda zajedno da gledamo svu'de;[83]

Hodž: 'Ajde, vala, kopilane kurvin![84] Je l' si zasp'o? 'Oćeš da te neko pesmom budi![85]

Koki: Neće sveća da s' upali; vatre k'o i da nema, ljudi.[86]

Hodž: Ama,[87] ima ti da dođeš 'vamo, sam' da ti se dohvatim
ušiju![88]
Je l' si gluv, kurvin sine? Dok imaš uši, što ne čuju?

Baba Gerton: Ne tuci ga, Hodže, pomoz' dečaku, pa oboj'ca amo.

[Hodž izlazi sa scene, juri unutra, u kuću.]

PRVI ČIN

Peti prizor

*[Baba Gerton ostaje. Ulazi Tiba. Koki i Hodž će
ući kasnije.]*

Baba Gerton: Šta bi, Tibo? Dela, da čujem, šta ima tamo!

Tiba: Vrtela i sejala kamaru sto puta čisto,
I vejala[89] kroz prste k'o što veju pasulj isto,
A kokošja govna kidala i drobila,
I svaki grumen što nađoh tamo sitnila,
Gledala unutra i spolja[90] ne bi' l' iglu našla!
Al' džaba, avaj, ništa. Znaj ga 'di je ona zašla![91]

Baba Gerton: Avaj, moja igla! Nikad više u ruci! Zbogom, mila![92]

Tiba: Ne, Baba; možda j' nabasamo, sam' da znamo 'di je bila.

[Koki se pojavljuje iz unutrašnjosti kuće.]

Koki: Krsta mu, Baba! Da s' nasmeješ,[93] dzirni 'vamo,
Kako s' Hodž rita i ripa 'sred poda tamo!
Brčka da žari nađe gde pep'o spava –

A žarčice nema ni kol'ko čiode glava –
Najzad u ćošku mrklom dve iskrice ukibi,
A to ti bile mačje oči našoj Gibi!
„Fu!", dunu Hodž, 'oće tako vatru da razgori;[94]
Na to Giba zažmure – žari nestade, mrak još gori!
Pa polako ih otvori, k'o i pre da gleda,
I tako iskre zas'jaše k'o što već su preda;
A kako Hodž raspiri vatru, mislio je tako,
Giba, dok on duva, odma'[95] trepće jako.
Tad Hodž uze da psuje, k'o što ume da s' ori,[96]
Ova j' vatra pod urokom, pa neće da gori.
Najzad Giba uz basamke gore, na grede tavanice,
A Hodž brzo za njom, pa razbi cevance –
Psuje i kune, nikad nisam čuo teže,
Giba će kuću da upali dok je on ne veže!

Baba Gerton: Eto! To ti je pamet koju tupan lupa!
A Tiba, kažem ja,[97] uz rame mu glupa!
Iskida se od smeja dok on se pokrši – [98]
Silaz' dole, Hodže! 'Di si? S tom jurnjavom svrši!

Hodž: *[Oglašava se iznutra, iz kuće.]*
Bogo blagi, pomoz'te, amo! U repu joj vatra,
Ima d' izgori kuću ako se popentra!
„'Ajde dole", a?[99] Jok, pa d' ispadnem zvekan tupi![100]
Sve će ti na glavu, požar li na trsku hrupi![101]

Baba Gerton: Pa mačkine *oči*, tikvo, u mraku sjaje!

Hodž: Mački, 'oćeš da kažeš, oko žiške daje?

Baba Gerton: Ne, nego sija, zna to svaki čovek živ.

Hodž: 'Rista mi, ako spali sve, opet sam ti ja kriv!

Baba Gerton: Skidaj se dole, i pomagaj da iglu tražimo.
Dole, Tibo, klekni, kažem! Dole, Koki, puzimo!
Bogu se kunem, i Svetoj Ani[102] nudim,
Dobiće po sveću, to ću da se trudim,
Sam' da iglu nađem, nema veze 'de.[103]

[Hodž se pojavljuje iz unutrašnjosti kuće.]

Hodž: Prokleta Giba i mlado i staro joj sve,
I sve mačke što ikada behu i biće!
Šta s' ugled'o, kurvino kopile? Misliš – igla će?

Koki: Vere mi, Baba, mislio da igla je tanka,
Al' prstom kad taknuh – ono samo slamka.

Tiba: Vidi, Hodže! Šta je ovo? Tu li se krije?

Hodž: Drobi to, glupačo, prstima, vidi šta li je!

Tiba: Jok, lomi ti, Hodže, umeš kako kažeš.[104]

Hodž: Boga mu Božijeg! Fuj,[105] govno! Mačji smrdež!
Vala, trebalo bi da ti strpam u usta!

Baba Gerton: Od mačjeg govna vajde nema;[106] gde je igla pusta?
Sveća nam na kraju: da uđemo sada svi,[107]
Pa ćemo opet kad dan nam osvetli.

[Svi ulaze u kuću. Kraj 1. čina]

DRUGI ČIN

Na početku – pesma/song:

Go sam straga, go sam, go,
Gola ruka, noga;
Utrobi da Bog dâ dobra piva,
Mladoga il' staroga!

Samo malo mogu mesa,
Stomak mi ima kvar;
Al' znam – da pijem mogu
Kol'ko vrli fratar.
Ja go, al' briga vas za to,
Meni 'ladno nije;
Unutra kožu ja grejem,
Pivo mlado, staro li je!

Go sam straga, go sam, go,
Gola ruka, noga;
Utrobi da Bog dâ dobra piva,
Mladoga il' staroga!

Ne mesa, već prepečena 'leba,
Jabuku volim 'spod sača;[108]
Malo 'leba mene drži,
Ne muči me želja jača.
Mraz il' sneg, ni vetar, vere mi,[109]
Ništa mi ne biva,
Ušuškan i umotan sam skroz
Od mlada, stara, piva!

Go sam straga, go sam, go,
Gola ruka, noga;
Utrobi da Bog dâ dobra piva,
Mladoga il' staroga!

Tiba, žena mi, k'o život svoj
Ta ište dobra piva;
Često pije dok ne krene
Suza da se sliva;
Onda meni vrč doturi,
Krčmarica je prava,
Kaže „Dragane, ja s' napila
Piva mlada, piva stara."

Go sam straga, go sam, go,
Gola ruka, noga;
Utrobi da Bog dâ dobra piva,
Mladoga il' staroga!

Nek' piju i nek' namiguju,
Kak' i treba momci dobri;
Nek' uhvate radosti sve,
Od piva su bodri.
I svi siromaji što ispiše
I krigle razbiše naše,
Bog i' čuv'o, i žene im,
Mlade il' stare snaše!

Go sam straga, go sam, go,
Gola ruka, noga;
Utrobi da Bog dâ dobra piva,
Mladoga il' staroga!

DRUGI ČIN

Prvi prizor

[Dikon se pojavljuje iz krčme Gospe Čet,
s vrčem piva. Hodž dolazi kasnije.]

Dikon: Lepo, Boge mi! I reči i pesma!
              'Ajde, Gospo, kod tebe je česma!
              Još kriglu amo, za *Dobro pošao!*,
              Golim rukama zimu ne našao![110]

              [Gospa Čet mu dodaje novi vrč piva; on ispije
              naiskap.]

              Ovo piće dušu greje! Sad da duva može!
              I pijmo i ločimo dok staje 'spod kože!
              Na koju ću stranu? Gde me večera čeka? –
              Nešto tu je ipak dobro: il' noć il' dan,
              Kud god da krenem, na pravom putu sam![111]

              [Pojavljuje se Hodž, dolazi iz kuće Babe Gerton;
              u jednoj ruci drži komad ječmenog hleba, a u
              drugoj praznu činiju za mleko.]

Hodž: Dobra mi nagrada, šta kažeš, jo-oj?
Večera mi dobra za svu muku i znoj![112]
Nema masla, sira, mleka, il' ribe, mesa,
Samo jadni 'leb ječmeni – gozba i po, od besa![113]

Dikon: Oj, prika Hodže, prijalo ti[114] meso – ako imaš!
Al' to što reče, kol'ko njušim, slastica nemaš!

Hodž: Man' se, Dikone! Čoveče, ovaj komad konjska 'leba
Sve je što ugrizo' za vas dan; ni mrvu ispod neba;
Utroba krči, gmiže,[115] stomak grmi, buči;
Crevca[116] mira nemaju, jedno drugo stiska, muči.
Boge mi, sav u muci, vrti mi se sve,
U ludnici i pod ključem u mraku zamka bar da su nji'
dve![117]

Dikon: Pa zar nikog ne beše da ti spremi jelo?

Hodž: 'Leba mu, Dikone, kasno dođo'; ničeg zacelo!
Giba – vrag je pomračio! – mleko olizala sve –
Činija sija k'o za sedam godina nikad pre![118]
Kuga[119] na svu zlu sreću! Al' se ja tada seti' još,
Bar kaiš slanine, za vratima, ne mož' da je loš;
Kad ja d' isečem režanj, kako duša poželela,
Bogo moj, pazi, Giba i slaninu pojela![120]

Dikon: Huda sreća, a? Majku ti Božiju![121] Danas, vala,
Ust'o su na levu, il' ti je vera spala.[122]
Mleko ti propalo, slanine nema – sreća pobegla!

Hodž: Jok, more, nešto gore je – mene j' gazdarica izbegla![123]
Vidiš dronju – kolena gola, sve u rupama je!
Mislio – sednem kraj vatre, ona malo ušije;[124]
Al' nastrada'[125] dibiduz!

Dikon: Kako, Hodže?

Hodž: Ma, šta vredi sad.[126]
Propado'[127] međ' budalčinama, paklu bi' bio rad![128]
Gazdarica, sramota, da, sravni me k'o gràd!

Dikon: Kako to?

Hodž: Je l' nije, kaži sâm,[129] izgubila iglu?

Dikon: Ciglu, a? Nešto se pravi? Ko to zida, a?[130]

Hodž: Ćut', more! *Iglu*! Iglu, čoveče! Nije zid, nije ni šindra!
Malecka stvar, s rupom na kraju, k'o srebro blista,
Mala, dugačka, bode, pràva, strela čista.

Dikon: Đavola pa znam na šta to misliš! Sad me tek ti dobro
zbuni![131]

Hodž: Ne znaš šta 'no krojač gura, kroz krpe probada il' rupe
puni?[132]
Igla! *Iiggllaaa*! Igla! Njoj je njena *igla* nestala!

Dikon: *Igla*, znači? Sad te njušim! A *ta* ti je trebala![133]
Vere mi, gubitak i po, za tebe i čakšire tvoje!

Hodž: Bogo moj, krunu[134] bi' dao za boda dvoje-troje!

Dikon: Kako reče to? Šta dobije koj' iglu nađe?[135]

Hodž: Očeve mi seni, da imam, od mene mu groš dođe![136]

Dikon: A da l' umećeš da ćutiš?[137]

Hodž: Il' jezik iščupaj mi.

Dikon: Radi onda šta kažem,[138] i ima da je povratim ti.

Hodž: Ima da jurim, da jašim, da kopam i bušim, da znoj lijem
            i crnčim, da vidiš, ček';
            I da držim i da vučem,[139] da cimam i stiskam, da kolena
            gola grebem tek;
            Da gulim i stružem, da cedim i s'vijam, d' obaram i
            znojim vrelo,
            Da čučim i mešam, trpam i klečim, na sve čet'ri da
            puzim smelo;
            K'o sluga[140] da te služim, sunca i meseca mi.
            Ako ne poklopim što zjapi,[141] teško si ga meni!

            *[Snuždeno pokazuje veliku razderotinu u turu
            svojih čakšira.]*

Dikon: Što, ima l' neki razlog jak tol'kom tvome jedu samo?

Hodž: Kirstijana, što kod Toma Simpsona služi, sutra će ovamo!
            Međ' nama, šta bi bilo ne znam kaz'ti –
            Onomad mi smešak dade kad kapu skido' u časti.

Dikon: E, Hodže, stvar težinu ima, pa – da se pazi;
            Inače nam po grbini, svet danas ne mazi.[142]
            Kuni se da ne izlaneš![143]

Hodž: Kunem se, Dikone!

Dikon: Onda i ćuti![144]
            Ruku ovde daj; i – za mnom sve kako ćeš čuti.
            Pismo nemaš?[145]

Hodž: Nemam svetu knjigu.

Dikon: Onda evo kako –
            Ruku stavi meni ovde,[146] kuni se jako.

[Hodž stavi ruku na Dikonovu stražnjicu, pa deklamuje zakletvu za Dikonom, redom.]

Hodž: Ja, Hodž gologuzi,
Kunem se, debelguzi,[147]
Krstom koji celivam,
Da uvek te štujem
I sebe da žrtvujem
Sam' da tebi povlađujem.[148]

[Dikon pokazuje da Hodž mora da mu poljubi stražnjicu, i ovaj to čini.]

Dikon: Sad, Hodže, pazi se,
Čini što ti kaže se.
Jer tako može, znaj,
Do igle nazad samo –
Drugo i nije dano
Do – duha prizivaj![149]

Hodž: *[Drhti od straha.]*
Šta! Pakla mu!? Dikone, joj!

Dikon: A-ha, vere mi, takav je kroj –
Bajem, i biće pitom![150]

[Dikon kreće da crta čarobni krug po tlu.]

Hodž: I ništa mi kandže ne mogu?

Dikon: Ni Glavni Đavo sa šapom do nogu
Ovde ti ne dod'jav'o!
Nego, da s' posla latim pravo![151]

[Dikon crta mnogo veći kug za sebe i ulazi u njega, pa počinje da baje i priziva.]

Hodž: *[Vrpolji se uplašeno.]*
Pa-azi, da ne patim!
Kako to vračaš – pazi![152]

Dikon: Koj' ti vrag, čoveče! Bojiš se?[153]

Hodž: Sač'kaj, razmisli, slažeš se,
Dok vodu pustim, jer već evo je?[154]

Dikon: Ostav' se 'di si! Da ga se bojiš?

                           [Nastavlja da priziva. Hodž prdne, prestrašen.]

Hodž: Bogo moj, već mislim da ga čujem!
Jo-oj, uprskaću sve![155]

Dikon: Pa ništa strašno, sve k'o što rek'o sam.[156]

Hodž: *[Očajnički se uvija i hvata se za stražnjicu.]*
Svi sveti, ne mogu više d' obuzdam!
Kuku! Evo, ušljiska' se!

                           *[Hodž – kako da se lepo izrazimo? Pa, eto, napunio
                           gaće.]*

Dikon: Stan', Hodže! Ne gicaj se, kurvin sine!

                           [Stisne sebi nos.]

Šta-a? Gužnji ti čvor ispustio?
Ostav' se, zastani!
Đavo – njušim ga! – sam' što nije, iz visine![157]

Hodž: Drž' ga čvrsto, Dikone! Begam! Već sam poleteo!
Trk, Hodže, nestani!

                           [Hodž beži, sve držeći naduvene čakšire otpozadi.]

DRUGI ČIN

Drugi prizor

[Dikon ostaje; potom se pojavljuje Gospa Čet.]

Dikon:

Fuj, govnaru! I gub' se tamo!
Smradu smrdljivi, sram da te samo![158]
Prljav, nema ti vode;
Od tebe gluposti teku,
I još smradovi me peku,
Hvala ti što ode![159]
Ima ovde da se odtaraba[160]
Kako iglu izgubi baba,
I šta bi onomad! –
Komedija je prava,
I da nisi pismena glava
Da napišeš komad.[161]
Nego, pusti me! Ja sav taj kroj
Da naduvam još za broj
Da, očas, u lêtu;
Ako s' ne svidi vama, recite,
'Di sam najtanji secite
Ako smešno nije svetu.[162]

[Ide ka kući Gospe Čet, i doziva pred vratima.]

Četovice, ej! 'Di si? 'E l' me čuješ?

[Gospa Čet se pojavljuje iz kuće, s kartama za igru u ruci.]

Gospa Čet: Koj' si ti što se tol'ko dereš?

Dikon: Jedan dobar čova, i opasan nije.

Gospa Čet: Šta? Dikon? Dođ' ovamo, slobodno ti je.
Mi s' u karte[163] zaneli, kraj vatre seli.
I tebi da damo, ako uđeš kad se deli.

Dikon: Jok, more, ne kidaj se; moram d' idem dalje ja.
Nego, prvo s tobom treba reč koja.[164]

Gospa Čet: Dolaz' 'vamo, Doli!

> *[Dol, sluškinja Gospe Čet, pojavljuje se iz kuće.]*

Sedi, Doli, i igraj,
Kako vide da sam ja, i ti isto se staraj.
Imaš kraljicu i još pet – ona ti j' na kraju,[165]
I paz' se žene Semove; oči joj iza glave gledaju![166]

> *[Dol uzima karte i izlazi, odlazi u kuću.]*

E, Diki, reci sad.

Dikon: Jok, strp' se još malko!
Ni sestri ovo ne bi rek'o, krupna je stvar jako.
Zato, da mi se zakuneš na Devicu bulonjsku,[167]
Svetim Dominikom, i još tri kralja kolonjska,[168]
Da tajnu ćutiš jakako.

Gospa Čet: Nafore mi, 'oću!
Tajnu, k'o što mislim tajno, i danju i noću!

Dikon: Ona baba Gerton, komšinica ti, ona jada – [169]
Njen jaki riđi pevac,[170] ukraden noćas nenada.

Gospa Čet: Rano moja! Sa žutim nogama, što 'nako tačno peva?[171]

Dikon: Taj pevac maznut.

Gospa Čet: Šta-a! Iz kokošinjca ga digli?[172]

Dikon: Ne znam ja gde ga j' držala, pod rezom il' ga vezala,
                  Al' Tiba joj ša'nula[173] da s' joj ti pevca marnula.[174]

Gospa Čet: *Ja-a*? To kurvinče! 'Leba mi –

Dikon: Mirna! Stani, velim!
                  Da reč o ovom ne pisneš.[175]

Gospa Čet: Svetih mu, ćutim!
                  Mladu ću kurvu u glavu, staru krmaču[176] za gušu!

Dikon: Ni reč, Četovice, čuj! Ćut' za moju kožu i dušu!

Gospa Čet: Derište prosjačko, ja da sam lopov da kaže!
                  Sifa[177] joj na dupe kurvinsko! Kuga da je smaže!

                  [Ljutito jurne ka Gertonkinoj kući.]

                  Amo, ti gladna jadna kučko! Uff, nokti mi mali![178]

                  [Dikon je zaustavlja, obuzdava je.]

Dikon: Nafore ti, miruj! Il' sve vodi šali![179]
                  Ni za sto funti ne bi' ja da s' ovo sve sazna,
                  Da je ovo moja priča, il' da je širim ja![180]
                  Pa, zakle se ti meni pre no što ispriča' ti!?
                  Rek'o tajne da čuvaš, a d' 'oćeš reče ti.

Gospa Čet: Je l' bi ti trp'o takvo čudo da te tuži,
                  Poganom rečju da te kalja, ime da ti ruži?

Dikon: Ne, dobra; pljun'o bi' sebe takva sluta[181] da me blati,
Al' moraš da s' držiš, Dikon tvoj da ne pati.

Gospa Čet: 'Ajde, onda! Šta kažeš ti?[182]
Šta ti na umu, time da m' preneš.

Dikon: Milost tebi je! Vere mi, ti moraš stvar da kreneš.
Dvajs' funti na guščje govno, baba neće da časi,
Amo će da se sjuri što je noga njena nosi
Da sikne na tebe za svog pevca. Čuh Tibu, pa da,
Da pevac u tvojoj kući juče nastrada;
A kad pečenje izedoste, perje pobacaste;
A Doli – noge mu skrila duboko u bunjište.

Gospa Čet: Bogo blagi! Srce d' iskoči!

Dikon: Ma, strp' se, sve prođe.
A baba kad doleti, kad opet ovde dođe –
Na drolju skoči![183] Tada... što joj misliš, pa raspali!
Tako Dikon bez greške je, a ti, briga me, razvali![184]

Gospa Čet: Onda kurva nek' gušu pazi! Jedva je čekam![185]
Vala, veštice stara, ima da ti doakam!
A Dikone, ako dopustiš, idem ja sada.

Dikon: Pa, stisni se dok ne dođe, sve joj suni tada!
A do tog trena, upadaj, o planu ni reč.
O svemu više čućeš brzo, tek počinje naš skeč.
Znadoh da drug si mi, da krijem nisam mog'o, eto.
Šta se zbi – znaš; pamet u glavu da svršiš sve to.
'Ajde, zbogom sad!

Gospa Čet: Jok, čekaj piće. Dol, čuješ! 'Vamo!
Daj ovde vrč najboljeg! Da vidimo! Brzo samo!

*[Dol donosi Dikonu kriglu piva; on je ispije,
pa Dol i Gospa Čet odlaze, ulaze u pivnicu.]*

DRUGI ČIN

Treći prizor

Dikon: Eto, gazde,[186] jedan kraj moje sprave – kako valja;
Sad da okitim i drugi, dok dim ne pokulja,
I dok se sve ne razgori, strpljenja malo samo,
Pa pogle'te u srcima šta nose, sve piše tamo.[187]

> *[Ulazi Hodž, dolazi iz kuće Babe Gerton.*
> *Presvukao se u svoje pocepane čakšire.]*

Hodž: Jah; Boge mi, još si živ!? Hej, Dikone, smem li?

Dikon: Igra se ko tebi veruje; kažem „hm", drugo – umem li?
Al' ako ćeš da priđeš, joj, opra li smrad?[188]

Hodž: Psst, čoveče, nađe li ko iglu – da znam sam ràd.[189]

Dikon: Tebe da hvali ako se ne nađe,[190] jer da si ost'o,
Đavo bi je iščup'o, sve na zapovest tvoju – prosto.

Hodž: Bogo, a gde bi igla mogla biti – da l' ne znade?

Dikon: Šmokljo tupi, dok još trepnuli nismo – ti nestade.[191]
Pa mu priča tol'ko mutna beše, ništa da shvatim.

Hodž: Aa, nešto je rek'o; jednog dana valda iglu u'vatim,
Al' Diki, Diki, je l' nije on grmeo „Ou, ou, u-i"?

Dikon: Da s' ost'o 'di s' staj'o, tako bi se čuo *ti*.

Hodž: Na pismo[192] se kunem, čuh da grmi, čim otiš'o sam,
Nego, ajde Dikone, šta reče mangup; de, slušam.

Dikon: Kurvin sin baljezga. O čemu, ne znam baš;
Sad jezik blebeće[193] o nekoj mački, znaš,
Onda tuc-muc malo o pacovu nekom,
Pa na kraju samo „Čet, Čet" rečju svakom!
Al' shvatih dobro dok ga nazad ne otera',[194]
Čet, i pacov, i mačka – međ' njima je potera,
Sad, da l' iglu Giba u utrobu uvuče,[195]
Il' Pacoje paroh[196] naš iz slame je izvuče,
Il' Gospa Čet komšika ukrade – Bog će ga znati;
Al' do ova doba sutra svu priču ćemo imati.

Hodž: Zar ne večeras, vidiš li ovo, bre!

[Hodž pokazuje pozadi na veliku razderotinu u svojim čakširama.]

Dikon: Ne može ona da se stvori pre.

Hodž: Jo-oj, onda druge mi nema – da ne traćim vreme –
Da jurnem do Semove[197] radnje, uzmem reme,
Da čakšire vežem i kako znam stisnem.[198]

Dikon: Sutra, Hodže, da vidiš šta imam da ti pisnem.

[Hodž izlazi i kreće niz ulicu.]

DRUGI ČIN

Četvrti prizor

[Dikon ostaje.]

Dikon: Sad ovaj pos' mora dalje, evo baba lazi.
Mirni, malo, i – ni reči; mesta dajte, pazi![199]

[Baba Gerton ulazi, dolazi iz svoje kuće.]

Baba Gerton: Bože blagi, zar sreće da opet iglu vidim nema!
Teško meni, nemoćna! Ta čuči negde i drema!

Dikon: Boga mu, Bako Gerton, šta Vam nosi tol'ku tugu?
Bojim se, duše mi, padate u ludnicu dugu.

Baba Gerton: Ko je to? Dikon?! Beži, more! Bež'!

Dikon: Lakše, to onima sramotnima![200] Al' šta tebe muči?

Baba Gerton: Avaj, što iglu više brinem, žuč mi se ljući luči![201]
Dobra moja saračka strela![202] Izgubih je, ne znam gde.

Dikon: Iglu? Kad to?

Baba Gerton: Iglu moju! Avaj, teško meni svagde![203]
Bog sâm zna, drugu nemam nijednu nigde.[204]

Dikon: To li je sve, dobra Bako, onda tuguj manje.

Baba Gerton: Kako, ti nešto znaš gde bi ona mogla biti?

Dikon: A-ha, jašta, a odma' ćeš me i čuti.
Videh nešto pre neki sat što j' s tim veza koja.[205]
Na ovim dverima,[206] pred nos meni, komšika tvoja:
Tu sag'la se,[207] pa iglu il' pribadaču digla.
Smem da s' kunem – tvoju baš, majčina mi roda cigla.

Baba Gerton: I *jeste* moja, Dikone, znam;[208] ja tu, kraj ovog štoka,
Sedela, pa skočila, igla ispade iz oka![209]
A ko to, mili[210] sinko? Reci, molim, brzo kaži!
Dikon: Fina drolja,[211] k'o svaka! Komšika tvoja, bez laži.

Baba Gerton: Gospa Čet, a? Idem odma'! Brže od poštara![212]

[Jurne ka kući gospe Čet.]

Dikon: Slušaj me,[213] pre no su'neš, stra' me džaba ti jàra!
                    Bandoglava je kurveštija to, sa njom teško je;[214]
                    Ako bolje ne smisliš, bez igle – tuga ostaje.[215]
                    Jer kad je ona podiže, pred tvojim vratima,
                    „Lakše, Gospo", rek'o, „tuđe Vam u prstima!"
                    „Gub' se!"[216] ona će, „Šta te briga šta nađo', mulju!
                    Poljubiš me, da ne kažem 'de!" – mislila, znam, u bulju.
                    I kući ode, nos u nebo,[217] k'o vaška tvrda, vazda,
                    A ja za njom, širok i prav k'o da sam domaćin gazda.
                    A tamo da s' čula kad poče da kara –
                    Judine mi žrtve, jezik čisto klapara![218]
                    Samo sipa – *ja* ništak, a *ti* kurvina soja,
                    Jer, tebi u zaštitu, ja rek'o igla je tvoja.

Baba Gerton: Nafore mi! Dromfulja misli da iglu zadrži![219]

Dikon: Pustiš li je, ta baš tako i 'oće da ti sprži![220]

Baba Gerton: Svih mu svetih, pre bi' kaput s leđa da spustim!
                    Misli naduvenka da ću iglu da joj pustim?

Dikon: Ne skidaj ništa, slušaj me, i dobro da paziš:[221]
                    Nek' se ne zna da ja ti rek'o, kol'ko god da žuriš!

Baba Gerton: Za čas, kecelju čistu d' uznem i da se sredim;
                    Ako iglu opet vidim, nagradu ti vredim![222]

[Baba Gerton izlazi, odlazi u svoju kuću.]

DRUGI ČIN

Peti prizor

[Dikon ostaje na pozornici.]

Dikon: Veselje nam ide! Kad se nji' dve skupe,
Pozdrav, kladim se,[223] biće tupe-lupe!
Baba, vala, 'oće koske da joj slomi
Vrljikom, il' kaldrmom, Bog me skloni,
Gospa Čet, i ta ti ništa nije bolja,
Ne bio ja koji sam; i ona bode, zolja.
Ko se strpi malo, neće biti badava,
Tvrdim vam – verujte – sledi nam zabava.
U varoš idem ja, da vidim pajtaše,
Pa onda opet vama, za kraj gužve naše.
Dotle, momci, strune napnite! Ćemane strugnite,
Veselja svetu dajte,[224] duše dignite!

[Dikon izlazi, ide niz ulicu. Svirači se oglase.
Kraj 2. čina.]

TREĆI ČIN

Prvi prizor

*[Hodž se pojavljuje, noseći kožni remen i šilo –
vraća se iz kožarske radnje Sema Glovera.]*

Hodž: Opet hvala, Seme![225] Sad imam opremu pravu.[226]
Čova si, kakav još nije poljubio kravu!
Dobar remen; svetih mu, reč je moja lepa,
Tomova ga kusa[227] konjina ne pocepa!
I kad vide da moram da s' doteram fino,
Šilo mi pozajmi da krpež sredim mirno.[228]
A babina igla... leteći je odn'o vrag![229]
Nikad više da ne sleti mi na prag![230]
Dobro bi bilo da imam krajku sveće,
Što zjapi – zapušio bi' sad najveće.[231]

TREĆI ČIN

Drugi prizor

*[Hodž se upućuje da uđe u kuću Babe Gerton,
ali ga ona dočekuje na vratima.]*

Baba Gerton: Hodže! *Dragička* kaži! Da čuješ samo:
Znam ko iglu drži; vera mi da je vratim amo.[232]

Hodž: Vraga ti znaš! Čula si, Bako, il' se samo šališ?

Baba Gerton: K'o gràd istina, Hodže.

Hodž: Šta-a, tol'ko znaš gde j' izgubi?

Baba Gerton: Znam ko je nađe i podiže; uskoro vidim nje.

Hodž: Device, ako tako je, zbogom šilo i remenje!
Al' kod koga je? Govori! Rado bi' da čujem baš.[233]

Baba Gerton: Lisičina kvarna, Gospa Čet, na ustima[234] poštena!

Hodž: Ko ti reče?

Baba Gerton: Ludi onaj Dikon, i vid'o je on.

Hodž: Za batine je bitanga ta! Kurvin sin odvratni,[235] Dikon!
Ume on i gore, tako mi imena mog![236]
Sveti, onomad vido': priziva đavola crnog!
Nitkov je krič'o, grm'o je i tresk'o, jo!
Da s' ti bila, čudo bi te čudilo to![237]

Baba Gerton: A tebe ne beše stra' da ga vidiš tu?

Hodž: Ne! A da je priš'o, njušku bi' mu razbio svu![238]
Ne-ego! Reko' mu!

Baba Gerton: Al' kak'e su roge te krlje?[239]

Hodž: K'o tvoja ruka duge! Pa vid'la si Srlje[240]
Na platnu sliku, s kravećim repom dugim,
Krivim vražjim papcima, i kandžama mnogim?

Svega mi, ako mene pitaš, rek'o bi brat mu je.
Vala, i lice Fratra Srlje – đavo j' isti, pljunut je![241]

Baba Gerton: Isuse! Milost! Je l' Dikon uveo smeće?

Hodž: Jok, ček' da kažem! Sad me slušaj, nešto veće:
Taj đavo, kad ga Dikon dozv'o – uvo me služi –
Lepo reče da Gospa Čet iglu ti dūži!

Baba Gerton: Onda aj'mo, što mi je ne dâ – da je pitamo![242]
Kad tol'ko znamo, ludost bi bila da pustimo.[243]

Hodž: Idi tamo, de! Vidiš, na vratima gospoja!
Traži da iglu ti da. Njena nije, već tvoja!

TREĆI ČIN

Treći prizor

*[Baba Gerton prilazi Gospi Čet;
Hodž se drži na bezbednom odstojanju.]*

Baba Gerton: Gospo, što je moje daj, fino bi' molila,[244]
U dvaj's leta[245] ni prdež tvoj ne bi' uzela!
Eto, daj mi moje, pa da živimo lepo![246]

Gospa Čet: Je l' ti dogmiza mi na vrata da me ružiš[247] slepo?
Beži, glupačo![248] Gub' se, dok ti zort ne zadam![249]
Da od tebe i tvog mangupa u kući stradam?

Baba Gerton: Kuš, ne zijaj tako nâ me! Da me progutaš![250]
Ni da tvoji mole, od mene mira nemaš![251]
Što je moje – meni daj, tako ti sveta.[252]
Ženo! I siroma' prava ima, šta ti smeta![253]

Gospa Čet: Daću ti ja, da visiš ti i prosjački ti soj!
                 Kažeš da sam lopov, tebi da ukrado', joj?

Baba Gerton: Ništa drugo, tvrdim samo što dokazati mogu.
                 Zdipila[254] mi s kućnog praga – da s' žalim i Bogu!

Gospa Čet: *Ja*, veštice, ukrala tvoje? A to se zna – kako?

Baba Gerton: Da kažem ne mogu; digla i ponela, ko svoje svakako!

Gospa Čet: E, sram te bilo, babetino,[255] is sve snage moje!

Baba Gerton: Vala, sram *tebe*, ti sluto, ti droljo, i sve tvoje![256]

Gospa Čet: Ma, usta ti kužna, što tako prljaju mene!

Baba Gerton: Dupe ti kurvinsko,[257] i to na savesti breme!

Gospa Čet: Gub' se, krmačo!

Baba Gerton: Marš, svinjo! I što je moje dâj!

Gospa Čet: Veštice zla![258]

Baba Gerton: Kučko trula! Proklinjaćeš ti dan ovaj!

Gospa Čet: Vrećo za trpanje![259]

Baba Gerton: Fufo za 'apšenje![260]

Gospa Čet: Šta, misliš[261] ja te se prepa'?
                 Da vidiš ka' te pocepam sad![262]

Baba Gerton: Poljubiš me 'spod repa![263]
                 Kujo! Rupo! Drndaro! Sengrupu! Zatrpaj se![264]

Gospa Čet: Krastačo! Čumo! Trulino! Alo! Dosta više, sprem' se,
                 Sa' ću da ti pokažem![265]

Baba Gerton: Ti, zveri napita?

> *[Besno se tuku, ujedaju, grebu, čupaju za kose, i sve tako.]*

Hodž: *[s bezbednog odstojanja]*
Drž' je, Bako! Kragnu joj stisni, to!
Biće od nje pita![266]
Mlati, Bako, 'ajde! Grizi, Bako, to-o! Oštro samo![267]
Nokte zarivaj! Kandžama joj lice! Oči kopaj![268]

> *[Gospa Čet baci Babu Gerton na leđa, uzjaši je, i treska je pesnicama.]*

'Ajde, Bako, diži glavu!

Gospa Čet: Opajdaro, gotova si![269]
[Hodžu]
Ti, lupežu, i tebe će ova ruka d' umesi!

> *[Hodž pobegne. Gospa Čet nastavi da tuče Babu Gerton.]*

Evo ti, kurvo matora, i jezik da paziš sad,
I da kažeš da se do'vatismo, i ja te udesih tad![270]

> *[Gospa Čet izlazi; trenutak kasnije Hodž dotrčava nazad na pozornicu, s toljagom u ruci.]*

Hodž: 'Di je ta kamenjarka? Da lupim žig drolji!
Paz' se, da ne strada u mraku ko bolji!
Diž' se, Bako, ustaj! Za nas ja sad se bijem!

> *[Gospa Čet naglo otvori vrata; Hodž ustukne.]*

Ne prilazi, kujo kužna! Gadno mi da t' ubijem![271]

Gospa Čet: Opet ti tu, tikvo šuplja![272]
                   'Vamo Dol, daj taj ražanj![273]

Hodž: Ja ću tebi ovo![274]
                   Oca mi moga, isteraću iz nje zlo!

> *[Preko ramena doziva Kokija, koji stoji u vratima kuće Babe Gerton.]*

                   Neka vrata, Koki![275]
                   [Gospi Čet]
                   Opet ti?
                   [Kokiju]
                   Drž' vrata, kopilane!

Gospa Čet: Paz' se, kukavče, uši da ti iščupam, sirotane![276]

> *[Gospa Čet jurne na Hodža, a on beži.]*

Hodž: Bogme, kurvo, videćeš ti!

> *[Utrči u kuću Babe Gerton, i zalupi vrata.]*

                   Pazi, Koki, rezu navuci!

> *[Gospa Čet stoji pred zatvorenim vratima kuće Babe Gerton, i viče na Hodža, koji je unutra.]*

Gospa Čet: Usranko pocepani, pobeže, il' bio bi na muci!

> *[Baba Gerton se diže dok Gospa Čet viče, i napada je otpozadi.]*

Baba Gerton: Grkljan čuvaj, vaško! Platićeš mi sve![277]

> *[Baca Gospu Čet na zemlju, uzjaši je, i snažno je udara.]*

Hodž: *[bezbedan u ramu vrata]*
              Da, Bako, tako mi duše!
              Zvekni! Akni je! Tres! Lemaj! Gušu joj čupaj!

Gospa Čet: A ti s leđa, veštice olupana? Da s' dignem ček',
              Sve ćeš da platiš, smolo pečena! Naučiću te tek![278]

              *[Besno se valjaju po tlu; Gospa Čet se izvije
              iznad Babe Gerton, i ponovo je tuče.]*

              Usta ti rascopam, i ima da dobiješ još![279]

              *[Gospa Čet se diže, i izlazi pobedonosno.
              Hodž se prestrašeno i oprezno šunja i prilazi
              Babi Gerton.]*

Hodž: Diž' se, Bako! Na noge! Gde je smradni ološ?
              Što joj ne do'vati' lice! Tikva bi kurvi puk'la![280]

Baba Gerton: A-jao, Hodže, 'de s' ti, kad me dole tukla!?

Hodž: Vala, Bako, da močuge ne beše, urnisa te ona!
              Da ne dođo' ja, ubi tebe droca bez pardona.
              Al' znači ostadosmo bez igle ovako?

Baba Gerton: Ne, Hodže, ne dâm tako.
              Misliš – po njenom je ovako?
              Jok, Hodže, nikako![281]

Hodž: Joj, da je lepše ispalo, d' iglu vratimo čilo.
              Bolje mi je d'ubijem, koga god, gde god da bilo![282]

Baba Gerton: Tu je paroh naš, Hodže, svi znaju i cene,
              Master doktor Pacoje; da dođe, pouči mene.
              D' ispovedi ona rabotu, grehe d' okaja;
              Nama naša igla, il' Gospi Čet nema Raja![283]

Hodž: Vala, to ti najbolje. Odma' šalji po njega, daj!
                Što brže doktor Pacoje dođe, pre će muci kraj.
                I vidi, Bako! Dikonov đavo, pamtim, jašta,
                O mački, i Gospi, i o Pacoju torok'o svašta!
                Kladim se u pare,[284] tako ćeš da iglu vratiš 'vamo!

Baba Gerton: Odma' da dođe! Malog zovi – da trči tamo![285]

Hodž: Ej, Koki, čuješ?! 'Vamo! Koja ti lutka došla?!

                [Koki ulazi, dolazi iz kuće Babe Gerton.]

Koki: Evo, Hodže! Šta, Baba? Je l' oluja prošla?
                Šta treba da radim?

Baba Gerton: 'Vamo, Koki, žuri se!
                Trk[286] popu Pacoju, brzo, polomi se!
                I moli da kod mene dođe; muka je.
                Nađeš ga u dvoru, il' kod *Pčele* na pivu je;[287]
                Il' ga traži kod Filčera,[288] pošto čujem priču –
                Njemu piće najbolje u gradu, pivu tamo kliču.[289]

Koki: A da ga dovedem sa mnom, a?

Baba Gerton: Jašta, odma',[290] dobri moj.

Koki: Ima da bude smesta tu, il' ajsni me po guzici![291]

                [Koki izlazi, trči niz ulicu.]

Hodž: A mi, Bako, da uđemo, da čekamo mudraca?
                Do vraga, ženo! Glavu gore, iz tebe mrak palaca!
                Ona bila jâka kad tebe salete, nakaza,
                Onda svinji pijanoj ti otpozadi pokaza.

Baba Gerton: Jok, jok, sigurno misli da je jača, tako je počela,
I, znam, ima da se duva da me pobedila.[292]

[Polako odlaze, kreću u kuću.]

TREĆI ČIN

Četvrti prizor

[Tiba žurno ulazi, i nailazi na Hodža i Babu Gerton kraj vrata kuće Babe Gerton.]

Tiba: Jao, Bako, naša Giba! Poboljeva, bojim se!
Uplaši me ta za vratima,
Daha nema, guši se!
Ne znam što stenje, neke dlake kašlje i bljuje![293]

Hodž: De, 'ajde 'vamo![294] Dvaj's funti da dâm – igla u grlu tu je!

[Hodž uzima mačku i stiska je.]

Opipaj je! Mislim da osećam. Je l' te bode?

Baba Gerton: *[Pipa mačku.]*
Pod prstom ništa!

Hodž: Ne? Znam ja da u zemlji nigde
Međ' Temze i Tajna[295] ugursuza k'o što Giba je;
Umna je njena glava – skoro pa k'o i moja je!

Tiba: Vala, pojela ta nešto što s' ne guta glatko,
Da l' kod kuće il' u varoši, nešto slatko,
Pametna nisam!

Baba Gerton: Avaj, neke igle krive stra' j' mene!
I – zbogom Gibo! Crkac, ode sve sem kože njene.[296]

Hodž: Tvoja igla, ženo, čuj![297] E, neki nož mi dajte,
D' izvadim iz torbe, il' života nemam, znajte!

Baba Gerton: Šta! Jok, Hodže, fuj! Da je sečeš!? A nemamo drugu!

Hodž: Sveti, Gospa Čet me ošamuti, samo koljem, ne znam za tugu!
'Ajde sad, Tibo! Na pos'o! Rep joj diži, drž' je!
Dobro d'izgulim![298] Da vidim šta u petlji je!

Baba Gerton: D' istružeš! Kako to, mačku?

Hodž: Šta! Misliš da ja ne mogu to!?
Onomad Tom[299] iščeprk'o kusova, s nogu, u štali, prosto!

[Koki ulazi, dotrčao je uz ulicu.]

Baba Gerton: Čekaj, stani; da čujem vesti od paroha Pacoja!

Koki: Bako, bio tamo gde reče, znaš već zašto, a?[300]
Brzo pa će i on, da, smem da s' kunem na knjigu.[301]
Kaže da kod kuće budeš, tu da brineš brigu.

Baba Gerton: 'Di ga nađe, dete? Je l' ja 'di te uputi'?

Koki: Da, da, kod Hoba Filčera, onoga mi što me iskupi;[302]
Kriglu piva drž'o on, a jabuke na vatri[303] dve.
Namuči' se tamo, nazad, blato na strane sve.[304]
A ja ti kažem, Bako: Hob zumbu zagubio,
A tik kraj štoka doktor Pacoje je spazio.
Peni dajem, kako iglu tebi da vrati on znaće.[305]

Baba Gerton: Lepo ti to sve, Koki. Valda časiti neće[306]
Da pomogne nam najbolje; dok ne dođe, sad svi
Unutra 'aj'mo. Ako mrva ima, ješćeš ti.[307]

[*Izlaze; ulaze u kuću Babe Gerton.*
Kraj 3. čina.]

ČETVRTI ČIN

Prvi prizor

*[Doktor Pacoje ulazi, korača do kuće Babe
Gerton žaleći se nešto sam za sebe.]*

Paroh Pacoje: Dvaj's puta bolje kerina[308] biti i lajati,
No međ' ovakvima[309] paroh da si im,
Gde ti mira nemaš u danu ni da pišaš,
Već preko varoši tuda-svuda da šišaš,
Od opajdare do lopova, cipeli propast,[310]
I, najgore, svakom da si sluščetu na zapovest.[311]
Ruka ni dve krigle u grlo da sjuri,
A ono bedno Gertonke momče – evo ga, žuri.
Te njoj je zlo, te moram da dođem, ne znam[312] što *ja*;
Palac li je štrecne, muko, odma' po Pacoja!
A da se oglušim, tada samo gubim tako,[313]
Jer, znam – ništa od svinjčeta il' od guske[314] nikako.
Kažem vam – kad se sve sazna i kad izreknu svoje svi,
Ono za šta dođo' ne vredi više ni kisla piva što vri;[315]
A opet, moram sve mudro, blago, k'o peza neka,[316]
Il' godina kad dođe kraju, za mene ti ni leka![317]

*[Baba Gerton ulazi, izlazi iz svoje kuće i stoji u
vratima.]*

Šta radiš, Bako, Baba Gerton?[318] Tvoj Pacoje, ovde sam!

Baba Gerton: Vala, secam Vas ja, secam, dobro znam.[319]

Paroh Pacoje: A kako si, ženo? Arno li si,[320] il' te nešto muči?

Baba Gerton: Jo, časni, bolesna ne, a opet glava buči.
　　　　　　Gadno poteralo; reći ću Vam, Bogo mili![321]

Paroh Pacoje: Krava bacila[322] tele, krmača prasiće, je li?

Baba Gerton: Ne, al' bolje da su, bolje bi mi bilo, znam![323]

Paroh Pacoje: Šta je na stvari?

Baba Gerton: Joj, izgubi' iglu lepu,
　　　　　　Iglu moju, da, i znaš šta? Naiđe i vide šuša,
　　　　　　A kad joj ja tražila, ne dâ reći, prljavuša!

Paroh Pacoje: A koja je ta?

Baba Gerton: Dama[324] vajna – poče da kara, dreči i laže!
　　　　　　Avaj – 'vamo, Hodže; ovaj bednik sve da kaže.

ČETVRTI ČIN

Drugi prizor

[Hodž ulazi, dolazi iz kuće Babe Gerton.]

Hodž:　　　Ljubim ruke, deko pope![325]

Paroh Pacoje: 'Ajde, dečko, da pričaš.
　　　　　　Tvoja mi gospa reče ti svu priču znaš;
　　　　　　'Ajde, šta ćeš reći?

Hodž: Gospodine, 'oću ja![326]
Sve što se ovde zbilo, Vaše blagorodije da zna.
Ova Baka Gerton – znate?
Sela tu kraj vrata – znate?
Al' kad poče da se mrda[327] – znate?
Igla joj pala dole – znate?
I, dok da uzme štap – znate?
Gibu, Mačku, da lupi – znate?
Igla nestala na podu – znate?
Je l' da da je to čudo – znate?
Pa dođe drolja Čet – znate?
Po njenu crnu šolju – znate?
I baš kraj tih tu vrata – znate?
Iglu je podigla – znate?
Baka onda išla[328] – znate?
Po njenu iglu tamo – znate?
A ova je zgrabi – znate?
Je l' da da je to čudo – znate?
Baku pocepala – znate?
Lice izgrebala – znate?
Kad to videh, naljutih se[329] – znate?
Skoči' ja međ' nji' dve – znate?
Il', na knjigu se kunem[330] – znate?
Pogibe mi Baka – znate?

Baba Gerton: To Vam je sve tako, Hodž lepo ispriča jasno.
Ja da ćutim, šta ću više tu glasno.[331]
No, pomagajte, dobri – pomoć, vi'te 'de smo –
Il' oboma batine, i još bez igle smo!

Paroh Pacoje: A šta biste da ja? Rec'te, dok ne krenem,[332]
Učiniću najbolje da vas oboje prenem.
Nego, sigurni ste da gospa iglu nađe?

Baba Gerton: *[Pokazuje na Dikona, koji ulazi, prilazi uz ulicu.]*
Evo ga ko j' rospiju vid'o usred te krađe;

Pitajte njega, ako reč moja ne treba.
I pomoz'te mi do igle, milosti mu s neba!

Paroh Pacoje: Vamo, Dikone, da čujemo izjavu tvoju.
Kuneš se da vide Gospu Čet s iglom ove žene?

Dikon: Jok, Svetog mi Bendika![333] Pa da buncam – da grdiš
mene!

Baba Gerton: Joj, pa zar mi ne reče tako!? O sramote, on poriče!

Dikon: Jah, Baba; al' reko' da neću ponovo iste priče.[334]

Paroh Pacoje: Kažeš nešto, onda te se više ne tiče?

Dikon: Ne tiče, popo Pacoje! Jok, ne mene, župniče!
Mnogi pošten kad u prijatelja uvo nešto sune
Tad ne mož' da smisli on da s' ponovo kune.[335]
Ako takvu igru igra plemeniti soj,
Može valda i kôv obični, kao Vaš i moj.[336]

Paroh Pacoje: Onda od tebe nema ništa da nas bliži raspletu?

Dikon: Ja, vala, ako ćete po meni i mom savetu.
Ako nas Gospoja Čet sve vidi ovde, znaće šta je;
Zato sklon'te se i ne mrdajte vas troje;[337]
A ja u njenu kuću, da se stvar tako namesti[338]
Da, dok bi vi do crkve i nazad,[339] bude vesti!
Obazriva je ona, al' zavet smem dati,
O babinoj ćete igli brzo više znati.

Baba Gerton: 'Ajde, Diki, sve tako; a, dobri,[340] bež'mo mi.

Paroh Pacoje: Vere mi, ne mogu da dočekam da sudim ti!

Dikon: Još malko, čoveče. Ej! Tol'ko valda može![341]
             Ako ništa novo nema, eto mene i brže.

Hodž: Strp'te se tol'ko, otmeni gos'n popo dobri!

Paroh Pacoje:Pa, da se s'krijemo; i, Dikone, brže ud'ri![342]

> *[Paroh Pacoje, Baba Gerton i Hodž odlaze*
> *i skriju se u kući Babe Gerton.]*

ČETVRTI ČIN

Treći prizor

> *[Dikon ostaje, obraća se publici.]*

Dikon: E, gospodo, savet moj vi drž'te samo,
             I pop da dobije, biće njemu dano.
             Al' s mojom drūgom[343] Čet treba da pričam tamo,
             Ona mora prva da Pacoju provod da, znamo!

> *[Dikon kreće ka kući Gospe Čet; ona izlazi iz*
> *kuće i nailazi na njega.]*

             'Bar veče,[344] Gospo Čet, i to na ovom mestu!

Gospa Čet: Da, Diki. Ovde stara kurva i njen Hodž, gad –
             Da si samo vid'o! Bogo moj, pokazah im tad!
             Tresnula me ona dva-tri puta[345] u potiljak,
             Dok joj ne stisnuh matoru gušu onu, „Kljak!"[346]
             A Hodž, ona muška strina što uz suknju njoj –
             Da mu noge od ruku ne behu jači broj,[347]

Bez brade bi ost'o dok me nokti služe!
I to ne tek tako, nitkova su zasluge duže.

Dikon: Vere, curo, hvala od mene, lepo odbrani se!

Gospa Čet: A da s' ga vid'o Dikone, vala usr'o bi se
Od smeja. Kurvin sin najzad naš'o krivak,
K'o za juriš na đavola svih đavola bivak;[348]
Al' otera' ga ja brzo!

Dikon: Baš maločas ga vido'.[349] K'o ludak se drži![350]
Kune se nebom i zemljom da osveti svoj jàd,
Kad sedam ujutru bude da kokoš više nemaš živu do tad![351]
Zato, pazi šta kažem, veruj mi ne u čudu:
Kokoške ti mrtve ako na legalu budu!

Gospa Čet: Bolje gnjidi da se besi no na moje da kroči!

Dikon: E, paz' se, reko'! Da se cela priča mi sroči.[352]
Je l' nemaš ti za kućom, 'spod kazana i peći,[353]
Rupu da vešti lola bane puzeći?[354]

Gospa Čet: Da, sveca mu, rupčaga zinula ni dan-dva nema.

Dikon: E, Hodž još ove noći tu da klizne se sprema!

Gospa Čet: O, Bože, znala sam! Vala, da dobije šta traži![355]

Dikon: Oči širom, nitkov stiže, vere ti zakon draži!
Šiling bi' ja dao, on da se dobro umesi.[356]

Gospa Čet: Radujem se samo tako, ta cela priča da s' desi!
Bože blagi, kad dođe, sad na sve ovo znanje,
Čim korakne, čeka ga voda za šurenje!
I gore još uz to! Nek' dođe kad merači.

Dikon: K'o sestri ti kažem,[357] znaš šta „Psst!" znači!

[Gospa Čet izlazi, odlazi u svoju pivnicu.]

ČETVRTI ČIN

Četvrti prizor

[Dikon ostaje na pozornici.]

Dikon: Gde mi je sad doktor, na njega j' opet parada.
                 I, ene de, ide 'vamo – valda[358] žuri da strada!

[Ulazi paroh Pacoje, dolazi iz kuće Babe Gerton.]

Paroh Pacoje:Koje dobre vesti, momče? Je l' majka Čet tamo?

Dikon: Jeste, gospo'n, nije, kako joj za koga samo.[359]
                 Ja je iznenadi',[360] vala je zatekao!

Paroh Pacoje:Ono što si išao, je l' si progurao?

Dikon: Ja uradi' šta uradi', sad kako Bog 'teo!
                 A Gospa Čet? Pa, skoro sam je razludeo!

Paroh Pacoje:A je l' si iglu možda vid'o? Pričaj, de.

Dikon: I jesam, časni; al' dobro sam se drž'o sve.
                 Opet drolja kvarna skoro me prevari,[361]
                 Al' eto, do kraja ja je ipak nadmudri![362]

Paroh Pacoje:Kako, molim te, Diki?

Dikon: 'Oćete da čujete?
Savijena bila leđ'ma, majke mi presvete,[363]
Sedela, povodac[364] neki, il' traku, šila,
U ruci ništa do Babina igla mila.
Ako zakuca ko, đubre na to pazi,
Samo da dune sveću, i – mrak ulazi.
Al' ja znam sva ovde vrata – čiče[365] li il' ne,
Priš'o tiho,[366] sve bez reči, pa stado' kraj nje;
I tada vide' iglu, oku ništa draže.
Ko drugo kaže, kunem se da laže!

Paroh Pacoje: Jao, što ne beše ja na mestu tvom!

Dikon: Pa – ako poslušate, po savetu mom,[367]
Ja Vas vodim do mesta, tamo za kućom,
D' u'vatite opajdaru s tom iglom vrućom.

Paroh Pacoje: Boga ti, 'ajde, Dikone, a tako mi mantija,[368]
Dobiješ pun vrč piva što najbolje prija.

Dikon: Malo samo za mnom, i šta govorim paz'te.
Mantiju – evo tu, dole.

          *[Pacoje skida svešteničku odeždu i spušta je
          kraj sebe.]*

Idemo sad, ne čas'te![369]
Vi'te ovo ovde? Rupa da s' uvučete
U kuću, i k'o iz vedra neba tamo da ripnete!
Ima da nađete liju sa sve iglom, kučku.
'Ajde kako kažem, prevaru ud'ri mučku!

Paroh Pacoje: Siguran si da pomije[370] negde blizo ne stoje?

Dikon: Bio tamo maločas. Ne sumnjaj reči moje.
Tiho, da se ne čuješ. Daj nogu, pope![371]

[Dikon ga podiže „lopovskim merdevinama“.]

Ja ovde ću da čekam dok se ti ne vratiš.

*[Pacoje se penje u kuću; istog trenutka Gospa
Čet i njene sluškinje udare po njemu metlama i
motkama.]*

Paroh Pacoje: Upomoć! Dikone! Pogibo', nije šala!

Dikon: Ako iglu ne daju, kaži da ćeš i' na vešala!
                    Zort im daj![372] Ej, curo, šta je? Lisicu s' u'vatila
                    Što vam pevce i koke vaše mlatila?
                    Ne ubijte, sveπteno lice, al' nek ga peče – [373]
                    Naforo, joj, glavu će da mu rastoče!

*[Dikon izlazi, ide niz ulicu, tetura se od smeha.
Pacoje se migolji iz rupe, sav mokar, pocepan,
lica u masnicama.]*

Paroh Pacoje: Kud dođoh, žalim najveće![374]
                    Ko ovo namesti – videće![375]
                    Slute i drolje me prebiše![376]
                    Je l' ikad kog ovako središe?
                    Ko ovo smesti i meni podvali,
                    Ima, tvrdim mu, brzo da žali!
                    Daću sve, do gole kože svoje,[377]
                    Al' biće njemu ko što ovo moje!
                    Zakon[378] Bejli, kažem, udariće fino,
                    Po'apsiće[379] te ubice i sve njino.
                    Ni da pijem ja, ni da jedem,[380]
                    Da sredi stvar – prvo njega da dovedem.

*[Pacoje izlazi, ide niz ulicu.
Kraj 4. čina.]*

PETI ČIN

Prvi prizor

[Pojavljuje se nadzornik Bejli, predstavnik Suda
(nešto kao zamenik šerifa), koga uvodi paroh
Pacoje; s njima je Palica,[381] *Bejlijev sluga.]*

Bejli: Ne vidim ja tu drugog, iskreno Vam velim,
                  No il' je krivica samo Vaša, il' dêlom debelim.[382]

Paroh Pacoje: Siroma' li je kriv, uz sve što ga klepi,
                  Kad ružen je i biven međ' šljam svirepi,
                  Tad priznajem kriv sam ja ovoga časa;
                  Al' se nadam sudu ne bez razuma glasa.

Bejli: A meni[383] iz te priče, po svem što rekoste,
                  Ako je ko lopov bio, to Vi beste.
                  Te žene ništa, kako svedoče reči Vaše,[384]
                  Samo nasilan upad Vaš drčno odagnaše.
                  Ako li kad lopov kroz Vaš prozor navali,
                  Biste li njemu ruku pomoći dali,
                  Il' biste ga odbili? Molim, recite.

Paroh Pacoje: Vala, gurn'o bi' ga, zna se i što![385]
                  Al' ja lopov nisam, već učen duhom, fini.[386]

Bejli: Jah, al' ko to zna kad naleti Vas u tmini?
            Pa ne mož' Vaš nauk da Vam s'ja iz ćele.[387]
            I, kakvo čudo – jadne žene saletele,
            Raspalile u brizi[388] za to što je njino?
            Mislim da Vi gore izbegoste fino.

Paroh Pacoje: Nije li i ovo zlo, šta mislite, molim?

            *[Savija se, naginje se, da Gospodinu Bejliju
            pokaže čvoruge i posekotine na glavi.]*

Bejli: Jah, al' u mraku čovek, slučajem golim,[389]
            I oca će da zvizne k'o i koga bilo,
            Kad svetla nema, što mu pa za njega milo![390]
            A zar nije mog'o i na Vas ražanj da seva?

Paroh Pacoje: Pa dobro mrtav nisam;[391] lobanja mi do mozga zeva!
            Ako zakona ima,[392] znam ko je za batine.

Bejli: Batine, jašta, a vala i u kladine.[393]
            Da upadate straga, a mogli ste lepo!
            Niko to, ako ne žudi da mozak prospe slepo.

Paroh Pacoje: Pa, da l' biste, molim, s Gospom Čet pričali,
            Da kaže šta je 'tela? To kad bi saznali!

Bejli: *[Palici, svom slugi]*
            Nek' se zove ona, momak, oca pope radi.[394]

            [Palica odlazi do ulaza u pivnicu Gospe Čet.]

            Slučaju ovom odbranu sâma da gradi;[395]
            Stihom il' prozom da kaže priču njenu
            Na tužbu, al' Vi prvo vodom njonju ranjenu![396]

PETI ČIN

Drugi prizor

[Palica dovodi Gospu Čet do nadzornika Bejlija
i paroha Pacoja.]

Bejli: Gospo Čet, paroh na Vas se žali strogo
                    Da Vi i devojke ružno ste spram njega.
                    Da ni reč ne iskrivi kune se mnogo[397]
                    Kada tereti da htedoste smrt njemu;
                    A sa svoje strane, isti dodaje svemu
                    Da na Vas rečju ni namerom nije ni čas.
                    Da čujemo šta imate na to,[398] pozvasmo Vas.

Gospa Čet: Da bi da ga ubijem? Fuj, drtina!
                    Ja da se kunem na korice svi' knjiga,
                    Slaga on to iz utrobe, ljiga!
                    Jer sedam nedelja, to tvrdim, kod mene seo nije.
                    Jok, imaš ti slatkiše[399] na kraj sela 'di se pije,
                    Gde pre ćeš da zaradiš uboje
                    No ma gde, znam, i znamo oboje!

Bejli: Možda, gospo'n popo, rane odavde nisu![400]

Paroh Pacoje: Zar da lud sam tol'ko da tukli me – ne znam 'di su?
                    Verujete drusli a dokaz[401] ni da bekne?
                    Nije ovo prvo da uradi, pa onda porekne![402]

Gospa Čet: Šta, je l' ja ti razbila glavu?

Paroh Pacoje: 'Oćeš da kažeš da nisi?

Gospa Čet: Jok – a koj' ti je dokaz da s' u pravu?

Paroh Pacoje: Vidi se, Marije[403] mi na misi!
Ovo služi, da ja i reč ne kažem!

[Previja se, naginje se, i pokazuje izubijanu glavu.]

Gospa Čet: Glava rascopana, pa šta, je l' ja lažem?
Vid'la te ja tamo, to ne jedared, paroše![404]

Paroh Pacoje: *Sad* vala, vid'la me nisi. Što? Svetla ne imaše!
Al' ja te oseti' i u mraku, porugo![405]
A ti me natrefi – potvrdu[406] nosiću dugo!

[Ponovo se naginje, opet da pokaže glavu.]

Bejli: Ovo kaž'te, gospon Pacoje: to zlo stekoste – kad?

Paroh Pacoje: Samo što, gospodine, Bog zna, ni sat-dva nema sad.

Bejli: Gospo Čet, beše li ko kod Vas – iskreno – u to vreme?[407]
'Ajde, ženo! Čujmo, da se zna, niti je smrt nit' izdaje breme.

Gospa Čet: Jest, vala, gospon Bejli, jedan odavde smlata,
Njemu o glavu puče[408] prečaga od vrata –
Tako mu i treba, pitaš li me – znaj.
Al' šta će ovaj čovek, *on* ne beše *onaj*!?

Bejli: Pa ko, onda? Da čujem.

Paroh Pacoje: Joj, pitanja pusta!
Nije l' naskroz jasno iz Gospe Čet usta?
Čas rečeni, glava mi bolna, nema joj laži;[409]
Gola njena reč da žrtva joj nisam – ne važi.[410]

Gospa Čet: Ne, vala, stvarno ne! Jedno da kažem iskreno:
Po podne mi prijatelj dobra srca napomen'o,

Rek'o da pazim na pevce[411] i legalo što vredi,
Ne slušam li, jedan ima živinu da sredi.
Onda ja da sačuvam potrudi' se da dreždim;
I kako sreća 'tede, desi se da ga smoždim.[412]
Bubotke što ponese, po telu modar svud,
Ja ne znam – al' je sigurno nagrađen mu trud![413]

Bejli: Al' ne reče još ko to bi.

Gospa Čet: Ko je? Lopov truli, besna lisica na živinu, štetu da čini![414]

Bejli: Al' zar mu ne znaš ime?

Gospa Čet: Znam ja, al' s tim – šta?
Kvarni besramnik[415] Hodž, što kod Babe radi svašta.

Bejli: *[Palici]*
'Vamo lupeža! Taj će da ljubi klade.
Da ga naučim ja kako se kokoš krade![416]

    [Palica izlazi, ide ka kući Babe Gerton.]

Paroh Pacoje: Čudo, gospon Bejli, kako Vam oko mutno!
Jaje nije puno kol'ko j' njeno oko smutno![417]
Šegu smislila da pravda sebe samo,
A sve joj kriv onaj koj' znam da ne beše tamo.

Gospa Čet: Nije bio? Ćupčinu mu gledaj![418] Ta je pravi svedok!

Paroh Pacoje: Da je *moja* pola tol'ko cela, žalbi nemam, jok!

    [Ulazi Baba Gerton, dolazi iz svoje kuće.]

Bejli: Pomaže Bog, Baba Gerton.

Baba Gerton: Vama, gospon, pomog'o Bog.[419]

Bejli: Imaš ti momka u kući, Hodža, slugu tvog.
                     Čujem pa ja da je deran taj lopov lakom,
                     Koku, svinju, gusku – susedu drpa svakom.

Baba Gerton: Bogo, zgranuta ja da čujem priče tak'e!
                     Tužili nisu da ima prste lake![420]

Gospa Čet: Lopovskijeg gada nema, da krade il' da laže!
                     Mnogi j' istiniji omastio šijom uže![421]
                     A ti, gazdarice, samo trpaš što on smuva!
                     Ne znam ja ko bolje lovi, ni ko to bolje čuva.[422]

Baba Gerton: Gospon, čast Vašoj službi, al' da Vi niste tu sada,
                     Ja bi' joj, na sve što sipa, da je kurva i jàda![423]
                     I da znam da je Hodž gad k'o ti, kunem se mukama,
                     Ja bi' ga obesila pre zore svojim rukama.[424]

Gospa Čet: A šta ja ukrado' tebi il' tvome, nakazo?[425]

Baba Gerton: Mnogo više, svi' mi svetih, no što ikad tvoje uzo'!
                     Znaš ti dobro, ne treba da kažem.

Bejli: Dosta, zaboga!
                     I da čujem, molim, kad smo već kod toga:
                     Kako to da Hodža nema? Njega bi' ja.

Baba Gerton: Joj, gospon, začas će on; mnogo toga njega vija!

Gospa Čet: Gospon Bejli, niste Vi budala, mora se čuti,[426]
                     To petljanje, vi'te Vi, tu se nešto mrsi i muti![427]

Baba Gerton: Pojaviće se on, ja Vam kažem – i, gle, ide!

                     [Palica izvodi Hodža iz kuće Babe Gerton.]

Bejli: 'Ajde, momče! Čujem da si nadžagbaba, a-ha, da.[428]

Komšiki koke grabiš, k'o lija na dve noge;
Pa i piliće i pevce,[429] tu i tamo pa mnoge.

Hodž: Čikam da to meni kažu! Najbolji sam ja, pošten!

Bejli: A maločas u kokošinjcu Gospe Čet zatečen?

Hodž: U'vaćen tamo? Ne, gospodaru. Ja – ni za rudnik[430] zlata!

Gospa Čet: Ti, il' đavo u tebe preobučen! Tako mi vrâta![431]

Paroh Pacoje: Ne kun' se, aspido! Đavole! D' umukneš!
Ni pišljiva boba[432] – do jutra da se kuneš.
Je l' mu dlaka fali?[433] 'Ajde, Božje ti slave!
Puk'la ga ti, i još vas, a rane sred *moje* glave!

Hodž: Mene tukla? Bogo, pre bi' ja tebe zgromio!
Ja da ruku pustim, drndaro, bi' te zdrobio!

Gospa Čet: Usranko tupi, sad znaš kol'ko moja pesnica teži!
Letva ti glavu ljubila, ne bila koja sam, beži!

Hodž: Ne trućaj, kurvo! Klepećeš, niko do reči, vala.

Gospa Čet: Ma, džukcu, da smo sami, tikvu bi' ti rascopala![434]

Bejli: Gospodine, reci je l' ti glava cela?

Gospa Čet: A-ha, gos'n Bejli, blažen svaki dokaz dela![435]

Hodž: Da l' mi glava valja? Znajte, ni vašljiva ni šugava![436]
Šta, zveri kvarna, misliš da je kvrgava?
Jok, Bogu hvala, ne bi' ni za šta na svetu
Kol'ko zanoktica tvoja krastu na dupetu!

Bejli: Priđi, de, ovamo!

Hodž: Vala, 'oću.

[Hodž prilazi nadzorniku i naginje se
da bi ovaj mogao da mu pregleda glavu.]

Bejli: Device mi, nema ništa tu;
Glava cela, a Gospa se kune[437] na štetu.

Gospa Čet: Boga mi moga, može on da laže i da tera šegu,
Ja znam bubotke koje ponese na glavi u begu!
Je l' nisi, huljo, maločas upuz'o međ' koke,
Pa te u'vatismo u kući sred krađe duboke?

Hodž: Kuga i kokama i tebi! Kurvo, na kola![438]
Da me na vr' drva obese kad bi lag'o k'o ti pola!
Vrati Baki nazad ono njeno što ote joj i odnese!

Baba Gerton: Jah, gospon Bejli, ima nešto što možda ne zna se:[439]
Opajdara ova, krade mi – zgrabio je đavo!
Molim da vi'te da se reši moje prâvo.

Gospa Čet: Ja *tvoje*, prljava babo, krme debelo?
Istina je moja, da znaš, k'o što mi čelo belo!

Baba Gerton: Mnogi je istiniji obešen, provlačiš se *ti*!

Gospa Čet: Platićeš, Božjih mu rana, laži i kleveti!

Bejli: Je l', a za šta da je tužiš?[440] Pretnja ti ta ne stoji.

Baba Gerton: Vala, gre' joj na dušu, ta kurva mi iglu prisvoji.

Gospa Čet: *Iglu*, veštice? Kako? Dok ti glavu nisam razbila![441]
Tako reče neki dan i da sam ti *petla* zdipila!
I za doručak ga ispekla – vala, pamtim ti to.
Đavo ti lažljivi jezik i trule zube počup'o!

Baba Gerton: Iglu moju dâj! A pevac, da kažem bez radosti,
Nek' ti leži na lažnoj veri i savesti!

Bejli: Pričate tako da ne znam sad ko koga ogoli.

Baba Gerton: Ipak ko drugi[442] do ona, leba mi i soli!

Bejli: Obuzdajte se malo; na jezik pazite;
Nije ovde za svađu, na umu imajte.
Kako znaš ti, Bako, da Gospa Čet iglu svlada?

Baba Gerton: Ime, da Vam kažem *ko*, ne bi' baš bila rada.

Bejli: Jah, al' moramo da znamo, zato – samo hrabro.

Baba Gerton: Jedan što sve reče i trezveno i dobro,
Sve što sâm vide – na knjigu da se zakune –
Lepu iglu diže ruka aspide pijane:
Dikon, iz ludnice. Mora da ga znate, čujete.

Bejli: Lažljiv mangup, Boga mi! Niste ludi da verujete![443]
U opkladu nek' mi s glave kapa pala[444]
Da do kraja još sve ispašće gruba šala.[445]
A reče li da ti i pevca ukrala tada?[446]

Baba Gerton: Ne, gospon, to već ne; to bi laž bila sada.
Moj pevac, 'Rista 'falim, puca od zdravlja.

Gospa Čet: Jah, a mula ona, tvoja Tiba, drolja,
Drsko rekla – ukraden, izeden u mojoj kući.
Sreća fufi kvarnoj da je ne uzo' šibom tući – [447]
Al' za ime *moje* šibe bi joj bile male![448]
Ne pričam ovo, čuješ li me, zarad šale;[449]
Onaj što ču meni reče – taj kog ti kažeš:
Dikon, znaju ga svi, i nemoj da lažeš!

Bejli: Ovak'a stvar: ti iglu kraj vrata izgubi,
                  Ona kaže, pak, da pevca tvoga ne zgrabi;
                  Za sve iz tvoje priče, kako tužiš nju ti,
                  Brani se da joj to ni na kraj pameti.[450]
                  Tvrdiš – pevac je kod nje?

Baba Gerton: Ne, Device mi, to ne!

Bejli: A ti – priznaješ iglu?

Gospa Čet: Ja? Nikako, vala, ne!

Bejli: E, pa, onda, to vam je to.[451]

Baba Gerton: Lakše, gospon, malo blaže!
                  Lako je njoj da Vam kaže *ne* i da slaže![452]

Bejli: Jah, al' onaj što tu laž o krađi pevca smisli
                  Ne preza da laže opet, šta god ko dalje misli.
                  Smatram[453] na kraju ova čarlama, do vraga,
                  Samo je zato što Dikon vas sve nalaga.

Gospa Čet: Nešto jesu laži, kanda tačan njuh Vaš,
                  Al' ima šta je zbilja – ja se uveri' baš!

Bejli: Šta li još ima tu, Gospo Čet?

Gospa Čet: Evo, gospon, čisto:
                  Priča koju već reko', ta j' od njega isto;
                  K'o drug upozori šta se sprema meni,
                  Il' ostado bez svi' koka, Bog sakloni!
                  Rek'o mi da Hodž ide, i taj stiže stvarno;
                  Al' morade da beži brže, đubre kvarno.
                  Istinu rek'o, istina se vid'la, jamačno.

Bejli: Ako ne greši Pacoje, i to je sve netačno.[454]

Paroh Pacoje: Majke mu Božije, ti i on ste lije mudrice!
                   I ti čekaš Hodža, a na *mene* palice.[455]
                   Je l' ne reče Dikon da ga dočekaš, da stojiš gde?[456]

Gospa Čet: Jest, svetih mi; i, kad dođe, da ne bodem ražnjem nigde![457]

Paroh Pacoje: Pričešća mu, on sve nas – za nos, mangup drljavi![458]
                   Svoj smutnji uzrok on, govnarski zvekan prljavi![459]
                   Kad Baba požali se i zastenja žalobno,
                   Čuh da se kune da kod tebe igla njena zlokobno;
                   I za dokaz reče od tog mu muka; kako bilo,[460]
                   Smuti malo da me vodi da vidim, bi mu milo,
                   I gde sediš, siguran, njega da slušam kad kaže,
                   U tvoju kuću prolaz tajni da mi pokaže,[461]
                   I kako iglu držiš i šiješ neku krpu,[462]
                   I, da te otkrijem, ugura me u rupu.
                   Ja – gledaj, tiho, puzi, koleno-lakat mili,
                   Kad puče letva – nagradili me i platili!
                   Tako nekad sreća služi kad 'ćeš da se pačaš,[463]
                   Da se nađeš u muci da sve dobro bude,[464] shvataš?

Hodž: Blagoslov, Bako, da izbego' taj boj![465] Da tamo odoh,
                   I po meni bi pljusnulo, proš'o bi' k'o deda paroh![466]

Bejli: Boga mu, sve je gruba šala, i vid'o sam tako.[467]
                   Da Dikon nije glupost igrao, znalo bi se lako.
                   Baku nasamari, po svom je zalude više;
                   Gospi Čet školu dao, dok obe ne zavapiše.
                   Paroh naš ništa bolje, lobanju mu zguliše;[468]
                   Samo slep da ne vidi da i Hodž dobi, štaviše!

Hodž: I ja sam kažnjen k'o i drugi; išiban k'o štene![469]
                   Da nisam mudriji, izigr'o bi i mene.[470]

Bejli: *[Palici]*
                    Momak, brzo Dikona; nađi ga, gde god se deo!
                    [Palica izlazi, ide niz ulicu.]

Gospa Čet: Sram ga bilo, lupež! Fuj, fuj! Sve nas sludeo![471]

Baba Gerton: Hulja, iz duše kažem! Sram ga bilo doveka!

Paroh Pacoje: Fuj! Prvi kažem, u meni skoro ubi čoveka!

                    [Palica uvodi Dikona, dovlači ga.]

Bejli: Gle, evo njega! Nije daleko odmak'o.
                    Dikone! Ovaj svet ovde bez tebe nikako!

Dikon: Bog Vam pomog'o, i vama svima kol'ko vas broji!

Gospa Čet: Arsuze! Boga mi, da te čovek uštroji![472]
                    Vidiš šta učini!? Gos'n popo, mrzak Vam?[473]

Dikon: Proklet ko to uradi! Ja ga ni prstom nisam.[474]
                    Ma, kurvar popovski, u nekoj se birtiji nalio,
                    Glava pretegnula, basamake izljubio.[475]

Bejli: Ćut', more! Em si mangup, em zvrndaš poput zolje![476]
                    'Ajde jezik za zube[477] malo, da prođeš bolje.
                    Istinu priznaj, kako pitam, ne izmišljaj više;
                    To što skrivi, moja ti reč, da se kazni ne suviše.[478]
                    Slag'o si tamo-'vamo ove dve da se do'vate?

Dikon: Pa šta s tim? Pe'sto sam tak'ih u sedam leta vid'o, znate.
                    Nič ne žalim, samo što ne vid'o veselje ljuto
                    Što napraviše kad se sretoše, same kažu to.[479]

Bejli: A najgore *[Pokazuje na sveštenika Pacoja.]* – paroh naš!
                    Vidi te masnice![480]

Dikon: A kog je vraga džar'o po kokošinjcu ove vlasnice?

Bejli: Jah, al' ti napravi da u trnje uleti.[481]

Dikon: Naforo! Zar šuša stara tol'ko nema pameti?
                    Pokaza se ovde, vidi ti, teška ludija,[482]
                    Gore od mačka u basni kog prešla lija
                    Da u zamku uleti koja nju čekala;
                    On uskoči po miša, a pop što je budala.[483]

Paroh Pacoje: Ma, ti si pa nešto, bitango lenja, goli puže,[484]
                    Za ovo sada, vala ću da ukrasiš uže![485]
                    U ime Krune, drž'te ga dobro, tražim čvrsto![486]

Dikon: Kako? Da me ljulja da spavam? Pa samo što sam ust'o.[487]

Paroh Pacoje: Jok, u lance,[488] nitkovu lažljivi, eto plate!

Bejli: Gospon popo, šta da zakon kazni, molić́u, je l' znate?
                    Nešto drugo moraćemo.[489]

Paroh Pacoje: Jok, svih mu nebesi![490]
                    Kazne mu nema, ako *ja* se pitam, do da se besi!

Bejli: To Vam *mnogo* strašno.[491] Duhovnik ste, a preteraste!

Paroh Pacoje: Je l' on šta bolje vredi? Kako to *Vi* sabraste?

Bejli: Kazne on vredi, samo mudre, ne tako ljutite.

Baba Gerton: Bruka, oku Vam kažem, lažnog gada štitite![492]
                    Sve nas skoro uništi – ta je istina čvrsta.
                    Opet, kraj tol'ke furtutme, igla ništa bliže moga prsta!

Bejli: Imaš li ti tu šta, Dikone, reč krupna il' mala?[493]

Dikon: Jah, vi'te, ovako da rečem: E, igla nestala!

Bejli: A ne umeš da kažeš kako da se ona nađe?

Dikon: Ne, vere mi, gospon, da me i sto funti snađe.

Hodž: Bedo lažljiva! Ne reče li – igla vratiće se?[494]

Dikon: Ne, Hodže, pošto ti onog puta ugovna se
                Plašeć' se bauka – šta mislim dobro znaš,
                I sve od tad se plašim opra li se, il' vonjaš![495]

Bejli: Popo, naučite i Vi, da svako oprosti.
                Kad se Dikon poveri i oprostom očisti,[496]
                Ako ćeš po mom, da se popravi stradanje,
                Da mu naložimo ovde vidno kajanje –
                Pod uslovom: za moj rad se dvaj's penija sprema,
                Al' u krvi ste, primam da za Vas troška nema.
                Ne plaćate, al' ste garant da stvar sad vidi kraj
                U veselju svih nas, k'o pre gužve što beše slučaj.[497]

Gospa Čet: 'Ajd' pristani, gospon popo, on da prizna da ti duguje,
                Pa svak' što je ovde tebe lepše još da celuje.

Paroh Pacoje: Moja uloga najgora; al' kad složni ste,
                Po Vašem, sudijo, nek' i od mene dobiste.

Bejli: Pa, paz'te dobro: šta učini – da iskupiš,
                Pošto ozledio si sve, da i' sad zadovoljiš,
                Pred njima ovde klekni, pa sve kako mene čuješ;
                Na Hodžove čakšire se zavetuješ:
                Prvo, paroh naš, kletve njegove pretnja su,
                Gde on plaća sve, ti ne poteži kesu,
                Kad je jedan vrč na stolu, prvi on pije,
                A ti mu kriglu ne pružaj ako puna nije;
                Dobroj ovoj Gospi Čet ti, opet, zaklet budi,

Odbije li paru tvoju jednom, dvaput ne nudi –
Ista reč te veže, koju ti ovde daješ,
Kad možeš da piješ džaba, da ne odbiješ;
A za Baku Gerton, opet se ti kuneš,
Da pomogneš da iglu vrati, ikako li umeš – [498]
A na isti način moranje tebi
I da dobar budeš mački joj, Gibi;
Najzad, Hodž – zakletvu sričeš njemu,
Da ga držiš za otmena, da, u svemu.

[Hodž se spušta u čučanj, s izbačenom stražnjicom.]

Hodž: 'Ajd', bata Diki! Sad da na istom budemo!

Bejli: Nema ti druge, Dikone, šta ćemo!?

Dikon: Ne, očeve mi kože; ruku prislanjam!
Evo! K'o što obećah, nema da menjam!
Al' Hodže, pazi, de, da me ne zasereš!

*[Kao kad bi da položi dlan na Bibliju radi
zakletve, Dikon podigne ruku, a onda snažno
raspali Hodža po stražnjici. Hodž urlikne
od bola i skače naokolo, držeći se pozadi.]*

Hodž: Bogo! Zar da me, huljo, ujedeš!?

Bejli: Šta je, Hodže! Je l' te pre zakletve tresn'o?[499]

Hodž: U dupe k'o zumbu il' pribadaču mi kresn'o!

[Hodž se previja i uvija, pa izvadi iglu iz stražnjice.]

Hodž: Jao, vidi, Bako!

Baba Gerton: Šta bi, Hodže, šta je?[500]

Hodž: Bogo moj, Bako Gerton!

Baba Gerton: Je l' s' lud, šta ti je!?

Hodž: 'O'š da vidiš? Đavo, Bako!

Baba Gerton: Đavo, sinko? Bože, spasi!

Hodž: E, da visim, Bako!

Baba Gerton: I 'oćeš, il' se oglasi![501]

Hodž: Imam je, Boge mi, Bako!

Baba Gerton: Šta? Iglu, šta li je?

Hodž: Iglu tvoju, Bako! Iglu!

Baba Gerton: Marš! Smešno nije![502]

Hodž: Naš'o ti iglu, Bako! U ruci, evo je!

Baba Gerton: Svega ti na svetu, daj da vidim je!

Hodž: Pazi,[503] Bako!

Baba Gerton: Dobri Hodže!

Hodž: Lakše, kažem; da paziš!

Baba Gerton: Jok, slatki, stvarno? Nemoj da me radiš![504]

Hodž: Stvarno, kažem ti – i više nigde ona neće!

Baba Gerton: Hodže, lepo te molim, daj je![505] O, sreće!

Hodž: Na svetlo, Bako, ovo sudba podarila:
                 Skoro me ubi, u guz mi se zarila!

                 [Stanu na svetlo koje dopire kroz otvorena vrata,
                 i Hodž joj predaje iglu.]

Baba Gerton: Moja draga igla, jeste, jašta, vidim![506]

Hodž: Je l' ti nisam dobar sin, Bako, vredim?

Baba Gerton: Hristovo svetlo na tebe, usreći me za svakad!

Hodž: Znadoh – moram da je nađem, il' nje više nikad.

Gospa Čet: Vere mi, slatka moja, radujem se isto
                 K'o da mene samu sreća strefi čisto![507]

Bejli: I ja, duše mi, kad se ona javi tako,
                 Radostan kol'ko *tri* igle vrede, jâko!

Paroh Pacoje: Ne žalim ni trun[508] što u sreći blesnuste!

Dikon: A meni još draže što živnuste;
                 Ipak, rec'te „Hvala, Diki, ti istera čâr"![509]

Baba Gerton: Hvala ti, dvaj's puta hvala. Radosti dar!
                 A ja kol'ko mogu, nadzorniče, da se pođe,
                 Gospon popo, slatka Čet, Dikon takođe,
                 Pola penija imam, kol'ko valda pamtim,
                 I mira noćas nemam dok ne častim.
                 Ko me išta voli, da pijemo, aj'mo![510]

Bejli: Ja 'oću, ako i ostali, dajmo!
                 Oče popo, Vama najbolje d' idete,
                 U toplo, da rane previjete.[511]

Dikon: Lepo, otmeni – nek' je društvo veće; Vi napred,
Dičan je koj' pozadi, k'o i oni ispred.

[Dikon se okreće da se obrati publici.]

Dobra gospodo, moramo, sad je čas,
I ostavljamo ovde sâme vas.
Otkriće na kraju radost nam je dalo,
U ime igle babine, 'ajd' pljeskajte nam malo![512]

Izvođači se klanjaju publici.

K r a j

TUMAČENJA I KOMENTARI

[1] U originalu je upotrebljena reč *stound*, što je provincijalizam s danas zastarelim značenjem *časak, trenutak*; imeničko značenje u današnjoj upotrebi je *žigav bol*, ali i *buka*, dok je značenje neprelaznog glagola: *boleti, žigati*.

[2] Provincijalizam *gossip* ima danas zastarela značenja *kum, kuma*; *prika, prija, prijatelj, prijateljica, komšija, komšika*. Početak originalnog stiha *Dame Chat, her dear gossip,...* zato ima adekvatan prevod u *Da Gospa Čet, drūga njena,...*

[3] Stih *Than knows Tom, our clerk, what the priest says at Mass!* predstavlja lokalnu šalu na račun Toma (sasvim uobičajeno, poslovično, ime) koji očigledno drema za vreme crkvene službe. Danas zastarela značenja imenice *clerk* su *duhovnik, sveštenik*, ali i *kantor, pevač, pevčik; crkvenjak, klisar*. Zato je prevod na ovom mestu ponudio: *Kol'ko klisar Tom dok drema na misi!*.

[4] Doslovno značenje stiha *Who found what he sought not, by Diccon's device!* je *Koji nađe nešto što nije očekivao da nađe, usled Dikonove smicalice!* Prevodni stih *I zateče, o, gle, što Dikon zamuti!* je neuporedivo kompaktniji, a poslednja reč postiže rimovanje sa završetkom prethodnog stiha (*...ljuti;*).

[5] *clean out of fashion* u stihu *When all things were tumbled and clean out of fashion* ima značenje *očigledno u neredu, u zbrci*, koje je za potrebe prevoda ovog stiha izraženo kao *... naskroz ludo beše,*.

[6] *...stoke up their plaudity* u stihu *With a pot of good ale they stoke up their plaudity* koristi se značenjem glagola *stoke – ložiti, nalagati, biti ložač,* ali i *krkati, kusati, gumati*; dakle: *izgradili su sebi aplauz,* postepenim nalaganjem ga *razgoreli; nakupili; zaslužili.* Prevodni stih *Uz dobro pivo pljesak zaslužiše.* u potpunosti odgovara smislu iskaza, a poslednja reč obezbeđuje rimovanje sa završetkom prethodnog stiha (*...da'nuše*).

[7] *broach* je imenica primljena iz francuskog jezika, u značenju *a spit for roasting meat,* a i u današnjem značenju je sinonimno sa *spit,* dakle: *ražanj.*

[8] Za potrebe ovog prevoda, u cilju postizanja rime, prevodni stih *Mnogi sam komad slanine s tavana dig'o,* stoji u ime stiha *Many a piece of bacon have I had out of their balks,* u kom *balks* ima značenje *tie-beams, rafters – spojnica, poprečnica, spojnična greda, spojka, veza, komad koji spaja; rog, drvo za rogove* (*from cellar to rafter – od temelja do krova, od podruma do tavana*). Na te *tavanske grede* kačeni su komadi slanine radi sušenja, a i da bi se sačuvali od štetočina, pa i od lopova poput Dikona.

[9] U originalnom stihu *Yet came my foot never within those door-cheeks,* kolokvijalna kombinacija *door cheeks* ima značenje *door jambs; jamb* je u arhitekturi termin za *direk, stub (vrata); dovratnik; potporni zid.* Jednostavnost je održana i prevodom: *A opet noga na ovak'a vrata kročila nije,.*

[10] U stihu *Da bi ikad vid'o ovol'ke sumorne boje – That ever I saw a sort in such a plight* reč *sort* je upotrebljena u smislu *crowd,* to jest u značenju koje je i danas isključivo provincijalizam, ili je sasvim zastarelo – *bagra, družina, gomila.*

[11] Reč *plight* je upotrebljena u značenju *nezgodno stanje, nezgoda, neprilika*; tako u familijarnoj upotrebi izraz *in a sore plight* znači *u grdnoj neprilici, u žestokoj prpi.* Proizlazi da je prevod *Da bi ikad vid'o ovol'ke sumorne boje* u određenoj meri slobodna interpretacija značenja koje bi doslovce glasilo *Da bih ikad video neku gomilu u tolikoj neprilici.*

[12] *...svi u nekoj tuzi;* u originalu je *... all cast in a dump;* a to bi doslovno značilo: *... svi svaljeni na smetlište.* Imenica *dump* ima brojna značenja, od kojih je ovoj upotrebi očigledno najbliže: *smetlište, đubrište.*

[13] *Kenjkaju, strašnu tugu stenju, ogrezli u suzi;* jeste slobodan prevod, naročito u potrebi da se postignu dati broj slogova i rima. Doslovno značenje stiha *With whewling and pewling, as though they had lost a trump;* bilo bi: *S ječanjem i stenjanjem, kao da su izgubili nešto za život važno.* Reč *trump* ima značenje *adut,* a u familijarnoj upotrebi *dobričina, čestita duša, dobar čovek, dobra žena* (*He behaved like a regular trump*), dok u poetskoj upotrebi može da se odnosi na *trubu, zvuk trube, trubljenje.*

[14] U originalu *...what the devil they ail!* u stvari znači *...what the devil ails them!* – *...koji ih đavo spopada!* ili *...koji ih đavo muči!.*

[15] *The old trot...* nudi reč *trot* u starom provincijskom značenju *babuskera, to-rokuša,* ali i *murdaruša, aljkuša; kuja; sluta.* Zastarelo značenje je *veštica, čarobnica,* a figurativno *veštica, gadna babuskera, aspida vaseljenska.*

[16] *A Tiba ruke sve krši u još tuzi goroj,* sasvim odgovara značenju *Tyb wrings her hands and behaves even worse,* što bi bilo pravo značenje stiha *And Tyb wrings her hands and takes on in worse case.*

[17] U originalu *Ask them what they ail, or who brought them in this staye,* u stvari znači *If you ask what ails them, or who brought them into this predica-ment,* – *Ako ih pitaš šta ih muči, ili ko ih je doveo u ovakvu nevolju.* Osnovno značenje imenice *predicament* je (u logici) *iskaz, iskazano; kategorija; red,* klasa, dok je figurativno značenje *neprilika, nezgoda; položaj, stanje.*

[18] *Welladay!* je uzvik očajavanja, u značenju *Woe is me! – Teško meni!* ili *Avaj!* i slično.

[19] *Vid'o da vajde nema, izvuko' se preko reda,* malo je slobodniji prevod pra-vog značenja *When I saw it was useless, I took myself outdoors. – Kad sam video da ne vredi, izvukao sam se (iskrao sam se) napolje.*

[20] Originalni stih ovde glasi *Shall serve for a shoehorn to draw on two pots of ale! – Poslužiće kao sredstvo da izvučem dva vrča piva! – shoe-horn* je *kašika za obuvanje cipela,* a u figurativnom smislu: *mašice, oruđe, sredstvo.*

[21] *Pogle'! Umazan...* u originalu je: *... 'cham arrayed...,* gde *'cham* ima značenje *Ich am,* to jest *I am*; reč je o južnom dijalektu engleskog jezika. Veliki broj Hodžovih reči, veliki broj reči u celom ovom delu, počinje tim grlenim *'ch* i pripada ovom „klipanskoseljačkom" ("country bumpkin") dijalektu (*bumpkin* je imenica za koju se smatra da je holandskog porekla, a znači *klipan, grmalj*).

[22] Stih *See! So 'cham arrayed with dabbling in the dirt!* u stvari znači *Look at me! I'm all messy from digging in the dirt!* mada glagoli *dabble* i *dig* nisu sinonimni. Osnovno značenje glagola *dabble* je: *ukvasiti, pokvasiti, nakvasiti, poškropiti, ovlažiti; isprljati, uprljati, umrljati; zamočiti, natopiti; vući tamo-amo po vodi; pljuskati, prskati se, brljati se, brčkati se.*

[23] Imenica *squirt* ima osnovno značenje *brizgalica, štrcalica; štrcaljka; prskalica,* zatim: *štrcāj, štrc, mlazić,* a u narodskom izražavanju: *drićkavica, proliv.*

[24] U svom neposvećenom izražavanju, nečistom i prostom, Hodž i ostali koriste veliki broj reči i izraza obesvećujućeg, skrnavnog, karaktera. Takav je i izraz *Gog's bones,* mada je sâmo *Gog's* eufemizam za *God's.* Sličan je primer u srpskom kad se umesto *Bog* koristi oblik *Boga,* ali bi zato zaista obesvećujuće zvučao, primera radi, uzvik *Koske ti Bogine!* ili *Koske mu Bogine!* i slični izrazi.

[25] *krpa* je ovde reč sasvim opšteg narodskog značenja, a data je kao prevod reči *stuff* s neuporedivo širim izborom značenja, među kojima su i: *tkanina, štof, lice,* kao i familijarno (naročito u kombinaciji *old stuff*): *starudija, starež, tralje, prnje.*

[26] Za potrebe prevoda, odnosno postizanja rime u prevodu, ponuđeno je *...da me neko pita,* kao blaže i naivnije od originala *...If I should now be sworn,* u značenju *...If I were now under oath – Kad bih sada bio pod zakletvom.*

[27] Osim što je pogodan za uklapanje, prevod *Al' šta ti pa tu najbolje dođe sad* ovde je i sasvim u skladu sa značenjem, jer u stihu *But the next remedy in such a case and hap* imenička fraza *the next remedy* svakako nema značenje *sledeći, nailazeći,* već *najzgodniji, najpogodniji; najpribližniji, najbliži; najbolji.*

[28] Deo ovog stiha ...*Toga svaki dan ima;* sasvim odgovara originalu ... *'Tis their daily look;* (*They always look like that*) – One svakodnevno (*uvek*) tako izgledaju.

[29] *Da Tiba i gazdarica svađale se samo,* jeste prevod koji u potpunosti odgovara značenju stiha *That either Tyb and her dame had been by the ears together,* i tako saznajemo da je *had been by the ears* isto što i *had been fighting.* Izraz *to be by the ears* znači *počupati se, dohvatiti se.*

[30] *Molim Svevišnjeg da im sloge i ne svane dan!* odgovara stihu *Now Ich beseech our Lord they never better agree!*, što je izraženo kompaktnije nego što bi bilo *Now I pray to the Lord that they always argue with and irritate each other! – Sad se molim Bogu da se njih dve uvek svađaju i jedna drugu sekiraju!* ili ...*jedna drugoj smetaju!*

[31] *K'o pod mađijom* je prevod prvog dela ovog stiha, koji u u originalu glasi *As though they had been taken with fairies,* što bi bilo: *K'o da ih vile uzele,* ali gde je ...*taken with fairies* u stvari u značenju *bewitched.*

[32] Za potrebe prevodnog uklapanja i rimovanja deo ovog stiha je dat kao *Smeo sam i kapu da smlatim,* dok bi pravo značenje originala *I durst have laid my cap to a crown* bilo *Usudio bih se i kapu da založim (položim u opkladu) za krunu.*

[33] U prevodu ovog stiha upotrebljena je imenica *užas,* čije značenje je neuporedivo intenzivnije (ali verovatno bliže Hodžovom stvarnom trenutnom raspoloženju), dok je u originalu na tom mestu *prankum,* u značenju *prank, odd happening,* što svojim osnovnim značenjem *šega, obešenjaštvo, obešenjakluk, ugursuzluk, čapkunstvo, čapkunluk* deluje dosta naivno i blago.

[34] U ovom stihu ...*she'd leapt out of his leas!* svakako znači ...*she would have leapt out of his pastures,* mada imenica *lea* osim osnovnog značenja *ledina, poljana, celica, luka, livada, pašnjak;* može da znači i: *rudina, utrina,* a tu je i danas zastarelo ili potpuno provincijalno značenje *ugar, ugarena zemlja, parlog.* Isključivo radi postizanja rime, prevod se ovde slobodno opredelio za reč *dvorište,* tako da se prevodni stih završava s *ode ona tuđem dvorištu!*

[35] *Pa, kažu da takav znak ne omanjuje.* – prevod je koji za potrebe uklapanja broja slogova unekoliko sažima originalni stih *Well, Ich have heard some say such tokens do not fail* i opredeljuje se za blažu i neutralniju reč *znak* umesto *znamenje, predznak, znak kobi*, što bi neposrednije (preciznije) odgovaralo ovom mestu na kom je *tokens* u stvari *omens*.

[36] *Je l' neko ukr'o patke, il' uštrojio mačora?* prevod je koji sasvim (uz redukciju koja je neminovna da se ne bi preteralo s brojem slogova) odgovara značenju stiha *Hath no man stolen her ducks or hens, or gelded Gib, her cat?* – glagol *geld* je iz staronordijskog jezika, a značenja su mu *škopiti, uškopiti, štrojiti, uštrojiti, jaloviti, ujaloviti*, kao i zastarelo figurativno *lišiti*. Sinonimno značenje *ujaloviti, jaloviti*, nosi glagol *spay*, poreklom iz novolatinskog, čije se značenje *uškopiti, škopiti, uštrojiti* javlja kod Šekspira a danas se smatra zastarelim. Poseban komentar zaslužuje činjenica da je ovo jedino mesto u komadu na kom se govori o hipotetičkom *štrojenju*, što bi podrazumevalo postojanje *mačora*; nadalje, neprestano do kraja, *Gib – Giba* je isključivo i dosledno *mačka*. Ostaje pitanje zbog čega bi autor dozvolio nedoslednost koja se toliko lako konstatuje, pa se otuda rađa i pretpostavka da je danas teško dokučiti neko prenosno značenje koje je svojevremeno možda postojalo – možda je *...or gelded Gib, her cat?* značilo *...il' mazn'o* (ukrao) *Gibu, mačku njenu?*

[37] Prethodno diskutovana nedoumica dobija na zamršenosti kad se ima na umu činjenica da je *Gib* (skraćeno od *Gilbert*) u vreme nastanka ove komedije bilo uobičajeno ime za mačku, naročito za starog i mrzovoljnog *mačora*, a u tekstu je, od ovog mesta nadalje, dosledno reč o *mački*.

[38] *Idem ja, da vidim šta je naopako.* – prevod je koji je tako formulisan radi postizanja rime, uz ograničen (originalom zadat) ukupan broj slogova. Pun smisao stiha *'Ch'll in, and know myself what matters are amiss.* bio bi *Idem ja unutra, da sâm vidim šta tu ne valja. (pošto još ne mogu da se načudim šta li se to ovde dogodilo)*

[39] *...Šta da radim, ne znam!* prevod je drugog dela ovog stiha – *...Ich wot not what to do.* – u kom se, kao i na velikom broju mesta dalje, koristi *wot*, arhaični oblik za prvo i treće lice jednine sadašnjeg vremena glagola *to wit*. U staroengleskom jeziku ovaj glagol je mogao da bude i prelazan i neprelazan, s danas

arhaičnim značenjima *znati*; *učiti*; *biti* (ili *postati*) *svestan čega*; *naime*; *to će reći*; *to jest*; *kao što sleduje*. I sâm oblik *wot* postojao je kao prelazan glagol *znati*, ali je kao takav upotrebljavan samo u prezentu i sadašnjem participu (*God wot* – *Bog zna*; *He wots* – *On zna*).

[40] *Nisam onda blesav,...* je prevod prvog dela stiha *And then 'chwere but a noddy to venture where 'chave no need!* u kom je imenica *noddy* upotrebljena u značenju *fool*, koje u provincijalnoj narodskoj upotrebi odgovara srpskom *bukvan, tikvan, glupak*; *bilmez, mamlaz*; čak i u ornitologiji postoji imenica *noddy*, u značenju *glupava morska lasta* (!), dok bi u narodu *Tom Noddy* bio *Maksim* (koji *lupa, lupeta*), dakle *glupak.*

[41] *Luđa sam od lude,...* je prevod originalnog *'Cham worse than mad,...* gde je *mad* upotrebljeno u značenju *insane* (latinski: *insanus*) – *lud*, u familijarnoj upotrebi: *šašav*; reč je i o doslovnim i o figurativnim značenjima.

[42] *Psovke, grdnje, batine meni dan vasceli,* prevod je stiha *'Cham chid, 'cham blamed, and beaten all t'hours of the day,* u kom *chid* ima značenje *scolded*. Sâm oblik *chid* (ili *chidden*) je prošli particip staroengleskog glagola *chide*, koji kao prelazan znači *izgrditi, ispsovati, iskarati, grditi, kuditi, karati*; *manisati, nalaziti manu*; a kao neprelazan – *svađati se*, kavžiti se, *prepirati se, protestovati, praskati*. Glagol *scold*, poreklom od staronordijske imenice *scald* (*karalac, karalica, karač, karačic*a, *grdilac, grdilja*; *oštrokonđa, nadžak-baba*; a *common scald* – *pogana jezičara, opajdara pogana jezika*) svoja značenja i upotrebe je definisao u srednjoengleskom periodu.

[43] *Skr'ana, glađu mučena, krv, masnice podbule,* prevod je stiha *Lamed, and hunger-starved, pricked up all in jags,* u kom *... pricked up all in jags* znači što i *...scraped and bruised*, dakle *izgrebana* (*puna ogrebotina*) i *puna modrica, sva u masnicama*; *sva izubijana.*

[44] *Kakav je to metež,...* je prevod za *What the devil make-a-do...*, gde *make-a-do* ima značenje *uproar* – *buka, graja, vreva, galama, nered, metež, zbrka, pometnja, uskomešanost*; *gužva*; *uzbuna*; odnosno *disagreement* – *neslaganje*; *razmimoilaženje u mišljenju*; *raspra, razmirica, nesuglasica, svađa.*

[45] *...sreća tvoja što ne beše tu!* odgovara završnom delu ovog stiha *...thou had a good turn thou were not here this while!*, mada bi puno značenje bilo *...sreća tvoja što ne beše tu maločas (pre nešto malo)!*

[46] U ovom stihu *...na milju svu!* prevod je za *...hence a mile!*, što doslovno znači *a mile away* – *milju odavde.* Prilog *hence* znači (u prostornom smislu) *odavde [= (away) from here]*, a u figurativnom smislu *otići (Hence! – Odlazi!, Hence with it! – Beži s tim!)*, pa i *umreti.* Zastarelo značenje je: *daleko odavde.*

[47] *...da je vidim očajnu.* je deo stiha koji u originalu glasi *...to see her in this dump.* Značenje bi bilo: *...to see her in such sorrow.* – *...da je vidim u tolikoj tuzi (žalosti)*. Osnovno značenje imenice *dump* koje bi ovde odgovaralo jeste: *smetlište, đubrište.*

[48] *Znam... sa šamlice pala,...* je prevod početka stiha: *'Chold a noble her stool has fallen...*, koji je morao da je kratak, sažet, u praktičnoj potrebi da se održi broj slogova. Potpun prevod bi bio: *Položio bih zlatnik u opkladu da joj se šamlica prevrnula...*, jer bi *'Chold a noble...* savremenim engleskim jezikom bilo rečeno *"I'd hold a noble..."* odnosno *"I'd bet a noble...".* U numizmatici, to jest među poznavaocima novca, *noble* je u stvari *nobel*, što je naziv za stari engleski zlatan novac vredan *6 s 8 d* – dakle 6 šilinga i 8 penija. Oznaka *s* je od latinskog *solidus* (u engleskom *shilling*), dok je oznaka *d* u latinskom stajala za *denarius* (u engleskom sistemu *penny*).

[49] *Ni dupe da rascopa, stolicu da slomije;* jeste prevod stiha koji je, u ime efekta kakav se postiže sočnijim izražavanjem, slobodnije izrazio originalno *huckle bone*, što bi bilo isto što i *hip bone.* Zaista bi teško bilo očekivati neki efekat da je u prevodu upotrebljen anatomski termin *kuknjača, karličnjača, karlična kost.*

[50] Prevod drugog dela ovog stiha je *Nije valda – iglu – izgubila?*, tako da se završetak *izgubila* rimuje sa završetkom prethodnog stiha *...ludila.* U originalu se prethodni stih završava s *...feel.* a ovaj s *nee'le?*, što je razlog da se pretpostavi da su neobrazovani likovi ovog komada reč *needle* izgovarali sasvim približno izgovoru reči *feel.* I na brojnim drugim mestima u tekstu postoje signali (način pisanja, okruženje i broj slogova, potreba da se postigne rima) koji navode na zaključak o ovakvom izgovoru reči *needle*, koja je, počev od naslova, ključna reč cele komedije.

[51] *Đavolu je, il' ženi mu, bila grdno dužna!* – prevod je koji je potpuno u duhu srpskog jezika, ali u originalu stih glasi *The devil, or else his dame, they owed her, sure, a shame!*, parafrazirano: *Surely the devil or his wife owed her some grief and shame!* Tako postoji opasnost da se nesmotreno preciznim prevodom kaže, suprotno smislu srpskog izraza, da su *đavo ili njegova žena njoj dugovali neki jad i sramotu.* Poenta je u tome da je *ona njih zadužila nečim ružnim, nekim zlom,* pa joj sada *uzvraćaju nezgodacijom, jadom, stradanjem.*

[52] *Kako to – kako, Tibo, šta joj bi, nek' je kužna!* – opet je donekle slobodan i uprošćen prevod, priveden duhu srpskog govornog izraza, naročito u završnom delu, gde se *kužna* rimuje s *dužna,* što je poslednja reč prethodnog stiha. U originalu, međutim, ovaj stih počinje s *How a murrain came this chance...,* gde je *murrain* sinonimno s *plague.* Tako nastaje blaga kletva, nalik na *How the devil did it happen? – Kako se, kuga je odnela, to desilo?* ili *Kako se, do đavola, to dogodilo?* Sâma reč murrain /'mʌrin/ je u starofrancuskom, a potom u srednjoengleskom, značila: *goveđa kuga*; danas je arhaično značenje *prokletstvo, kuga*; *A murrain on you! – Kuga te odnela!*

[53] *Sela ona na njenu, a ja da donesem rke tvoje;* – prevod je stiha *My gammer sat her down on her piece, and bade me reach thy breeches;* u čijem početnom delu ono *piece* može da se tumači kao zamena za *stool* (stoličica, šamlica), mada sasvim sigurno kombinacija *on her piece* može da se shvati i kao nevaljalo izražavanje proste služavke, koja misli na nešto mnogo golicavije.

[54] Drugi deo prevodnog stiha *Sela ona na njenu, a ja da donesem rke tvoje;* odgovara drugom delu originalnog stiha *My gammer sat her down on her piece, and bade me reach thy breeches;* Parafraza bi ovde glasila *She told me to hand her your breeches,* ili, možda, *She told me to fetch her your breeches.* U svakom slučaju, reč je o danas zastareloj i retkoj upotrebi glagola *reach* kao prelaznog, u smislu *to fetch sth.* ili *to hand sth. to sbd.*

[55] *Da guzicu ti skrpi, kad spazi, 'spod očiju,* – prevodno je rešenje koje opet upodobljava izraz duhu srpskog jezika, ali i potrebi da se uz određeni broj slogova postigne rima, jer bi doslovniji prevod stiha *To clap a clout upon thy arse, by chance aside she leers,* bio *Da ti lupi krpu na guzicu, kad slučajno postrance razroko pogleda,.* Sâm neprelazni glagol *leer* u osnovi znači *biti razrok, gle-*

dati razroko, pogledati u razrok; u prenosnom smislu – *gledati prezrivo, pakosno*, ali i *gledati lolinski, zaljubljeno*, itd.

[56] Prevodni stih *I od toga trena ljudi je nisu videli.* odgovara originalnom *And since that time was never wight could set their eyes upon it.* u kom je naročito zanimljiva upotreba staroengleske imenice *wight* /wait/, čije je značenje *stvor, stvorenje; živo biće; ljudsko biće, osoba, čovek* danas potpuno arhaično.

[57] U prevodu *Bogo moj, Koki i ja dvajs'puta je tražili!* prvi deo je znatno blaži od originalnog *Gog's malison...* jer je *malison* reč starofrancuskog porekla, čije je značenje *kletva, prokletstvo* danas arhaično. I drugi deo je ublažen u odnosu na originalno *...Cocke and I bid twenty times light on it!*, što se dâ parafrazirati kao *...but twenty times have Cocke and I been bid to find it!* – *...nego smo Koki i ja dvadest puta morali (bilo nam je naređeno) da je tražimo!*

[58] Prevodni stih *I onda, čakšire neušivene, što sutra bi'da i'nosim sveže?* treba da dočara Hodžovo zaprepašćenje što mu čakšire nisu okrpljene, i njegovu veliku želju i nadu da će to biti obavljeno na vreme kako bi mogao da ih obuče za odlazak u crkvu sledećeg dana (nedelja) jer očekuje da će tamo videti devojku Kirstijanu Klak (Kirstian Clack), koja mu je u prethodnu nedelju podarila osmeh. O tome će još više biti rečeno u Prvom prizoru Drugog čina. Originalni stih ovde je: *And is not, then, my breeches sewed up, tomorrow that I should wear?*

[59] *Pa, ništa od nji' Hodže. Onako isto sve, na gomili leže.* prevodno je rešenje za stih *No, in faith, Hodge. Thy breeches lie, for all this, never the nearer.* u kom *...never the nearer* znači *...never the nearer to being mended*, a to bi moralo da se oseti iz prevodnog *...Onako isto sve,...* .

[60] Hodž ovde psuje (proklinje) sve što je možda dovelo do toga da Baba Gerton ne uspe da mu okrpi čakšire. *Vala, prokleto da je sve, kad tako da bude morade* – prevod je dugačkog stiha *Now a vengeance light on all the sort, that better should have kept it* – koji bi mogao da se parafrazira: *Now may something bad happen to all the things that should have made the situation better but didn't!* – *Vala, neka zlo pogodi sve ono i sve one koji je trebalo da stvar poprave, ali nisu!*

[61] *'Ajde, gonili te vrazi!* je drugi deo ovog stiha, koji u originalu glasi *Come on, in twenty devil's way! – Požuri, u dvaj's đavola ime!*, uz posebnu napomenu da je prisvojni oblik ispisan kao da je reč o jednini – *devil's* – mada bi očekivani oblik za ubedljivu množinu (*twenty devils – dvadeset đavola*) bio *devils'*.

[62] *Danas si dobro uradila, a? Pričaj, i pazi!* je unekoliko sažet i potrebama rimovanja prilagođen prevod stiha *You have made a fair day's work, have you not? Pray you, say! – Danas si lep posao površila, zar ne? Pričaj mi o tome, molim te!*

[63] I na ovom mestu je trebalo kompaktirati stih u prevodu i njegov završetak upodobiti potrebi postizanja rime, tako da je *Od danas lelek živim, nestade sve drago!* ponuđeno kao prevod originalnog stiha *The first day of my sorrow is, and last end of my pleasure!*, što u stvari znači *Danas je prvi dan moje tuge/žalosti, a svršetak svega lepog!*

[64] Originalni stih ovde glasi *Lose that is fast in your hands? You need not, but you will!*, a parafraza bi bila *Lose something that you're holding tight in your hands? You shouldn't – but of course you would! – Da izgubiš nešto što držiš čvrsto u rukama? Pa to ne bi trebalo/smelo da ti se desi, ali tebi, naravno, desilo se!*, tako da je shvatljiv i prevod *Iz ruke nestalo. I kome to... gle čuda!* Treba zapaziti upotrebu *You need not* u značenju *You shouldn't*. Posebne napomene je vredna činjenica da Hodž, seljak s juga Engleske, svako svoje *f* izgovara skoro kao /v/ umesto /f/, pa bi i njegovo *fast* u *Lose that is fast in your hands* zvučalo kao *vast* /va:st/.

[65] Iz završnog dela ovog stiha *...to the end here of the town! – na đubre na kraj sela!* saznajemo da su meštani odlagali pepeo (kao produkt sagorevanja čvrstih goriva pomoću kojih su se grejali, spravljali jela, grejali vodu, i sl.) i smeće na jednom mestu na kraju naselja koje je bilo određeno kao deponija.

[66] *'Oću, Baba, sve tako, brzo, odma' vraćam se! –* prevod je stiha *That 'Chall, Gammer, swathe and tight, and soon be here again!*, u kom *swathe and tight* ima značenje *quickly and thoroughly*, tako da bi doslovan prevod ovog stiha mogao da glasi *Tako ću, Baba, hitro i skroz, i eto me brzo nazad!* U staroengleskom je imenica *swathe* u stvari oblik imenice *swath*, u značenju *otkos, okos*

– *širina prostora kojom je kosačeva kosa pokosila travu, ili količina trave pokošena jednim zamahom kose*; danas zastarelo značenje, i doslovno i figurativno, jeste *trag*. Sva ova značenja asociraju na neku hitrinu i britkost, tako da je razumljiva priloška upotreba na ovom mestu u značenju *brzo, hitro*. Pridev *tight* još od srednjoengleskog perioda ima prilošku formu i upotrebu u značenju *čvrsto*; *tesno*; *zategnuto*; *strogo*; *zbijeno*; a kao provincijalizam i *snažno*; *brzo*; *uporno*; tako *to sit tight (on a horse)* znači *čvrsto sedeti na konju (u sedlu)*, u figurativnom smislu: *uporno se držati svojih prava* (ili *svog položaja, svog mišljenja*, itd.), te je stoga opravdano prilog *tight* na ovom mestu shvatiti kao *thoroughly – dosledno, bez ostatka, potpuno, skroz*.

[67] Drugi deo ovog stiha *To it, and take some pain!* preveden je s *'Ajde, trudi se!*, dok bi puno značenje bilo *Na posao (na izvršenje!) i trudi se!*, uz napomenu da *Take some pain!* u stvari znači *Be very careful! – Pazi dobro šta radiš!*, pa prema tome i *Pomuči se!* odnosno *Potrudi se!*, *Trudi se!*

[68] Da bi se postigao potreban broj slogova i da bi se stvorila mogućnost za rimovanje sa sledećim stihom, originalno *Here is a pretty matter! To see this gear how it goes!* prevedeno je kao *Lepa parada! Šta će sve još te budale tupe!*, mada bi neposredniji prevod bio *Lepo se to ovde zbiva! Da vidimo kako se stvar odvija!*, jer bi *To see this gear how it goes!* najpre moglo da se shvati kao *To see how this business runs!* Imenica *gear* je danas najpoznatija po svom značenju *prenosnik, pogon, kolčani, zupčanici*, koje je stekla tek u najnovije vreme razvoja tehnike; javlja se u periodu srednjoengleskog jezika, retko u značenju *ruho, odelo, odeća, haljine*, a uglavnom u značenju *ham, konjska* (ili *vučna) oprema*; *pribor, alat, oprema*.

[69] Ovaj stih u prevodu počinje s *Nesrećo,...*, što opet predstavlja prilagođavanje pre svega broju slogova (skraćivanje), ali i logici situacije u kojoj Hodž silno negoduje i zamera. Originalno *By Gog's soul*, inače bi bilo: *Tako mi Bogine duše,...* ili *Duše mi Bogine,...* .

[70] Prevodni stih *Igle ti nema? Doveka ti patnja i jad!* u svom drugom delu – *It is a pity you should lack care and endless sorrow!* predstavlja i skraćenje i pojednostavljenje punog značenja *It's too bad you're not comndemned to eternal woe and sorrow! – Šteta što ti osude nema na večni jad i čemer!*

[71] *Rano 'Ristova, a zakrpa? Ovako l' ću sutra ja mlad?* je prevod originalnog stiha *Gog's death, how shall my breaches be sewed? Shall I go thus tomorrow? – Hristovog mu stradanja, kako će moje čakšire da se ušiju? Hoću li ovako da idem sutra?*, što nam je podsetnik da je *sutra*, to jest sledećeg dana, nedelja. Hodžu i jedne i druge čakšire imaju razderotinu u turu, i on je van sebe pri pomisli da nema ništa pristojno da obuče za odlazak u crkvu.

[72] Završetak prevodnog stiha *...krsta mi,* ponuđen je u ime završetka originalnog stiha *...by the reed,* koji prevodioca zaista stavlja na veliko iskušenje. Imenica *reed* potiče još iz perioda staroengleskog jezika, a osnovna značenja su joj *trska, šaš, rogoz, ševar*; u muzici: *svirala, frula, karaba*; u poetskoj upotrebi: *strela*. Na ovom mestu je izgovor te reči najverovatnije takav da omogućava rimovanje s poslednjom rečju sledećeg stiha – *thread,* što opet vraća pozornost na staroenglesko *hreod,* u vezi sa starosaksonskim *hriod* i starim gornjonemačkim oblikom *hriot,* što može i da je opisno ime, ili nadimak, neke osobe s riđom (crvenom) kosom i/ili rđastim (pegavim) tenom, u kom smislu je u staroengleskom postojao i oblik *read* u značenju *crven.* Moguće je, dakle, da je na ovom mestu junakinja imala na umu čak i Hrista, dok dr Bred Striklend smatra da *reed* ovde treba shvatiti kao *cross – krst.*

[73] Početak prevodnog stiha *Zašila bi' ti,* odgovara početku originalnog stiha *'Chould sew,* što bi, savremenije izraženo, bilo *Ich would sew* odnosno *I would sew.*

[74] Prevod stiha *And set a patch on either knee should last these months twain.* ovde je *I zakrpe na kolena, dva mes'ca jake.,* gde *should last these months twain* znači isto što bi značilo i *should last the next two months*; dakle zakrpe koje su *dva mes'ca jake* u stvari su zakrpe koje bi trajale *dva meseca od kada se našiju.*

[75] *Bože i svi sveti,* početak je prevoda stiha koji u originalu počinje s *Now God and good Saint Sithe... .* Taj prevod je kompaktiran i neutralno prilagođen da bude svima prihvatljiv, a ostaje činjenica da neuka dijalekatska upotreba *Saint Sithe* dozvoljava brojne različite pretpostavke i moguća tumačenja. U pitanju je, verovatno, *Saint Swithen* ili *Swithin* (sreće se i pisani oblik *Swithun,* od staroengleskog *Swīþhūn*), biskup od Vinčestera, koji je živeo u IX veku (umro 862. godine). Bio je kapelan i jedan od savetnika anglosaksonskog kralja Eg-

berta, koji ga je postavio i za učitelja i vaspitača svoga sina Etelvulfa. Pošto-
van je kao svetac, čiji se dan (Swithin's Day) praznuje 15. jula. Po smrti je
proglašen za sveca zaštitnika Vinčesterske katedrale, a značaj koji je imao kao
biskup u senci je slave koju je kao svetac dobio za čuda koja čini. Jedno od
tradicionalnih verovanja je da će vremenske prilike kakve vladaju na dan 15.
jula potrajati još četrdeset dana. Poreklo njegovog imena i pravo značenje
imena *Swithin* nisu poznati zasigurno, ali se naširoko prihvata značenje „Sv-
injar", mada postoji i tumačenje „Jaki".

[76] *Čem' ti ruke, čem' oči, kad iglu ne sačuva!?* – dosta je dosledan prevod ori-
ginalnog stiha *Whereto served your hands and eyes but this your nee'le to
keep?* – *Čemu ti služile ruke i oči do da tu tvoju iglu sačuvaju?!*

[77] Prevodni stih *Đavola si tražila? Ni usnula, ni gluva!* unekoliko je elastičnija,
slobodnija, interpretacija originalnog stiha *What devil had you else to do? You kept,
Ich wot, no sleep! – ... You didn't, I know (Ich wot) get any sleep! (So why weren't
you watching your needle?)* – *Kog si drugog đavola imala da radiš? Znam (Ich
wot) da nisi spavala (zaspala)! (Pa zašto onda nisi pazila na svoju iglu?).*

[78] *Šljiskam i govna šljapkam, crn k'o uvek i sad;* prevod je poente smisla dva
uzastopna stiha: *'Cham fain abroad to dig and delve, in water, mire, and clay,
/ Sossing and possing in the dirt still from day to day;* parafrazirano: *I'm sent
out to work with shovel and pick in the water, in the mud, and in the clay,
splashing and getting stuck in the dirt continuously from day to day.* – *Mene
šalju da radim lopatom i budakom u vodi, u onom mulju, u ilovači, da šljap-
kam i zaglavljujem se u onom kalu iz dana u dan.*

[79] *Eto, Hodže, kad sam skočila* drugi je deo prevodnog stiha koji u originalu
glasi *My nee'le, alas! Ich lost it, Hodge, what time Ich me up-hasted*, gde *up-
-hasted* predstavlja kombinaciju predloga *up* i neprelaznog glagola *haste* (*žu-
riti, žuriti se, požuriti, požuriti se, hitati, pohitati*) u značenju *hurriedly jumped
up* – *žurno skočila, požurila i (po)skočila.*

[80] *Ima da nađeš kličak bele masne sveće.*– prevod je stiha *Thou shalt find lying
an inch of white tallow candle.*, u kom je *inch* shvaćeno ne kao precizna je-
dinica mere već kao imenica koja se odnosi na *nešto malo, malecko.* Dalje,

kombinacija *tallow candle* je unekoliko pleonastičkog karaktera, pošto imenica iz srednjoengleskog perioda *tallow* u značenju *loj*; *mazivo, maz* i sâma po sebi može da znači *lojanica, lojana sveća*.

[81] Dečak Koki na ovom mestu kaže *That shall be done anon*. – *Začas ima da bude*. Ovde se sreće tipična upotreba staroengleskog priloga *anon* u značenju *odmah, sad, smesta*; *uskoro*; *opet*.

[82] *Jok, čekaj, Hodže*, je prvi deo dugačkog stiha *Nay, tarry, Hodge, 'til thou hast light, and then we'll seek each one.*, u kom je upotrebljen stari neprelazni glagol *tarry* (latinskog – starofrancuskog – staroengleskog porekla) u značenju *odugovlačiti, oklevati, odložiti, odlagati, otezati, skanjerati se*; *kretati se polako, sporo doći* (ili *dolaziti*); *sporo raditi*.

[83] *...a onda zajedno da gledamo svu'de;* je završni deo prethodnonavedenog stiha, u kom *...we'll seek each one.* znači *...then we'll both search (for the needle)* – *...a onda ćemo da tragamo (za iglom) oboje*. Pravo značenje glagola *search* omogućava prevodu da koristi formulaciju *...da gledamo svu'de*.

[84] Prvi deo dugačkog stiha *Come away, you whoreson boy! Are you asleep? You must have a crier!* preveden je kao *'Ajde, vala, kopilane kurvin!* jer će se *kopile* i *kopilan* pominjati i mnogo puta kasnije, a na ovom mestu bi nekakvo *dečko kurvin sine* bilo nespretan i nedoteran prevod za *whoreson boy*. Sama složenica *whoreson* – "*son of a whore*" – bila je vrlo česta, uobičajena, uvreda, odnosno uvredljiv i pogrdan način obraćanja i dozivanja, u vreme odigravanja radnje ovog komada.

[85] Prevod drugog dela prethodnonavedenog stiha dat je kao *Je l' si zasp'o? 'Oćeš da te neko pesmom budi!*, gde *You must have a crier!* znači otprilike *You need someone formally sent to call you and wake you up!* – *Treba neko službeno da ti dođe (da ti dođe na noge) i da te budi!*

[86] Prevod stiha *I cannot get the candle lighted; here is almost no fire.* dat je prevodnim stihom *Neće sveća da s'upali; vatre k'o i da nema, ljudi.*, što znači da Koki pokušava da upali sveću pomoću trunčica žari u ložištu, na ognjištu, ali mu to nikako ne uspeva; vatra je skoro potpuno zgasnula.

[87] Dugački stih *'Chill hold thee a penny 'Chill make thee come if that Ich may catch thine ears!* preveden je kao *Ama, ima ti da dođeš 'vamo, sam' da ti se dohvatim ušiju!* Početak prevoda je kompaktiranje i pojednostavljenje značenja originalnog početka *'Chill hold – I'll bet.* Hodž je strog i sasvim siguran u ono što govori: *Da se kladimo u peni (Kladim se u peni) da ću da te dovučem ovamo...* Što se dijalekatskog izgovora tiče, *'Chill* je izgovarano tako da se rimuje s *will*; početni glas, prikazan pisanjem *ch*, tu nije kao u izgovoru reči *child*, već je suvo i oštro glotalno /h/ poput odgovarajućeg glasa u nemačkom *ich*.

[88] Drugi deo prethodnonavedenog stiha preveden je *...sam' da ti se dohvatim ušiju!* mada bi originalu *...if that Ich may catch thine ears!* moglo da odgovara i *...samo da ti raspalim zaušku!* ili *...samo da te stignem i raspalim te iza ušiju!* ili nešto slično.

[89] Stih *And winnowed it through my fingers as men would winnow grain,* preveden je: *I vejala kroz prste k'o što veju pasulj isto,* pri čemu treba naglasiti da je *vejanje* u stvari razdvajanje pleve, trica (ljuske) od jezgra ploda, odnosno od sâmog ploda. Kako se i pasulj veje, naročito propuštanjem kroz prste, prevod se ovde ipak opredelio za *...k'o što veju pasulj isto,.* Tiba na ovom mestu kaže da je na đubrištu pažljivo propustila kroz prste svu onu prašinu i sve smeće koje je tu donela pošto je počistila kuću. Inače, prelazni glagol *winnow*, u značenjima *vejati, rešetati; obijati; prevrtati* potiče još iz perioda staroengleskog jezika.

[90] Prevodni stih *Gledala unutra i spolja ne bi'l' iglu našla!* stoji na mestu originalnog stiha *Looking within and eke without to find your nee'le, alas!* u kom je komentara vredna upotreba staroengleskog priloga *eke* /i:k/ u značenju *takođe, uz to, sem toga, povrh toga,* između takođe staroengleskih priloga *within – unutra, u, iznutra; na unutrašnjoj strani* i *without – van, izvan, napolju; pred; spolja.*

[91] Prevodni stih *Al' džaba, avaj, ništa. Znaj ga 'di je ona zašla!* stoji na mestu originalnog stiha *But all in vain and without help. Your nee'le is where it was!* Drugi deo stiha znači otprilike što bi značilo i *Your needle is still lost!*, ali se umesto *Tvoja igla je i dalje tamo gde je bila!* ili *Tvoja igla je i dalje izgubljena!* prevod

opredelio za *Znaj ga 'di je ona zašla!* radi stvaranja ubedljivijeg dijalekatskog iskaza, a i radi postizanja rime sa završetkom prethodnog stiha *...iglu našla!* .

[92] U ovom stihu produženog očajavanja zbog nestanka igle, i nekakvog opraštanja od igle, na kraju stoji *Adieu for aye!* što je prevedeno sa *Zbogom, mila!* prevashodno da bi se omogućilo rimovanje sa završetkom narednog stiha *... 'di je bila.* Samo *aye* /ei/ je staronordijski prilog u značenju *uvek, zauvek,* tako da priloška fraza *for aye* znači *zauvek, večito.*

[93] Prevodni stih *Krsta mu, Baba! Da s' nasmeješ, dzirni 'vamo,* stoji na mestu originalnog stiha *Gog's cross, Gammer! If ye will laugh, look in but at the door,* gde u *If ye will laugh,* srećemo danas zastarelu staroenglesku zamenicu za drugo lice jednine i za drugo lice množine *ye – vi, ti, vas, tebe, vama, tebi,* kao i značenje *If you want to laugh – Ako (ho)ćeš da se (na)smeješ* kojim se objašnjava *If ye will laugh,* .

[94] *„Fu!", dunu Hodž, 'oće tako vatru da razgori;* prevod je originalnog stiha *"Puff!" went Hodge, thinking thereby to have fire without doubt;* što bi neposrednije rečeno značilo *„Fu!", dunu Hodž, misleći da će tako da dobije vatru zasigurno;* U svakom slučaju, moralo bi da je jasno da je Hodž dunuo u „varnice" (sitne žarčice) da bi ih razgoreo, da bi izazvao plamen.

[95] *Giba, dok on duva, odma' trepće jako.* Drugi deo ovog prevodnog stiha – *...odma' trepće jako* – odgovara originalnom *...straight-way began to wink.* Zanimljiva je priloška kombinacija *straight-way* u značenju *immediately – odmah, smesta.* Zastarela upotreba priloga *straightway* (bliže novijim vremenima češće je bivalo pisanje u vidu jedinstvene reči) jeste *pravo, pravce,* dok je značenje *smesta, odmah, umah, namah* sretano samo u književnoj upotrebi.

[96] *Tad Hodž uze da psuje, k'o što ume da s'ori,* prevod je stiha *'Til Hodge fell off swearing, as came best to his turn,* u kom je zanimljiva upotreba frazne glagolske kombinacije *fall off,* sa značenjem (i doslovnim i figurativnim) *otpasti,* tako da bi prvi deo stiha mogao da glasi i *Dok se Hodž ne otkači da psuje,...* Da bi se obezbedilo rimovanje s narednim stihom, drugi deo je dat kao *...k'o što ume da s'ori,* mada bi *...as came best to his turn,* doslovno značilo *...kao što on ume,* ili *...kao što on ume da radi,* .

[97] Malo slobodniji prevod ovde je opravdan sadržinom prethodnog stiha, u kom je Baba Gerton navela da je Hodž „tupan koji lupa", a postignuta je i rima – *A Tiba, kažem ja, uz rame mu glupa!* Originalni stih glasi *And Tyb, methinks at his elbow almost as merry maketh!*, što bi doslovno značilo *A Tiba, rekla bih, njemu kraj lakta skoro je isto toliko vesela!*, gde još treba zapaziti danas arhaični oblik bezličnog glagola *methinks* u značanju *It seems to me – Čini mi se.*

[98] Originalni stih *This is all the wit you have, when others make their moan* – preveden kao *Iskida se od smeja dok on se pokrši* – u stvari predstavlja obraćanje drugom licu, to jest Tibi; tako bi celina od stihova *See! Here is all the thought that the foolish urchin taketh! / And Tyb, methinks at his elbow almost as merry maketh! / This is all the wit you have, when others make their moan* – u prevodu: *Eto! To ti je pamet koju tupan lupa! / A Tiba, kažem ja, uz rame mu glupa! / Iskida se od smeja dok on se pokrši* – , imala doslovno značenje: *Vidiš? To ti je sva pamet koju glupava rđa Hodž ima! / A ti, Tibo* [ona se inače smeje Hodžovoj neprilici], *izgleda mi da mu se podsmevaš / I to je sva pa tvoja mudrost, kad se smeješ (rugaš) ljudima u nevolji!*

[99] „ *'Ajde dole"*, *a?* prevod je prvog dela originalnog stiha *"Come down,"* quoth you? Nay, then you might count me a patch!* Treba zapaziti oblik *quoth*, koji je i u ovom delu, kao u najvećem broju tekstova iz ovog perioda, vrlo često u upotrebi, dok je danas isključivo provincijalizam ili se smatra potpuno zastarelim; značenje mu je *rekoh*, ili *reče: quoth I – rekoh ja, quoth he – reče on, quoth you – rekoste Vi* (kod Šekspira). Tako bi *"Come down,"* quoth you?* u stvari bilo *"'Ajde dole", reče ti?* ili *"'Ajde dole", kažeš ti?*

[100] Drugi deo ovog stiha preveden je kao *Jok, pa d' ispadnem zvekan tupi!* dok bi doslovan prevod za *Nay, then you might count me a patch!* mogao da glasi *Jok, onda bi mogla da me nazoveš budalom!* ili *Jok, onda bi mogla da me držiš za budalu!* Oblik *nay* je staronordijska negacija, odbijanje kakvo je danas sasvim zastarelo ili se još koristi u škotskom govoru; otud opredeljenje da se u prevodu na ovakvim mestima kaže upadljivije *jok* umesto neutralnijeg, običnijeg, *ne.*

[101] Prevod *Sve će ti na glavu, požar li na trsku hrupi!* ponuđen je ovde za originalni stih *The house cometh down on your head if it takes on the thatch!* iz kog se vidi da je Hodž toliko uspaničen da smatra da je mačkin rep „živi pla-

men", to jest da gori; ako se mačka popne na tavan – smatra (i kaže) on – vatra
će zahvatiti šindru (trsku), pa će onda ceo krov i cela kuća da im se sruče na
glavu. Sâma imenica *thatch* poznata je još iz perioda staroengleskog jezika, u
značenju *kròvina, krovna slama, slama za krov, krovna trska; slamni krov, krov
od slame, trščan krov, krov od trske.* Što se tiče oblika *cometh*, on je u ovom
periodu karakterističan za treće lice jednine sadašnjeg prostog vremena.

[102] Prevodni stih *Bogu se kunem, i Svetoj Ani nudim,* odgovara originalnom *To God
I make a vow, and so to good Saint Anne,* što bi doslovno bilo *Bogu se zavetujem,
a i dobroj Svetoj Ani,* jer *so* ovde ima značenje *also* – *i, takođe.* Tako se element
nudim ovde našao kao premešten iz smisla naredna dva stiha, pomeren „na ranije".
Sveta Ana – Saint Anne – poznata je i kao *Saint Ann* ili *Saint Anna,* od hebrejskog
Hannah, što je ime čije je značenje *milost, milošta, milje,* ali i *vrlina, krepost.*
Svetiteljka je poreklom od cara Davida, a prema hrišćanskom i islamskom
verovanju i tradiciji majka je Device Marije, to jest baba po majci Isusa Hrista.
Marijina majka se ne imenuje u kanonskim jevanđeljima; ime *Ane* i njenog muža
Joakima javlja se tek u apokrifnim novozavetskim tekstovima.

[103] Ovo je završni od tri stiha u kojima se Baba Gerton kune da će i Bogu i
Svetoj Ani zapaliti po sveću u crkvi, koliko god joj teško bilo da nađe (da plati)
dve dobre sveće, samo ako joj dopuste, ako joj učine, da nađe svoju iglu: *To
God I make a vow, and so to good Saint Anne, / A candle shall they have apiece,
get it where I can, / If I may my nee'le find in one place or in other. – Bogu se
kunem, i Svetoj Ani nudim, / Dobiće po sveću, to ću da se trudim, / Sam' da iglu
nađem, nema veze 'de.*

[104] Originalni stih *Nay, break it you, Hodge, according to your word.* preveden
je kao *Jok, lomi ti, Hodže, umeš kako kažeš.* a pun smisao bi bio *No, you break
it, Hodge, the way you told me to do it. – Ne, Hodže, ti lomi, onako kako si
meni rekao da uradim.*

[105] Prevodni stih *Boga mu Božijeg! Fuj, govno! Mačji smrdež!* stoji namesto
Gog's sides! Fie, it stinks! It is a cat's turd! U njemu je *Boga mu Božijeg!* slo-
bodan aproksimativni prevod uzvika *Gog's sides!*, koji se javlja na više mesta
u komadu, isto kao i *Gog's bones!* ili *Gog's wounds!* i slični. Dalje, i pre ovog
mesta, a i posle njega, velik je broj primera upotrebe uzvika *Fie!* u značenju

Pfuj! ili *Pi!* ili *Fi!* Za potrebe rimovanja s prethodnim stihom, koji završava
...*kako kažeš.* , u prevodu su elementi *Fie, it stinks!* i *It is a cat's turd!* u suštini
zamenili mesta – *Fuj, govno! Mačji smrdež!*

[106] Originalni stih ovde glasi *This matter amendeth not; my nee'le is still where
it was;* i prâvo, puno, značenje bi mu bilo *Mačje govno nije ni od kakve po-
moći: moja igla je i dalje tamo gde je (bila);* ali je potreba da se postigne za-
data dužina (broj slogova) dovela do prevodnog stiha *Od mačjeg govna vajde
nema; gde je igla pusta?* Glagol *amend* je poreklom iz latinskog, primljen je
posredstvom francuskog, a oblik *amendeth*, koji ovde srećemo, jeste njegov
oblik za treće lice jednine sadašnjeg prostog vremena.

[107] Originalni stih *Our candle is at an end: let us all in quite,* ima ovde jedno-
stavan i sasvim odgovarajući prevod *Sveća nam na kraju: da uđemo sada svi,*
ali vredi zapaziti prisustvo priloga *quite – sasvim, posve, potpuno,* koji se raz-
vio iz srednjoengleskog *quit I,* gde je *quit* starofrancuski pridev (poreklom od
latinskog *quitus*) u značenju *oslobođen, rešen; izmiren, izravnat; bez* (u fami-
lijarnoj upotrebi čest je oblik *quits*); *quit* kao prelazan glagol ima značenje
ostaviti, ostavljati, napustiti, napuštati, izaći iz, a kao neprelazan *otići, odla-
ziti* (provincijalno); *prestati.*

[108] *Jabuku volim 'spod sača;* slobodan je prevod stiha *And a crab laid in the fire
– I jabuku stavljenu na vatru,* u kom je *crab* u stvari *crab apple;* . Krčmari su
pekli jabuke na vatri, pa ih pečene ubacivali u vrčeve s jakim pivom. Jedno od
značenja imenice *crab* je *drvo* i/ili *plod divlje jabuke – Malus sylvestris.*

[109] Prevodni stih *Mraz il' sneg, ni vetar, vere mi,* odgovara originalnom *No frost
or snow, no wind, I trow,* mada je doslovno, danas arhaično, značenje staroen-
gleskog neprelaznog glagola *trow* /trau/ – *pretpostaviti, pretpostavljati, mis-
liti; verovati.*

[110] *Golim rukama zimu ne našao!* – prevodni je stih koji zajedno s prethodnim
daje smisao: *Let's have one more pot of ale for the road, to keep me warm in
this cold weather – Hajde, dajte da popijem još jedan vrč piva – za put, da me
greje po ovom hladnom vremenu.*

[111] Prevodni stihovi *Nešto tu je ipak dobro: il' noć il' dan, / Kud god da krenem, na pravom putu sam!* prenose poruku originalnih stihova *But one good turn I have: be it by night or day, / South, east, north, or west, I am never out of my way!*, čije je doslovno značenje: *Al' imam ja i malo sreće* [uprkos tome što sam skitnica] – *bila noć ili dan, gde god da krenem na jug, na istok, na sever ili zapad, nikad se ne izgubim* [nikad nisam izgubljen]!

[112] *Večera mi dobra za svu muku i znoj!* – prevodni je stih koji odgovara originalnom *'Chad a goodly dinner for all my sweat and swink!* u kom je upotrebljena staroengleska imenica *swink*, čije je značenje (*hard work, toil*) danas arhaično i/ili održano samo u provincijskoj upotrebi – *argatovanje, dirindženje, grbačenje, rtenjačenje*; identičan oblik ima neprelazni glagol u značenju *argatovati, dirindžiti, grbačiti, rtenjačiti*. Posebno treba zapaziti upotrebu prideva *goodly*, čije je značenje *naočit, lep, ubav, mio*; *prijatan, poželjiv*; ali ovde najpre – *golem, velik, pogolem, povelik*.

[113] Završni deo ovog stiha ...– *'tis a pleasant costly dish!* – ...– *gozba i po, od besa!* ilustruje Hodžovo raspoloženje – ironičnim i sarkastičnim rečima i tonom on se u stvari žali što posle napornog celodnevnog rada za večeru nije dobio puter, sir, mleko, luk, meso ili ribu, već samo komad suvog i grubog jeftinog ječmenog hleba.

[114] U stihu *Hail, fellow Hodge, and well to fare with thy meat – if thou hast any!* – *Oj, prika Hodže, prijalo ti meso – ako imaš!* zanimljiva je kombinacija *well to fare*, u značenju *I hope you enjoy* – *Neka ti prija*, ili *Prijatno!* Iz staroengleskog potiče imenica *fare* u značenju *hrana, dijeta, ishrana*, dok neprelazni glagol *fare* znači *hraniti se, jesti i piti*; takođe *biti snabdeven hranom i pićem, dobro ili rđavo živeti*. Danas je zastarela upotreba prideva *well-faring* u značenju *dobrog izgleda, dobrog zdravlja, zdrav*.

[115] Početni deo ovog stiha – *My guts, they yawl-crawl*, preveden je kao *Utroba krči, gmiže*, a vredi napomenuti da *yawl-crawl* ima značenje *growl and cramp* – *režati, mumlati* i *grčiti, stezati, davati grč*. Sam oblik *yawl* nosi isto što i oblik *yowl* /jaul/ – reč je o neprelaznom glagolu u značenju *zavijati; maukati; urlati; vikati; jaukati*, odnosno o imenici *zavijanje; maukanje; urlanje; vikanje; jaukanje*. Neprelazni glagol *crawl* je poreklom iz islandskog jezika, a značenja

koja su najpribližnija upotrebi na ovom mestu su *gmizati, gamizati; puzati, puziti.*

[116] Prvi deo ovog stiha – *The puddings cannot lie still,* – *Crevca mira nemaju,* donosi upotrebu reči *puddings* – *creva,* što je množina imenice *pudding* – *crevo*; reč je o samo jednom od brojnih značenja srednjoengleskog *puding,* prema francuskom *boudin* – *kobasica.* Drugi deo stiha – *...each one over t'other tumbleth.* preveden je kao *...jedno drugo stiska, muči.* u cilju postizanja zadatog broja slogova i rimovanja s prethodnim stihom, a doslovno značenje bi bilo *...jedno preko drugog skače.* Oblik *tumbleth* je treće lice jednine sadašnjeg prostog vremena staroengleskog neprelaznog glagola *tumble* – *igrati, poigravati, skakati, skakutati; izvoditi akrobacije, skakati u vis, skakati prevrćući se,* ali i *pasti, padati, stropoštati se, survati se.*

[117] Prevodni stih *U ludnici i pod ključem u mraku zamka bar da su nji' dve!* rešenje je za originalni stih *'Chould one piece were at the spittlehouse, another at the castle's end!* koji bi mogao da se parafrazira kao *I would* (*I wish*) *one* [of the two women, Gammer Gurton and Gyb, her servant] *were in the hospital, and the other locked up in the castle dungeon!* U svom očajanju Hodž bi da su njih dve negde daleko, a pri tome sasvim razdvojene, daleko jedna od druge. Složenica *spittle-house* u svom sastavu ima staroenglesku imenicu *spittle* – *hospital,* čiji je zastareli oblik *spital,* a postoji i kombinacija *spital-house* – *bolnica*; figurativno: *odvratno mesto,* prema tome i *ludnica.* Imenica *dungeon* se odnosi na prostoriju, ćeliju, u kojoj se drže zatočenici, naročito u podrumskim, podzemnim, prostorima srednjovekovnih zamkova i utvrđenja. Zanimljivo je da se *dungeon* nije uvek odnosilo na prostoriju u mraku podzemlja; prvobitno je to bila tamnica u najvišoj i najnepristupačnijoj (najbolje čuvanoj, najbezbednijoj) kuli zamka. Imenica iz govornog latinskog, potom starofrancuskog, *dungeon* isprva se odnosila na *središnu kulu zamka,* a naknadno se razvilo značenje *tamnica u zamku* [*negde u zamku*]. U periodu srednjoengleskog primljena je francuska reč *donjon,* koja se odnosila na najjače utvrđeni središni deo zamka, na deo koji je bio najsigurniji pa prema tome i najpogodniji za boravak kralja i kraljice; kako su se srednjovekovni ratovi razbuktavali i zaoštravali, krunisane glave su vremenom prešle u prostranije odaje, da bi *donjon* postao mesto za čuvanje političkih protivnika i zatočenika. Konačno su u tu svrhu počele da se koriste hladne, memljive, najmračnije prostorije u podrumima.

[118] *Činija sija k'o za sedam godina nikad pre!* prevodni je stih koji u sebi sadrži smisao završnog dela prethodnog originalnog stiha, s kojim se inače rimuje: ... – *licked the pan so clean – / See, Diccon, 'twas not so well washed these seven years, I ween!* Napomena u vezi s *ween* je da je to danas arhaičan staroengleski glagol, upotrebljavan i kao neprelazan i kao prelazan, u značenjima *pretpostaviti, pretpostavljati, misliti, verovati, biti mišljenja, računati; zamisliti, zamišljati.*

[119] Prvi deo originalnog stiha glasi *A pestilence light on all ill luck!* a u prevodu *Kuga na svu zlu sreću!* pošto imenica *pestilence*, uzeta iz francuskog, latinskog porekla, znači *kuga; boleština, zaraza*; figurativno – *kuga, napast, čuma, otrov.*

[120] Prevodni stih *Bogo moj, pazi, Giba i slaninu pojela!* sasvim odgovara originalnom stihu *Gog's soul, Diccon, Gib our cat hat eat the bacon, too!* ali vredi napomenuti, podvući, ironiju neslada Hodžovih reči i njegove zablude s onim što čitalac/gledalac zna: upravo Dikon je ukrao obešenu slaninu i razmenio je u pivnici Gospe Čet za pivo, a naivni Hodž se njemu žali, smatrajući da je krivac mačka. Što se tiče staroengleskog glagola *eat*, u posmatranom periodu je on imao i prošli particip (koji se javlja ovde) i preterit u obliku *eat*, dok se danas ti oblici sreću veoma retko. Oblik *hat* pomoćnog glagola *have* ovde je najverovatnije prisutan kao greška u transkripciji. Pravi oblik za treće lice jednine sadašnjeg prostog vremena bio bi (ispisan kao) *hath*; on je danas gotovo potpuno zastareo, nestao, ili se retko javlja samo još u poetskoj upotrebi.

[121] Prevodni stih *Huda sreća, a? Majku ti Božiju! Danas, vala*, odgovara originalnom *Ill luck, says he? Marry, swear it, Hodge! This day, the truth to tell*, a predstavlja produžetak ironije koju je čitalac/gledalac osetio u prethodnom stihu to jest u prethodnoj Hodžovoj replici i nastavak Dikonovog poigravanja, što se prenosi u naredni stih i dalje. *Majku ti Božiju!* ovde treba shvatiti samo kao vrlo blagu psovku, više kao uzrečicu odnosno vezivni element, prelaz iz prethodnog komentara u naredno izlaganje misli; dakle *Marry* je ovde umesto *By the Virgin Mary! – Device ti Marije!*

[122] Dikon svoje mudrolije i igrarije nastavlja ovde rečima *Ust'o su na levu, il' ti je vera spala. – Thou rose not on the right side, or else blessed thee not well.* Pun, doslovan, smisao bio bi: *You did not get out of the right side of the bed,*

or else you did not say your prayers – Ustao si na pogrešnu (*Nisi ustao na prâvu*) *stranu kreveta, ili nisi (lepo) rekao svoje molitve.*

[123] Prevodni stih *Jok, more, nešto gore je* – *mene j' gazdarica izbegla!* i ovde donosi određeno kompaktiranje originala – *Nay, nay, there was a fouler fault – my Gammer gave me the dodge!*, gde je *dodge* imenica u značenju *vrdanje*; u familijarnoj upotrebi: *prevara, izvrdavanje, izvrdavanje istine, smicalica, marifetluk, ujdurma, trik*; *vešt izum*. Tako bi potpunija formulacija Hodžove pritužbe bila: *Jok, jok, prljavije je ogrešenje bilo* – *mene je moja Baka nasamarila* (*Meni je moja Baka namerno izvrdala*).

[124] Na ovom mestu je prevodni stih *Mislio* – *sednem kraj vatre, ona malo ušije;* verovatno sasvim jasan, ali ipak predstavlja znatno kompaktiranje originalnog *'Chad thought as Ich sat by the fire, help here and there a stitch;* čije bi puno tumačenje bilo *I had thought that while I sat by the fire* [*and could take off my pants*] *that she would help me by taking a few stitches in the seat of my breaches* – *A mislio sam da mogu da sednem kraj vatre* [*i da mogu da skinem pantalone*] *pa da mi ona pomogne* [*učini*] *tako što će da napravi nekoliko bodova iglom u turu mojih čakšira.*

[125] Da bi se udovoljilo diktatu broja slogova i da bi se postiglo uklapanje s Hodžovim iskazom u prethodnom stihu, prevodni stih ovde glasi *Al' nastrada' di-biduz!*, mada original *But there I was pooped indeed!* donosi metaforu broda koji biva prekriven ogromnim talasom, visokim dovoljno da se stropošta na stražnju palubu i tako ga potopi. Iz francuskog je primljena imenica *poop*, od latinskog *puppis*, što u pomorskom registru znači *fara, zadnji deo broda*; *gornja paluba fare*, dok odgovarajući glagol ima značenje *preliti s fare, zapljusnuti sa zadnje strane broda*. Prenosno značenje glagola *poop*, ono koje ovde srećemo, bilo bi *cheat, defeat*, tako da bi neki doslovan prevod ovog stiha mogao da glasi *Al' prevaren (izigran) sam naskroz bio!*

[126] Originalni stih, preveden kao *Ma, šta vredi sad.*, glasi *Boots not, man, to tell.*, i njegov doslovan prevod mogao bi da glasi *Ne vredi sada, čoveče, da pričam.* Jedno od značenja prelaznog glagola *boot*, arhaično i svedeno na upotrebu u poetskom registru, jeste *koristiti*; *what boots it...* – *kakva je korist od...* .

[127] U prvom delu stiha *Propado'međ'budalčinama, paklu bi'bio rad! – 'Cham so dressed amongst this sort of fools 'Chad better be in hell!* figurativno značenje glagola *dress* odgovaralo bi značenju glagola *ruin*, dakle prevodni stih bi mogao da počne s *Toliko su me udesili*, ili *Toliko su me upro*pastili.

[128] Drugi deo prethodnog stiha – *... 'Chad better be in hell! – ...paklu bi' bio rad!* zaključak je koji se nadovezuje na prethodni smisao: *I'm so miserable living with these fools that I'd rather be in hell! – Toliko mi je strašno što živim među ovim budalama da bih pre da sam u paklu!*.

[129] U prevodnom stihu *Je l'nije, kaži sâm, izgubila iglu?*, koji prenosi značenje originalnog stiha *Has she not gone, trowest now, and lost her nee'le?* element *...kaži sâm*, ponuđen je za *...trowest now*, čije bi neposrednije značenje bilo *...zar ne misliš?* ili *...zar ne smatraš?* Već je bilo prilike da se napomene da je značenje staroengleskog neprelaznog glagola *trow – pretpostaviti, pretpostavljati, misliti, verovati* danas arhaično.

[130] Završetak prethodnog stiha *...nee'le* i potreba da Dikon sada ponavlja taj zvuk (izgovor) praveći se da nije dobro čuo Hodža uslovili su upotrebu reči *eel* u originalnom stihu *Her eel, Hodge? Who fished of late? That was a dainty dish!*, čiji bi doslovni prevod mogao da bude: *Jegulju, Hodže? A ko je to iš'o da peca?Pa to jelo je đakonija prava!* U prevodu je, međutim, velika sličnost zvuka kao opravdanje za Dikonovo pretvaranje dovela do upotrebe reči *cigla*, što je dalje naložilo potpunu preradu sadržine stiha u: *Ciglu, a? Nešto se pravi? Ko to zida, a?* Da bi se postigao potpuni smisaoni sklad u ovom delu dijaloga, morao je da bude prerađen i naredni stih, u kom Hodž odgovara: *Ćut', more! Iglu! Iglu, čoveče! Nije zid, nije ni šindra!*; doslovni prevod originalnog stiha *Tush, tush, her nee'le! Her nee'le! Her nee'le, man! 'Tis neither flesh nor fish!* inače bi glasio *Ćut', ćut', iglu njenu! Iglu! Njenu iglu, čoveče! Nije to ni meso ni riba!*

[131] Drugi deo prevodnog stiha – *Sad me tek ti dobro zbuni!* stoji na mestu originala *Thou bringest me more in doubt!*, tako da bi doslovni prevod mogao da glasi *Dovodiš me ti u još veću sumnju!* Značenje originalnog stiha ipak pre treba shvatiti kao *You're just making me more confused!* pošto starofrancuska imenica *doubt* osim značenja *sumnja* može da ima i značenje *neizvesnost*, pa i *nedoumica*, prema tome i *zbunjenost*.

[132] Prevod *Ne znaš šta 'no krojač gura, kroz krpe probada il' rupe puni?* donosi izvesno pojednostavljenje originala, uz slobodu primenjenu na kraju stiha da bi se postigla rima sa završetkom prethodnog stiha *...zbuni!*. Originalni stih *Knowest thou not with what Tom Tailor's man sits broaching through a clout?* u stvari bi značio: *Don't you know what Tom the Tailor's apprentice uses when he sticks it through a clout? – Zar ne znaš šta Tom, krojačev pomoćnik (šegrt, učenik) koristi kad probada kroz tkaninu?* U originalnom tekstu, dakle, prisutan je i krojačev pomoćnik (šegrt, učenik) a simptomatično je da je i njemu ime Tom (kao, na primer, i crkvenjaku, klisaru, pominjanom još u desetom stihu Prologa ovoj komediji); možda bi moglo da se pretpostavi da je u pitanju slučajnost, ali je verovatnije da je reč o *poslovičnom* Tomu – ime koje je bilo toliko često zastupljeno korišćeno je, logično, kada je trebalo navoditi neke primere, pružati objašnjenja, postizati uopštavanja. Osim imena *Tom* (skraćeno od *Thomas – Toma*) tradicionalno se često sreću i imena *Dick* i *Harry*, tako da u engleskom narodu odavno postoji poslovično *Tom, Dick and Harry – (I) Janko i Marko, svi i svako, ko sve ne.* Upotreba reči *rupe* u prevodnom stihu donekle je opravdana prisustvom prelaznog glagola *broach – udarati slavinu na bure s pićem* (dakle – praviti nekakvu *rupu*); imenica *broach* je preuzeta iz francuskog jezika, a i sâma asocira na nešto oštro i probojno – *ražanj*; *broach spire – crkveni toranj.* Treba zapaziti i upotrebu staroengleske imenice *clout* u značenju *parče čoje*; *krpa, pačavra*; *parče kože*; *zakrpa.*

[133] I ovde prevodni stih koristi određenu slobodu, naročito na kraju, radi postizanja rime: *Igla, znači? Sad te njušim! A ta ti je trebala! – Her* needle, *Hodge? Now I smell thee! That was a chance alone! Now I smell thee!* je u stvari *Now I get you!*, tako da i prevod *Sad te njušim!* treba shvatiti kao *A, sad te razumem!*, dok *That was a chance alone!* u suštini znači *That was bad luck!*

[134] U prevodnom stihu *Bogo moj, krunu bi' dao za boda dvoje-troje!* segment *...krunu bi' dao...* odgovara originalnom *'Chould give a crown (I would pay a crown)*; *kruna* je bila metalni novac vrednosti pet šilinga, odnosno četvrt funte, što je značilo „dobru paru" za jednog siromaška.

[135] Originalni stih *How sayest thou, Hodge? What should he have, again thy needle got?* varljivo počinje upitnom rečju *how*, ali i original i prevodno *Kako reče to?* treba shvatiti u značenju *Šta si to rekao, Hodže?* Neobično je sročen

i drugi deo originalnog stiha, čiji prevod *Šta dobije koj' iglu nađe?* odgovara
pravom smislu *If someone found the needle, what would he get?*

[136] U stihu *By m'father's soul, and 'Chad it, 'Chould give him a new groat!* –
Očeve mi seni, da imam, od mene mu groš dođe! značajna je pojava imenice
iz srednjoengleskog perioda *groat*, prema srednjelatinskom *grossus*. *Groš* je
bio novac priznat u raznim evropskim zemljama još od 13. veka, s vrednošću
utvrđenom na osminu unce (oko 3,5 grama, s obzirom na to da jedna *unca* –
ounce, skraćeno *oz*, ima 28,3495 g) srebra. Ovaj *groat* – *groš* ne treba mešati
s kasnijim *groat* – *grot*, što je bio srebrn engleski novac vrednosti četiri penija
(*fourpence*, 4 d.), a koji je kovan od 1661. za Edvarda III, i ponovo još kasnije,
od 1836. do 1856. Zanimljivo je i to da *groat* u familijarnoj upotrebi pred-
stavlja sitnicu – *marjaš, cvonjak*; *I don't care a groat for...* – *ič me briga za...* .
Napomene je vredna i činjenica da Hodž imenicu *father* izgovara početnim
glasom /v/, ali ne samo na ovom mestu, već inače.

[137] *A da l' umećeš da ćutiš?* – sasvim je adekvatan prevod za originalni stih
Canst thou keep counsel in this case?, pošto *...keep counsel* u stvari ima
značenje *keep (a) secret*. Imenica *counsel* znači: *odluka, namera, plan*; *miš-
ljenje*; *tajna namera, tajno mišljenje, tajna*; *to keep one's own counsel* –
zadržati svoje planove (ili *svoje mišljanje*) *za sebe, ćutati o svojim namerama,
postupati po svom nahođenju*; arhaično značenje je prisutno u *in counsel* –
tajno, u poverenju.

[138] *Radi onda šta kažem, i ima da je povratim ti.* adekvatan je prevod origi-
nalnog stiha *Do thou but then by my advice, and I will fetch it without doubt.*
u kom je prvi deo neobičan, pre svega svojim redom reči, ali je jasno da ga
treba shvatiti kao *Then do just what I advise.*

[139] Prvi deo ovog stiha – *'Chill hold, 'Chill draw,...* preveden je kao *I da držim i
da vučem,...* , s napomenom da je glagol *draw* ovde dobro uzeti u značenju *pull,
haul* – *vući*, dakle, između mnogo različitih (nijansi) značenja tog glagola.

[140] Prevodni stih *K'o sluga da te služim, sunca i meseca mi.* odgovara origi-
nalnom *'Chill be thy bondman, Diccon, Ich swear by sun and moon.*, s
napomenom da *bondman* nije običan sluga, već *sluga obavezan ugovorom da*

radi bez naknade, bez nadnice ili *plate.* U ovom značenju – *rob*; *kmet* (*koji obrađuje tuđu zemlju*) osim oblika *bondman* postoji i oblik *bondsman*, a sasvim je slično ili istovetno i značenje složenog oblika *bond-servant.*

[141] Originalni stih *And 'Chave not somewhat to stop this gap, 'Cham utterly undone!* ima sasvim odgovarajuć prevod u *Ako ne poklopim što zjapi, teško si ga meni!*, a njegova parafraza *If I don't have something to mend this rip in my breeches...* značila bi *Ako ne nađem nešto da popravim ovo što mi zjapi u čakširama* (*ovu razderotinu*), *skroz sam gotov* (*propao*).

[142] U tesnom nadovezivanju na stih koji prethodi, originalni stih *It might else turn to both our costs, as the world now goes.* preveden je malo slobodnije (opet radi održanja broja slogova, kao i radi postizanja rime), tako da glasi *Inače nam po grbini, svet danas ne mazi.*, dok bi doslovno značenje bilo *It might otherwise cause us both trouble, as the world is these days.* – *Inače bi moglo obojici da nam donese nevolju, kakav je svet danas.*

[143] *Kuni se da ne izlaneš!* je adekvatan prevod originalnog stiha *Shalt swear to be no blab, Hodge!* Neprelazan glagol staronordijskog porekla *blab* znači *izbrbljati tajnu, izlajati se*, tako da bi doslovan prevod ovog stiha glasio *Ima da se zakuneš da nećeš da izlaneš, Hodže!*

[144] Pošto se u prethodnom stihu *'Ch will, Diccon!* Hodž saglasio (obavezao) da će da ćuti, to jest da neće da izbrblja tajnu, ovaj kratki stih – *Then go to!* (preveden kao *Onda i ćuti!*) nosi doslovno značenje *Pa neka tako i bude!*, pošto *go to* ima značenje, danas zastarelo: *dela! dede! hajde!*

[145] *Pismo nemaš?* je sasvim kratak prevod koji odgovara originalnom pitanju *Hast no book?.* Dikon u stvari pita Hodža *Hast thou no boook?* to jest *Don't you have a Bible?* Jasno je, dakle, da misli na *Svetu knjigu*, a u duhu govornog srpskog jezika kad se misli na *Bibliju* vrlo često se kaže *Sveto pismo*, otuda *Pismo* kao prva reč prevedenog pitanja.

[146] U cilju postizanja zadate dužine stiha, kao i rime, prevod ova dva stiha: *Onda evo kako – / Ruku stavi meni ovde, kuni se jako.* prevashodno se oslanja na čitaočevo praćenje Dikonovog i Hodžovog dijaloga i na njegovu sposobnost

vizualizacije potpomognutu objašnjenjem, scenskim uputstvom, koje neposredno sledi, dok su u originalu stihovi mnogo eksplicitniji, sâmi po sebi jasniji: *Then needs must force us both / Upon my breech to lay thy hand, and there to take thy oath.* – *Onda iz nužde moramo ovako / Da mi na čakšire ruku tvoju stavmo, pa tu da se zakuneš.*

[147] Izbor reči je ovde dirigovan potrebom da se postigne rima sa završetkom prethodnog stiha, tako da *Kunem se, debelguzi,* stoji kao prevod za *Swear to Diccon, recheless,* gde je *recheless* (oblik u srednjoengleskom: *reckeles*) otprilike sinonimno za *careless* – *nemaran, nehajan, bezbrižan; lakomislen.*

[148] Stihom *To work that his pleasure is.* – *Sam'da tebi povlađujem.* Hodž se konačno kune Dikonu i zaokružuje sva obećanja tvrdnjom da će „uvek da čini sve što može da radi za njega i da mu udovoljava".

[149] Stihom *But* [to] *conjure up a spirit!* – *Do* – *duha prizivaj!* Dikon kruniše svoj iskaz u kom traži od Hodža da bude pažljiv i da dobro sluša šta mu on govori, pošto smatra da je neophodno da, u cilju nalaženja igle – prizovu duha; druge nema.

[150] *Bajem, i biće pitom!* je prevod stiha *Fet with some pretty charm!,* gde *fet* ima značenje kao *bound.* Dikon kaže da će da prizovu đavola, ali da će ga on vezati (primiriti, obuzdati) magičnim činima, nekom bajalicom, tako da on neće moći da im naudi.

[151] *Nego, da s'posla latim pravo!* prevod je originalnog stiha *Now will I settle me to this gear.,* gde *gear* ima danas zastarelo značenje *posao, rad.*

[152] *Kako to vračaš – pazi!* prevod je stiha *Go softly to this matter!,* što u stvari znači *Be very careful!* – *Dobro pazi šta radiš!*

[153] *Koj'ti vrag, čoveče! Bojiš se?* prevod je originalnog stiha *What* [the] *devil, man! Art afraid of nought?,* čiji završni deo u stvari nije neutralno pitanje u smislu *Da li se bojiš?* već je pitanje iz čuđenja, u smislu – *Are you afraid of a mere nothing?* – *Zar se bojiš nečeg što je puko* ništa? Što se tiče oblika *nought,* istovetan je češće zastupljenom obliku *naught,* što je u staroengleskom bila

imenica, ali i zamenica, s danas zastarelim značenjem *gotovo ništa; ništavost, rđavost.*

[154] *Dok vodu pustim, jer već evo je?* predstavlja završetak Hodžovog pitanja postavljenog dosta uglađenim izražavanjem u prethodnom stihu i u ovom stihu: *Canst not tarry a little thought / 'Til I make a courtesy of water?*, što bi u stvari značilo *Zar ne možeš da zastaneš i razmisliš o tome malo dok ja otrčim da pustim vodu?*

[155] *Jo-oj, uprskaću sve!* je prevod originalnog stiha *And [I] tarry, [I'll] mar all!* kojim Hodž izražava svoj strah i kaže otprilike: *Ako ostanem ovde gde sam, siguran sam da ću sve da upropastim!*

[156] *Pa ništa strašno, sve k'o što rek'o sam.* prevod je originalnog stiha *This matter is no worse than I told it.* čije bi značenje u suštini bilo: *Ne brini, vladam ja stvarima ovde, kao što rekoh.*

[157] Drugi deo prevodnog stiha *Đavo – njušim ga! – sam'što nije, iz visine!* odgovara drugom delu originalnog stiha *The devil – I smell him – will be here anon!* u smislu određivanja vremena, jer *anon* je prilog iz perioda staroengleskog jezika u značenju *odmah, sad, smesta; uskoro.*

[158] *Smradu smrdljivi, sram da te samo!* je unekoliko slobodan prevod originalnog stiha *Above all other louts, fie on thee!*, čije bi doslovno značenje bilo: *Više nego bilo kog zvekana, tebe nek je sram!* Imenica *lout* je poreklom iz staroengleskog perioda, a značenje joj je *dedak, klipan, zvekan, zvrndov.* Pogrdni uzvik *fie – fuj, pfuj, pi, fi* u *Fie on thee!* daje značenje koje ima i kombinacija *Shame on you! – Sram te bilo!*

[159] *To fly I can thee thank! – Hvala ti što ode!* – ironično je Dikonovo zahvaljivanje Hodžu, jer je onim što je učinio stvorio toliko smrada na tom mestu da Dikon može sada samo da mu je zahvalan što je pobegao.

[160] *Ima ovde da se odtaraba,* prevodni je stih koji ovako glasi da bi se rimovao s narednim (*Kako iglu izgubi baba,*), dok bi doslovan prevod originalnog stiha *Here is a matter worthy of glossing,* bio *Evo, ima jedna stvar koja zavređuje*

da se objasni,. Prelazni glagol latinskog (odnosno grčkog) porekla *gloss* znači *objasniti, objašnjavati, dati* (*davati*) *objašnjenja*; imenica istog osnovnog oblika ima značenje *primedba, napomena, objašnjenje, glosa*; otuda je *glossary* – *glosar, mali rečnik, azbučni spisak neobičnih reči* (tuđih ili svojih) *u nekom tekstu*.

[161] Zajedno s prethodna dva stiha – *Komedija je prava, / I da nisi pismena glava* prevodni stih *Da napišeš komad.* odgovara originalnom sklopu *A man, I think, might make a play, / And need no word to this they say, / Being but half a clerk.* Doslovna poruka bila bi da bi i napola obrazovan (školovan) čovek mogao da napiše komad na osnovu događaja koji su se do ovog trenutka odigrali. Vidi se da je *clerk – duhovnik, sveštenik* (zastarela značenja); ali i *kantor, pevač, pevčik; crkvenjak, klisar*; ali i *pisar, sekretar, knjigovođa; trgovački pomoćnik* u vreme nastanka ove komedije predstavljao pojam obrazovanog, učenog, čoveka. U tom smislu naročito su ilustrativne kombinacije iz pravnog žargona *clerk in holy orders – sveštenik* (*Anglikanske crkve*), i *articled clerk – advokatski pripravnik*.

[162] Prevodni stih *Ako smešno nije svetu.* predstavlja završetak celine od poslednja tri stiha u ovom Dikonovom monologu – *If you will mark my toys and note, / I will give you leave to cut my throat, / If I make not good sport.* Ovo je u stvari obraćanje svima u okolini, prevashodno publici, koje je prevedeno kao: *Ako s' ne svidi vama, recite, / 'Di sam najtanji secite / Ako smešno nije svetu.* Doslovniji, neposredniji, prevod bio bi: *Ako vas ne zabavljaju moje smicalice, onda mi gušu presecite ako vam ja ne pružim nešto čemu ćete da se smejete.*

[163] Originalni stih *We be fast set at trumps, man, hard by the fire.* preveden je kao *Mi s' u karte zaneli, kraj vatre seli.* mada je *trumps* u stvari naznaka za posebnu igru s kartama, čija je poenta izbacivanje aduta – *trump* je starofrancuska imenica u značenju *adut*, tako da *to play trumps* znači *igrati adutima, adutirati*; zanimljiv je izraz u familijarnoj upotrebi *all his cards are trumps – on ima sreće u svemu*. U poetskoj upotrebi imenica *trump* je *truba; zvuk trube, trubljenje*. Enciklopedija Britanika navodi da je u 16. veku popularna bila igra *trump*, poznata i kao *triumph*, i da je to preteča dobro znane kasnije igre *vist – whist*, koja se i dalje igra u Velikoj Britaniji, dok je u Sjedinjenim Državama danas prava retkost.

[164] Prevodni stih *Nego, prvo s tobom treba reč koja.* stoji na mestu stiha *But first, for you in counsel I have a word or twain.* Imenica latinskog porekla *counsel* ima, između ostalih, i značenje *odluka, namera, plan; mišljenje; tajna namera, tajno mišljenje, tajna.* Tako je danas arhaični izraz *in counsel* imao značenje *tajno, u poverenju.* Potpuno zastareo, ili samo na poetsku upotrebu ograničen, danas je staroengleski pridevski ili imenički oblik *twain,* u značenju *dva, dve, dvoje, dvojica.*

[165] Prevodni stih *Imaš kraljicu i još pet – ona ti j' na kraju,* ovde treba da se shvati kao objašnjenje koje Gospa Čet daje svojoj sluškinji Doli o jednom deljenju, o ovom konkretnom deljenju, već podeljenih karata – *Tu je naređano pet karata, a posle njih je još i kraljica.* Međutim, originalni stih *There is five trumps beside the queen – the hindmost thou shalt find her* možda bi mogao da se shvati i kao objašnjenje da u igri ima pet aduta, uz kraljicu, koja je postavljena na kraju.

[166] *I paz' se žene Semove; oči joj iza glave gledaju! – Take heed of Sam Glover's wife; she has an eye behind her!* – Gospa Čet upozorava Doli da se naročito čuva žene Sema Glavera, koja je oštrooka, lukava, sposobna, ume da vidi i „iza glave", to jest iza leđa. Drugim rečima, Doli mora da sakrije karte kad bude prilazila mestu za stolom, tako da ih žena Sema Glavera ne vidi u trenutku kad prolazi kraj nje i iza njenih leđa. Posebnu zanimljivost donosi kombinacija *Sam Glover' wife,* iz koje bi se reklo da je u pitanju žena čoveka po imenu *Sem Glaver.* Ipak, možda je reč o *Semu rukavičaru* (mada bismo u tom slučaju očekivali prisustvo određenog člana – *Sam the glover*). U svakom slučaju, imenica *glover* ima značenje *rukavičar, izrađivač rukavica; zanatlija koji proizvodi (i prodaje) rukavice.* Tako možda saznajemo da se jedan seoski zanatlija, po imenu Sem Glaver, bavi izradom i prodajom rukavica

[167] *Zato, da mi se zakuneš na Devicu bulonjsku,* prevodni je stih koji stoji na mestu originalnog *There I will have you swear by our dear Lady of Bullaine,* u kom se pri pomenu *the Lady of Bullaine – Device bulonjske* misli na ikonu Device Marije koja se nalazi u Katedrali u Bulonju, a kojoj je posvećivano toliko vere i strahopoštovanja da su joj vernici hrlili na hodočašće. Devica Marija je bila zaštitnica grada Bulonja na jedan sasvim poseban, jedinstven, način. [168] Prevodni stih *Svetim Dominikom, i još tri kralja kolonjska,* zbog potrebe da se održi zadati broj slogova unekoliko skraćuje originalni stih *Saint Dunstan, and Saint Dominic, with the three Kings of Coloyn,* u kom se pre svega pomi-

nje *Sveti Dansten – Saint Dunstan*, Kenterberijski nadbiskup, koji je umro 988. godine. Legenda o njemu kaže da je Đavolu spržio/otkinuo nos tako što ga je uštinuo užarenim mašicama. Sveti Dansten je sahranjen u Katedrali u Kenterberiju, a grob mu je bio omiljeno sastajalište hodočasnika u celom Srednjem veku, jer je bio i ostao najšire poštovani engleski svetac sve dok ga u slavi nije zasenio kasniji kenterberijski nadbiskup i stradalnik Tomas Beket. *Sveti Dominik – St. Dominic* je bio španski (*Santo Domingo*) fratar, pokretač monaškog reda Propovednika, koji su kasnije po njegovom imenu postali poznati kao Dominikanci (Dominican Order). Rođen je oko 1170. godine, a umro je 1221. godine. Pod *the Three Kings of Coloyn* Dikon u svom iskazu najverovatnije misli na *the Three Wise Men – trojicu Mudraca*, koji su, vođeni Zvezdom, putovali na istok u susret rođenju Spasitelja. Veći broj religioznih pisaca nazivao ih je imenima Gaspar, Melkior i Baltazar.

[169] *Ona baba Gerton, komšinica ti, ona jada –* prevodni je stih čiji završni deo *...ona jada –* stoji na mestu originalnog *...a sad and heavy wight –* što bi doslovno značilo *...tužno i potišteno stvorenje*. Starinsko značenje staroengleske imenice *wight* je *stvor, stvorenje; živo biće; ljudsko biće, osoba, čovek*. Danas zastarelo značenje ove imenice je *natprirodno biće, vila, veštica, veštac*, tako da se u vreme nastanka ove komedije možda postizalo značenje *...tužna i utučena veštica*. Iz perioda staroengleskog jezika je i pridev *heavy*, uz čija brojna osnovna značenja postoji i značenje *težak, utučen, ubijen, tužan*; u skladu s tim *heavy heart* je *utučeno srce*, pa izraz *with a heavy heart* znači *teška srca*.

[170] Prevodni stih *Njen jaki riđi pevac, ukraden noćas nenada.* koristi reč *pevac* za originalno *cock* da bi se postigao potreban broj slogova a i da bi se napravila veza sa sledećim stihom, u kom se kaže da je on *pevao*. Imenica *cock* u ornitologiji generalno znači *petao, mužjak*, pa otuda i figurativna značenja *đida, bata*; *vođ, glava, velika zverka*. Osnovnom značenju imenice *cock* u američkoj varijanti engleskog jezika odgovarala bi imenica *rooster – oroz, kokot, petao, pevac*.

[171] *Rano moja! Sa žutim nogama, što 'nako tačno peva?* prevodni je stih koji odgovara originalnom *Gog's soul! Her cock with the yellow legs, that nightly crowed so just?* Gospa Čet je preneražena vešću koju čuje, pa je zbog toga na početku stiha primenjena sloboda – s *Rano moja!* prevedeno je *Gog's soul!*, čije bi doslovno značenje bilo *Bogine mu duše!* ili *Dušo Bogina!* Drugi deo

stiha izražen je kao *...što 'nako tačno peva?* pošto *just* u *...that nightly crowed so just?* ima značenje *accurately, right on time* – *precizno, tačno na vreme.*

[172] Originalnom stihu *What! Was he fet out of the hen's roost?* dodeljen je prevod *Šta-a! Iz kokošinjca ga digli?* pošto je glagol *fet*, u obliku prošlog participa, upotrebljen u značenju *fetched* ili *taken.*

[173] Prvi deo stiha *But Tyb has tickled in Gammer's ear that you should steal the cock.* preveden je kao *Al' Tiba joj ša'nula...* jer *tickled* ovde očigledno ima značenje koje bi se inače postiglo s *whispered.* Prelazni glagol *tickle* osim osnovnog značenja *golicati, zagolicati, škakljati; golicanjem zadirkivati* ima i starinsko značenje *(jako) uzbuditi, uzbuđivati; ljutiti, naljutiti, razljutiti; izazvati, izazivati.*

[174] *...da s'joj ti pevca marnula.* je prevod završnog dela prethodnonavedenog stiha *... that you should steal the cock.* Sveukupno se sada dobija značenje: *Tiba je šapnula Baki (i tako uzbudila, naljutila, Baku) da si ti ta koja joj je ukrala pevca.* Oblik *should steal* ovde ne naznačava nikakvu pogodbenost, već *should* označava mogućnost, pretpostavljanje, to jest veliku mogućnost, snažno pretpostavljanje.

[175] Stih *Say not one word for all this gear* preveden je kolokvijalnim *Da reč o ovom ne pisneš.* dok bi neutralan prevod bio *Nemoj da kažeš ni reč o svemu što se ovde dešava (o svoj ovoj gužvi).*

[176] U prevodnom stihu *Mladu ću kurvu u glavu, staru krmaču za gušu!* ta „stara krmača" je prevod za *...the old trot...* Imenica starofrancuskog porekla *trot* ima provincijsko značenje *babuskera, torokuša*, ali se prevod opredelio za *...staru krmaču...* da bi se olakšala i opravdala upotreba prideva *stara*, naspram prideva *mlada* u početnom delu stiha. Približno sinonimno značenje za imenicu *trot* bilo bi ono koje nosi figurativno značenje imenice iz srednjoengleskog perioda *hag* – *veštica, gadna babuskera, aspida vaseljenska.* Osnovno značenje imenice *hag* – *veštica, čarobnica, čaralica* danas je zastarelo.

[177] *Sifa joj na dupe kurvinsko! Kuga da je smaže!* prevod je stiha *The pox light on her whore's sides! A pestilence and a mischief!* u kom je *pox* isto što i *syphillis.*

Zanimljivo je da je *pox* u stvari oblik množine imenice *pock*, koja u medicinskom smislu znači *boginja*, pa otuda i kombinacije *chicken-pox, small-pox*. U familijarnoj i narodskij upotrebi *pox* je *vrenga, sifilis* – najčešće u kombinaciji s određenim članom (*the pox*), dok su u vreme nastajanja ove komedije u istom značenju upotrebljavane i kombinacije *great pox* i *French pox*. Razumljivo je onda i postojanje narodskih izraza/uzvika *What a pox! – Šta (do) vraga!*, kao i *A pox on you!* ili *A pox of you! – Čuma te ubila!* Drugi deo stiha – *Kuga da je smaže!* slobodan je prevod originalnog *A pestilence and a mischief!* što bi doslovno značilo *Kuga i stradanje!* Imenica latinskog porekla, preuzeta iz francuskog, *pestilence* ima osnovno značenje *kuga; boleština, zaraza*, a figurativno *kuga, napast, čuma, otrov*. Osnovno značenje imenice *mischief* je *nevaljaluk, ponašanje koje remeti drugog, smeta drugom, škodi*. Ova imenica je u starofrancuskom imala oblik *meschief*, a u srednjoengleskom *mischef*.

[178] Originalni stih *Come out, thou hungry, needy bitch! Oh, that my nails be short!* preveden je kao *Amo, ti gladna jadna kučko! Uff, nokti mi mali!* Za razbešnjenu Gospu Čet njena komšinica, odjednom ljuta neprijateljica, jeste *gladna – hungry*, ali i *jadna – needy*. Osnovno značenje prideva *needy* je *potrebit, siromašan, oskudan*, pa je, sasvim razumljivo, figurativno značenje *bedan, kukavan, jadan, skučen, nikakav*. U drugom delu stiha ona žali što su joj nokti kratki, što znači da bi svoju dojučerašnju „sestru slatku" rado izgrebala, povredila, zarivajući u nju svoje nokte.

[179] *Nafore ti, miruj! Il' sve vodi šali!* prevod je originalnog stiha *Gog's bread, woman, hold your peace! This gear will else pass sport!*, čije bi doslovno značenje bilo *Boginog mu hleba, ženo, ćuti (miruj), inače će cela ova gužva da se pretopi u šalu (ispašće da je sve zabava, igra)!* *Gog* je inače zastareli, ili samo još ponegde u provincijskom izrazu prisutni, naziv za *Boga – God*. Najčešći takvi izrazi, to jest uzvici poput *Gog's bread!* još su *Gog's passion!, Gog's wounds!*, i njima slični. U *Gog's passion!* imenica *passion* je u prevashodnom značenju *trpljenje, stradanje, paćenje, patnja*, pa isključivo u tom smislu treba shvatiti i srpski narodski izraz *Stras' Božja!* ili *Božje mi strasti!*, ili *Božje mu strasti!*

[180] Drugi deo originalnog stiha *That I am author of this tale, or have abroad it blown!*, prevedenog kao *Da je ovo moja priča, il' da je širim ja!*, donosi zanimljivu

upotrebu priloga iz srednjoengleskog perioda *abroad*, čije je osnovno značenje *napolju, van, izvan, vani, spolja*; *van kuće*; *tamo daleko*, a značenje koje više odgovara upotrebi na ovom mestu: *rasuto nadaleko*; *rasprostranjeno*; *rasprostrto*; *javno rašireno*. Što se tiče glagola *blow*, jedno od brojnih značenja koje on postiže naročito uz predloge i priloge jeste *bacati tamo-amo, oduvati, naduvati*. Dikon, dakle, ne želi da ljudi (po)misle da je on izmislio tu priči i/ili da je on širi.

[181] Prevodni stih *Ne, dobra; pljun'o bi sebe takva sluta da me blati*, unekoliko skraćuje i pomalo slobodnije daje smisao originalnog stiha *No, goodwife Chat; I would be loath such drabs should blot my name*. Imenica *goodwife* je naročito svojstvena škotskoj upotrebi, dakle predstavlja skoticizam, u značenju *domaćica*, dok je danas zastarelo značenje *snaša, strina*. Pridev *loath*, staroengleski oblik *loth*, ima značenje *nerad, nenaklonjen, nedragovoljan*; *to be loath to do a thing* značilo bi *ne biti voljan* (*nemati volje*) *da* (*se*) *nešto radi, uradi*; zato i prevod na ovom mestu *...pljun'o bi' sebe...* daje značenje koje je u određenom smislu slobodno i intenzivnije od značenja originala. Sledi oblik *drabs*, što je množina imenice keltskog porekla *drab* u značenju *murdaruša, aljkavuša, aljkavica, aljkava žena*, s napomenom da je ovde pre upotrebljena u starinskom značenju *opajdara, ulična žena, prostitutka*, koje bi odgovaralo značnju imenice *slut*. Prelazni glagol *blot* ima značenja *krmačiti, pokrmačiti* (*hartiju*), *zamrljati slova* (dok se mastilo ne osuši); u figurativnom smislu: *baciti ljagu, (u)blatiti*.

[182] Drugi deo prevodnog stiha *'Ajde, onda! Šta kažeš ti?* nešto je slobodnija interpretacija drugog dela originalnog stiha *Go to, then! What is your rede?*, čiji bi doslovni prevod bio *Kakav je* (*koji je*) *tvoj savet?* ili *Šta ti savetuješ?* Imenica *rede* je iz staroengleskog, danas je zastarela ili se sreće u provincijskoj upotrebi, kao skoticizam, takođe kao element poetske dikcije, u značenju *savet, rasuda*; *priča*; *mudra izreka, poslovica*; *tumačenje* (*sna*), *objašnjenje*.

[183] U originalu ovaj stih glasi *Then to the quean! Let's see... tell her your mind, and spare not!*, tako da prevod prvog dela: *Na drolju skoči!* u stvari stoji umesto doslovnog značenja *Onda napadni* (*tu*) *kurvu!* Imenica *quean* je bila potpuno homonimna s imenicom *queen* /kwi:in/ – *kraljica*; danas je skoro sasvim zastarela, a značenje joj je bilo *ženska*; *bećaruša, ženturača*; *raskalašnica*; *drolja* – upravo na ovom mestu, to jest u vreme nastanka ove komedije, odnosno u

celom šesnaestom i sedamnaestom veku. Zanimljivo je zapaziti koliko su različitih reči likovi u ovom komadu, odnosno prosečni stanovnici unutrašnjosti tadašnje Engleske, imali na raspolaganju i upotrebljavali u značenju *kurva*, *drolja*. Ova ista reč kao skoticizam ima značenja *cura, devojka; drusla, dur-devojka*. Drugi deo u prevodu glasi *Tada... što joj misliš, pa raspali!* a doslovno značenje drugog dela originalnog stiha bilo bi *Nego... kaži joj šta ti je na umu, i ne štedi (je)!* Prelazni glagol *spare* je iz perioda staroengleskog jezika, a među brojnim značenjima su mu: *štedeti, uštedeti, zaštedeti, prištedeti; sačuvati, pričuvati; štedeti, poštedeti, pažljivo postupati (acc.*: sa *abl.*).

[184] Drugi deo ovog stiha u prevodu glasi *...a ti, briga me, razvali!* da bi se postigla rima sa završetkom prethodnog stiha, dok bi doslovni prevod za *...and then go to, I care not!* bio *...a onda bori (tuci) se s njom, mene ni briga nije!* Izraz *go to* na ovom mestu u stvari znači *go to it, fight her.*

[185] Pošto stih u originalu na ovom mestu glasi *Then, whore, beware her throat! I can abide no longer!* prevod drugog dela tog stiha *Jedva je čekam!* u doslovnijem tumačenju reči sada već jako razljućene Gospe Čet govorio bi: *Ne mogu više da čekam [da je zadavim].*

[186] Stih *Ye see, masters, that one end tapped of this my short device – Eto, gazde, jedan kraj moje sprave – kako valja;* početak je Dikonovog obraćanja publici na ovom mestu. U navedenom stihu i u tri naredna stiha on u stvari kaže: *Vidite, gospodari, da sam izveo jedan deo moje kratke smicalice; / Sada moramo da otvorimo i drugi kraj (priče) dok ne krene sve da se puši (dok ne bukne), / A dok se stvari malo ne zalete, nadam se da nećete biti mnogo nestrpljivi, / pogledajte šta njima dvema leži u srcu, siguran sam da ćete shvatiti.* Zanimljivo je da se u prvonavedenom stihu, a i u narednom, on služi rečima koje su u vezi s nečim što njega lično veoma zanima: prelazni glagol *tap* je iz staroengleskog perioda, a među brojnim značenjima su mu: *točiti, otočiti, otakati (piće); izvući, izvlačiti (piće iz bureta); udariti (udarati) slavinu na (bure, bačvu, itd.), snabdeti slavinom.* Sledi stih *Now must we broach t'other too, before the smoke arise* i upotreba glagola *broach*, primljenog iz francuskog jezika – *udariti slavinu na bure s pićem;* figurativno: *otvoriti, povesti raspravu o nekom pitanju.*

[187] Stihom *But look what lieth in both their hearts; ye are like sure to have it.* – *Pa pogle'te u srcima šta nose, sve piše tamo.* Dikon završava obraćanje publici na ovom mestu. Zanimljivo je da za obraćanje mnoštvu, dakle drugom licu množine, Dikon koristi staroenglesku ličnu zamenicu *ye*, posle koje su u upotrebu ušli oblici *thou*, za drugo lice jednine (*ti, tebi, tebe*) i *you*, za drugo lice jednine i drugo lice množine (*ti, tebi, tebe*; *vi, vama, vas*). Oblik *ye* sreće se još u starinskim izrazima koji se koriste u neposrednom obraćanju, kao što su: *ye gods* – *vi bogovi*; *ye ben to me welcome* – *vi ste mi dobrodošli*; *how d'ye do?* – *kako ste?*; *thank ye* – *hvala vam*; *this is for ye* – *ovo je za vas*; *I have strange news to tell ye* – *imam neobične vesti da vam kažem*; *ye made it* – *ti si to načinio*; itd.

[188] Prevodni stih *Al' ako ćeš da priđeš, joj, opra li smrad?* stoji na mestu originalnog stiha *But and ye come any nearer, I pray you see all be sweet.*, čiji drugi deo ima doslovnije značenje *...molim te postaraj se da sve bude milo (miomirisno)*.

[189] Originalni stih *Tush, man, is Gammer's needle found – that 'Chould gladly weet.* preveden je kao *Psst, čoveče, nađe li ko iglu – da znam sam ràd.* Onomatopejski uzvik *tush!* odgovarao bi, u stvari, srpskom *puh!* ili *pih!* ili *the!* U završnom delu stiha original donosi glagol *weet*, svojstven periodu srednjoengleskog jezika; ovaj glagol je mogao da se koristi i kao prelazan i kao neprelazan, a značenja su mu danas arhaična: *znati, doznati*; ali i *opaziti, primetiti*.

[190] Dikon se ovde ironično izražava. Prvim delom ovog stiha – *She may thank thee if it isn't found,...* – *Tebe da hvali ako se ne nađe,...* on hoće da kaže da je Hodž u stvari kriv ako se igla možda više nikad ne nađe, pošto je pobegao kad je nailazio Đavo, od kog je trebalo da traži da povrati izgubljeno.

[191] Stihom *Ye foolish dolt, ye were to seek e'er we had got our ground,* – *Šmoklјo tupi, dok još trepnuli nismo* – *ti nestade*, iznosi se Dikonova oštra zamerka Hodžu; on ga grdi zbog toga što je nestao pre nego što su se snašli, odnosno pre nego što su iole odmakli u nameravanom. Imenica *dolt* je iz perioda srednjoengleskog jezika, sa značenjem *dedak, tikvan, šmokljan, blesavko, glupan*. Značenje izraza *ye were to seek* je, u stvari, *you were missing*. U poetskoj dikciji *e'er* je prilog *ever*, s pojačanim značenjem *ever before* – *još pre*,

još pre nego što... Imenica *ground* je iz staroengleskog jezika, a ovde se javlja u okviru izraza *to get* [*gain*] *ground* – *odmicati, napredovati*; figurativno: *hvatati maha, širiti se, raširiti se.*

[192] Prvi deo ovog stiha – *Durst swear on a book,...* – *Na pismo se kunem,...* u stvari bi značio: *Mogao (Smeo) sam da se zakunem na Sveto pismo,* jer je *durst* oblik preterita neprelaznog glagola *dare,* iz staroengleskog perioda, čija su značenja: *smeti, usuditi se, drznuti se. Book* je u stvari *the Book, the Good Book* – *Biblija, Sveto pismo.*

[193] Ponuđen je prevodni srih *Sad jezik blebeće o nekoj mački, znaš,* dok bi doslovan prevod stiha *One while his tongue it ran and paltered of a cat,* bio: *Na trenutak mu je jezik radio i blebetao o nekoj mački,.* Glagol *palter* može da se upotrebi i kao prelazan i kao neprelazan, a ovde se javlja u zastarelom značenju *blebetati, mrndžati, gunđoriti.* Može da znači i: *vrdati, izvrdavati, mućkati, smućkati, smandrljati, smandrljavati; tvrditi pazar, pogađati se, cenkati se; šegačiti se,* (fam.) *sprdati se.* Značenju koje ovde srećemo odgovaralo bi značenje neprelaznog glagola *prate,* poreklom iz holandskog jezika – *blebetati, ćaskati, torokati; laparati.*

[194] Originalni stih ovde glasi *But this I well perceived before I would him rid,* tako da drugi deo prevodnog stiha *Al' shvatih dobro dok ga nazad ne otera',* sasvim odgovara onom što je Dikon u stvari hteo da poruči – da je prognao Đavola nazad u pakao. Prelazni glagol *rid,* poreklom iz staroengleskog i staronordijskog jezika, u značenju *otarasiti se, otresti se, osloboditi se, izbaviti se* inače se upotrebljava u pratnji predloga *from* ili *of.*

[195] Prevodni stih ovde glasi *Sad, da l' iglu Giba u utrobu uvuče,* a s *utroba* je prevedena imenica *maw,* iz staroengleskog jezika, čije značenje i jeste *stomak,* odnosno, prevashodno i specifično: *četvrti stomak preživara.* U seoskoj sredini (među poljoprivrednicima) i nije neobično što je ova reč upotrebljena čak i kad je u pitanju mačka.

[196] U prevodnom stihu *Il' Pacoje paroh naš iz slame je izvuče,* načinjeno je malo pojednostavljenje, jer se u originalnom stihu *Or Doctor Rat our curate have found it in the straw,* javlja imenica iz srednjolatinskog perioda *curate,* s

duhovnim, crkvenim, značenjem *potparoh*. U sistemu Katoličke crkve reč *curate* se odnosi na sveštenika koji se dodeljuje parohiji kao po hijerarhiji niži od parohijskog sveštenika. *Parohijski sveštenik* (u SAD *pastor*) je sveštenik koji ima kanonsku odgovornost za svoju parohiju. Na tom položaju on može da ima jednog ili više pomoćnika, za koje se koriste nazivi *curate, assistant priest, parochial vicar* (u SAD *associate pastor* ili *assistant pastor*). Zanimljivo je da u familijarnoj i šaljivoj upotrebi *curate* ima značenje *mali žarač*. Generalno značenje imenice *doctor*, iz latinskog jezika, jeste *učitelj, učen čovek*; kao titula, ova imenica znači *doktor – Doctor of Divinity – doktor teologije, Doctor of Civil Law – doktor građanskog prava*. Za likove u ovoj komediji, to jest seljane u mestu odigravanja radnje, potparoh Pacoje je *doctor* iz poštovanja prema njegovoj učenosti i prema službi koju vrši.

[197] Zbog potrebe da se održi zadati broj slogova, prevodni stih *Da jurnem do Semove radnje, uzmem reme*, izostavlja prezime vlasnika radnje, koje je prisutno u originalu: *Hie me to Sam Glover's shop, there to seek for a thong*. Shvatamo da je Sem Glaver vlasnik radnje u kojoj se meštani snabdevaju proizvodima od kože i priborom; ne poznajemo ga, ali ovo ipak nije prvi put da čujemo/čitamo njegovo ime – setićemo se da je u drugom prizoru II čina rečima *I paz' se žene Semove; oči joj iza glave gledaju! – Take heed of Sam Glover's wife; she has an eye behind her!* – Gospa Čet upozorila svoju sluškinju Doli da se naročito čuva žene Sema Glavera, koja je oštrooka, lukava, sposobna, ume da vidi i „iza glave", to jest iza leđa. Gazdarica je pozvala Doli da je zameni u igri kako bi ona ostala i malo porazgovarala s Dikonom, a pri tome joj je savetovala/naložila da sakrije karte kad bude prilazila mestu za stolom, tako da žena Sema Glavera ne može da ih vidi u trenutku kad Doli prolazi kraj nje i iza njenih leđa. Što se tiče imenice iz staroengleskog jezika *thong*, značenja su joj: *kaiš, remen, uprta*; ali i *kaiš biča, švigar biča*. Sem Glaver očigledno izrađuje i prodaje proizvode od kože, pa je sasvim moguće da je prevashodno *rukavičar*.

[198] Početak originalnog stiha *Therewith this breech to 'tach and tie as Ich may* odnosi se na završetak prethodnog – *...a thong* – tako da bi početak prevodnog stiha *Da čakšire vežem i kako znam stisnem.* mogao da glasi i: *Da njime* [remenom] *čakšire vežem...*

[199] Na početku ovog prizora Dikon se obraća publici i kaže da „ovaj pos'o", to jest sve ono što je on zamislio, mora da se odvija dalje, pa pošto nailazi Baba Gerton, traži: *Mirni, malo, i – ni reči; mesta dajte, pazi! – Be still awhile and say nothing; make here a little roomth!* Od prisutnih neposredno traži da se strpe i da budu tihi, kao i da se pre svega malo razmaknu da bi (između njih, pored njih) mogla da prođe Baba Gerton. Srednjoengleski oblik imenice *room – roomth* danas je zastareo, a ovde je upotrebljen u značenju *prostor [koji je dovoljan da primi neku osobu ili neku stvar]*, mesto.

[200] Prvi deo prevodnog stiha *Lakše, to onima sramotnima! Al' šta tebe muči?* odgovara prvom delu originalnog stiha *Marry, fie on them that be worthy!* i na redukovan način izražava ono što bi doslovno prevedeno glasilo: *Dovraga, fuj na one koji zaslužuju sramotu!* Uzvik *marry!* ima starinsko značenje *gle!* ili *šta!* ili *dovraga!*

[201] Drugi deo prevodnog stiha *Avaj, što iglu više brinem, žuč mi se ljući luči!* primer je primene određene slobode u prevodu (pre svega u potrebi da se postigne rimovanje sa završetkom prethodnog stiha), pošto bi originalni stih *Alas, the more Ich think on it, my sorrow it waxeth double!* u doslovnom prevodu glasio: *Avaj, što više mislim na nju* [iglu], *to moju tugu uvećava duplo!* Staroengleska imenica *sorrow* ima značenje *žalost, tuga, jad, ojađenost, ožalošćenost, čemer; nesreća, bol, ucveljenje, ucveljenost*. Neprelazni glagol *wax – rasti, povećati se, povećavati se, napredovati, jačati* ovde je upotrebljen kao prelazan, ako se u analizi uzme da se poslednje *it* odnosi na *...the more Ich think on it,...* Neprelaznost ostaje ako se shvati da se to završno *it* odnosi na *sorrow*, to jest da je subjekat glagola/glagolskog oblika *waxeth*, tako da bi i doslovni prevod glasio *Avaj, što više mislim na nju* [iglu], *to se moja tuga uvećava duplo!*

[202] U ovom stihu Baba Gerton svoju izgubljenu iglu od milošte naziva *saračkom strelom – spurrier's needle*. Staroengleska imenica *spur* ima značenje *ostruga, mamuza*; u tehničkom smislu: *trn, bodlja*. Jedno od značenja prelaznog glagola *spur* bilo bi: *metnuti (privezati) ostruge ili mamuze na [čizme]*. Prema tome, *spurrier* je *ostružar, mamuzar* – kožarski radnik koji postavlja mamuze na čizme, ali takođe pravi praporce koji se stavljaju konjima i volovima kad su u zaprezi. Jasno je onda da je *saračka igla* pojam *jake i oštre i moćne* igle. Zanimljivo je i to što je za staru ojađenu vlasnicu ta igla *tossing –*

My goodly tossing spurrier's needle... – dakle *razigrana, živahna* saračka igla, jer na tu *razigranost* ili *živahnost* ukazuju brojna značenja prelaznog glagola *toss – baciti, bacati (u vis, gore-dole, tamo-amo, na sve strane), razbacati, razbacivati, hitnuti, hitati*; *dići, dizati, zabacivati*; *valjati, ljuljati, drmnuti, drmati...* u neprelaznom smislu: *biti bacan tamo-amo, gore-dole*; *ljuljati se, njihati se*; *lelujati se*; *viti se, lepršati se*; *dizati se i spuštati se...*

[203] Originalni stih *My needle! Alas, Ich might full ill it spare!* ovde je bilo moguće prevesti samo sasvim slobodno, u duhu srpskog jezika a s očuvanjem smisla koji se oseća u iskazu: *Iglu moju! Avaj, teško meni svagde!* jer bi dosledan i doslovan prevod glasio: *Moju iglu! Avaj, ja ću možda moći potpuno slabo bez nje [da se lišim nje].* Prilog iz staronordijskog jezika *ill* ima značenja *rđavo, loše, zlo, slabo*; *teško, jedva.* U kombinaciji s prilogom *full* – *baš, upravo, pravo*; *tačno*; *potpuno, do najvećeg stepena, sasvim*; u danas starinskoj i poetskoj upotrebi: *sasvim, potpuno, vrlo* tako bi se došlo do značenja *vrlo loše* (suprotno od *full well* – *vrlo dobro*), ili *sasvim slabo, vrlo slabo, vrlo teško, vrlo loše.*

[204] U nemogućnosti da prežali nestanak igle, Baba Gerton izgovara i *As God himself knoweth, ne'er one beside 'Chave.*, što bi moglo da se parafrazira kao *As God knows, I have nary a one* (not a one) *except for that* (i.e. the one that is lost)., pa je, uvažavajući i potrebu da se ostvari rimovanje s prethodnim stihom, ponuđen prevodni stih *Bog sâm zna, drugu nemam nijednu nigde.* – umesto doslovnog *Kao što sâm Bog zna, nemam nijednu osim nje (te).* Kao još jedna od potvrda da je reč o kolokvijalnom izražavanju u okviru provincijskog dijalekta, tu je i ponovna upotreba oblika *'Chave*, čije je značenje isto kao *Ich have*, to jest *I have.*

[205] I ovde je opredeljenje za određenu slobodu dalo prevodni stih logičnijeg zvuka: *Videh nešto pre neki sat što j' s tim veza koja.*, jer bi doslovni prevod originalnog stiha *I see a thing this matter touches, within these twenty hours.* glasio *Vidim [videh] nešto što tu stvar dodiruje unutar ovih [poslednjih, proteklih] dvadeset sati.*

[206] Prvi deo originalnog stiha *Even at this gate...* preveden je kao *Na ovim dverima,...* jer imenica iz srednjoengleskog perioda *gate* pored značenja *vratnice, kapija* ima i značenje *vrata* (kao element poetske dikcije); danas zastarelo, a

ponegde još prisutno u provincijskom govoru i u figurativnom izražavanju, bilo bi i značenje *put, ulaz, pristup*. Vredi zapaziti i činjenicu da je u periodu nastanka ove komedije reč *before* osim kao prilog (*pre, ranije, pred, unapred; napred, ispred, na čelu*) korišćena kao predlog (*ispred, pred, preda, pre – ...before my face,... – ...pred nos meni,...*) i to neuporedivo češće nego u savremenom engleskom jeziku.

[207] Prvi deo originalnog stiha *She stooped me down, and up she took a needle or a pin* preveden je kao *Tu sag'la se,...* jer je *stooped me down* svakako isto (za potrebe prevoda) što i *stooped down*. Doslovnije bi bilo: *Tu se sagnula, preda mnom...* [ona se sagnula tik ispred njega, dok je on stajao].

[208] U stihu *It was my needle, Diccon, Ich wot; for here, even by this post,* ponovo se javlja glagol *wot*, čije su osobine komentarisane u napomeni br. 39. U prevodnom stihu *I jeste moja, Dikone, znam; ja tu, kraj ovog štoka,* poslednja reč je, kao određenje za mesto odnosno za predmet/objekat kraj kog je Baba Gerton sedela, ponuđena za originalno *post*, što je reč iz perioda staroengleskog jezika (od latinskog *postis*) sa značenjima *direk, greda, stupac, stub, šip*.

[209] Prevodni stih *Sedela, pa skočila, igla ispade iz oka!* predstavlja izvesno sažimanje i pojednostavljenje u odnosu na originalni stih *Ich sat, what time as Ich up-start, and so my nee'le it lost!*, u cilju održanja broja slogova i postizanja rimovanja s prethodnim stihom. Završni deo *...and so my nee'le it lost!* preveden je kao *...igla ispade iz oka!* jer Baba Gerton hoće da kaže da je od tog trenutka više nije videla – igla je u stvari ispala iz njenog vidnog polja.

[210] Prvi deo originalnog stiha *Who was it, lief son? Speak, Ich pray thee, and quickly tell me that!* preveden je kao *A ko to, mili sinko?...* mada bi puno (i doslovno) značenje bilo: *Ko je to bio, mili sinko?* Staroengleski pridev *lief* /liːf/ skoro je potpuno zastareo, i može da se sretne još samo ponegde u provincijskom govoru, nekad i u poeziji, u značenju *mio, drag*.

[211] Na početku stiha *A subtle quean as any in this town! Your neighbour here, Dame Chat.* sreće se imenička fraza *A subtle quean – Fina drolja* čija je noseća reč opširno komentarisana u napomeni br. 183. Prvi deo prevodnog stiha daje poređenje to jest određenje *k'o svaka!*, mada bi doslovan prevod na ovom

mestu glasio *k'o svaka u ovom gradu* [u ovoj *varoši*]. Drugi deo stiha slobodno se završava kao *Komšika tvoja, bez laži.* da bi se postiglo rimovanje s prethodnim stihom.

[212] Vrlo je zanimljiv završetak originalnog stiha *Dame Chat, Diccon? Let me be gone! 'Chill thither in posthaste!,* kao i prevodnog: *Gospa Čet, a? Idem odma'! Brže od poštara!* Oblik *'Chill (Ich will, I will)* komentarisan je u napomeni br. 87. Staroengleski prilog *thither* ima značenja *tamo, onamo, u tom pravcu, u onom pravcu,* tako da bi umesto *Idem odma'!* doslovnije bilo *Ići ću tamo!* ili *Otići ću tamo!* Složeni prilog *posthaste* u stvari je *post-haste – što brže (to ride post-haste – jahati što brže, što se brže može)*, a njegova građa i upotreba govore o činjenici da je u vreme nastanka ove komedije pojam za brzinu predstavljala pošta, to jest način na koji je pošta prenošena. Pošta je poveravana najpouzdanijim i najbržim jahačima ili kočijama, s najbržim i najsnažnijim konjima, tako da je *to go posthaste* značilo *ići najvećom (mogućom) brzinom.*

[213] Doslovni prevod stiha *Take my counsel yet or ye go, for fear you walk in waste!* bio bi: *Primi moj savet ipak dok ne kreneš, jer bojim se da ćeš džaba!* Imenica *counsel* je latinskog porekla, sa značenjem *savet*, dok su arhaična značenja i: *mudrost, promišljenost, rasuđivanje; uviđavnost.* Pošto je u prethodnom stihu Baba Gerton rekla da će „brže od poštara", prevod se opredelio za intenzivnija rešenja *pre no su'neš* umesto *dok ne kreneš*, i *džaba ti jàra!* umesto *bojim se da ćeš džaba*; ovakvim završetkom stiha postiže se i rimovanje s prethodnim stihom, tako da ceo prevodni stih ovde glasi: *Slušaj me, pre no su'neš, stra'me džaba ti jàra!*

[214] U originalnom stihu *It is a murrion crafty drab, and froward to be pleased;* pridev *murrion* se odnosi na nekog ko je *kužan,* pod kugom, pa prema tome i prokletstvom – oboleo ili stradao od *goveđe kuge – murrain* (poreklo i značenje ove imenice objašnjeni su u napomeni br. 52). Imenica *drab,* njeno poreklo i značenje objašnjeni su u napomeni br. 181. Pridev *froward* ima značenja *nastran; nevaljao; opak; rđav; tvrdoglav; neposlušan; jogunast; buntovan,* pa je u prevodu taj element opisa premešten na sâm početak, umesto da se kaže *kužna, prokleta,* ili nešto slično; zbog toga prevodni stih glasi: *Bandoglava je kurveštija to, sa njom teško je;*

[215] Na početku originalnog stiha *And ye not take the better way, our needle yet ye lose it.* javlja se veznik *and*, koji je staroengleskog porekla, a koji je u prevodu moguće izraziti ne samo kao sastavno *i*, već i kao: *a*; *pa*; *takođe*; *usto*; *tako*; *onda*; *zajedno sa*; dok je ovde prisutan i primer značenja pogodbenog veznika – *if.* Tako bi doslovan prevod ovog stiha glasio *Ako ne primeniš nešto bolje/Ako ne postupiš bolje, ostaćeš/ostaćemo bez (tvoje) igle, opet.*, ali je kao prevod dato: *Ako bolje ne smisliš, bez igle – tuga ostaje.*

[216] Ovaj stih počinje dosta snažnim, strogim, uzvikom iz francuskog jezika *avaunt*, u značenju *napred!* ili *dalje!* ali i *odlazi!* pa čak i *tornjaj se!* ili *čisti se!* a zatim je tu i pogrdno i podrugljivo „Sir Knave"; *knave* je imenica iz staroengleskog jezika, s danas zastarelim značenjem *momče, dečko, dečak*; *sluga, slušče, momak*, dok je ovde najverovatnije zastupljeno značenje *nevaljalac, hulja, podlac, nitkov, ugursuz, lupež, podvaladžija.* Upravo ovaj element je presudio da se, umesto blažeg završetka, na kraju stiha nađe vokativ imenice *mulj.* Prisutan je i glagol *prate*, iz holandskog jezika, koji kao neprelazan ima značenja *blebetati, torokati, laparati*, kao prelazan: *benetati, izbenetati, izblebetati, torokati, istorokati.* Tako originalni stih *"Avaunt!" quoth she, "Sir Knave! What pratest thou of that I find?* umesto doslovnijeg značenja „*Beži!" kaže ona, „Gospo'n Slušče/Lupežu! Šta laparaš o tome što ja nađo'?* dobija sažetiji a istovremeno oštriji prevod „*Gub'se!" ona će, „Šta te briga šta nađo', mulju!*, čiji je sâm završetak između ostalog i priprema za rimovanje sa sledećim slogom.

[217] U originalnom stihu *And home she went as brag as it had been a body louse*, upotrebljen je pridev *brag*, koji je još od početka 14. veka u srednjoengleskom postojao kao pridev u značenju *ponosit, uzdignut*, verovatno poreklom iz keltskog, ili od staronordijskog oblika *bragr*, a možda primljen još u periodu staroengleskog jezika od staronordijskog *braka*; danas znamo za neprelazni glagol *brag*, iz srednjoengleskog jezika, obično praćen predlozima *of* i/ili *about*, u značenju *hvaliti se, hvalisati se*; imeničko značenje bilo bi: *hvalisanje.* Zanimljiva je i kombinacija *a body louse*, u kojoj je imenica *body* upotrebljena pridevski. Među brojnim značenjima imenice *body* su i: *telo*; *meso*; *trup* (čovečiji); *glavni deo* neke konstrukcije; *ljudsko biće, čovek*, tako da je željeno značenje imeničke fraze *a body louse* najverovatnije: *živa vaška*, u smislu *ljudska vaška, velika vaška, ona cela je jedna velika vaška.* Otuda opredeljenje

da prevodni stih glasi: *I kući ode, nos u nebo, k'o vaška tvrda, vazda,* pri čemu *nos u nebo* treba da dočara držanje i kretanje nekog ko je *uzdignut,* (*pre*)*ponosit, uobražen, nadmen.*

[218] Dosta zanimljivog donosi i stih *The tongue, it went on pattens, by Him that Judas sold!* Rad nečijeg oštrog i nezaustavljivog jezika ovde se slikovito dočarava upotrebom imenice *patten* (od francuske *patin*) u značenju *klompa, kondura, drvena* cipela, tako da se prosto vidi kretanje drvene obuće po kaldrmi, te se i čuje nekakvo tandrkanje, klaparanje, topotanje. Da bi mu se verovalo, Dikon se kune s *Judine mi žrtve,* što nipošto ne sme da se shvati kao *Tako mi žrtve koju je Juda podneo,* već je smisao *Tako mi žrtve koja je Judinom zaslugom* (*prodajom*) *stradala;* misli, dakle, na Hrista, pa bi prevodni stih *Judine mi žrtve, jezik čisto klapara!* u doslovnoj interpretaciji dao: *Jezik čisto klapara, tako mi Onoga koga je Juda prodao!*

[219] Prevodni stih *Nafore mi! Dromfulja misli da iglu zadrži!* sasvim odgovara originalnom stihu *Gog's bread! And thinks the callet thus to keep my nee'le me fro?*, s tim što je drugi deo završen uzvikom, kao izraz zaprepašćenja u zaključku, dok je u originalu isti smisao izražen kao čuđenje, upitno je intoniran. Umesto doslovnog prevoda *Boginog mu hleba!* za *Gog's bread!* i ovde je rečeno *Nafore mi!*, a komentar je sasvim isti kao onaj koji je već dat u napomeni br. 179. Za imenicu *callet* može da se kaže da predstavlja još jedan od brojnih načina da se o ženskoj osobi govori pogrdno, uvredljivo, koji se sreću u ovoj komediji; *callet* je dijalekatska imenica u značenju *whore.* Oblik *fro* je u ovom provincijskom dijalektu varijanta predloga *from*, a kao prilog se sreće u izrazu staronordijskog porekla *to and fro* – napred i nazad, *naprednazad*; gore-dole; tamo-amo.

[220] Originalni stih *Let her alone, and she minds none other but even to dress you so!* mogao bi da se parafrazira kao *If you don't do something, that's exactly how she means to treat you!*, tako da *Pustiš li je, ta baš tako i 'oće da ti sprži!* dosledno prenosi željenu poruku, s tim što poslednja reč donosi još intenziteta, a prevashodno je odabrana da bi se postiglo rimovanje s prethodnim stihom. Oblik neodređene zamenice, ali i imenice, iz staroengleskog perioda *none*, u značenju *niko*, ovde se javlja u značenju *ništa* – slično kao u izrazima *it is none of the best* (*nije ponajbolje, ne valja ništa*) ili *it's none of your business* (*s tim*

ti nemaš ništa, to se tebe ne tiče). Prelazni glagol *dress*, s brojnim značenjima poput *urediti, spremiti; ravnati; zagladiti; doterati, podesiti* ovde je upotrebljen u ironičnom, prenosnom, smislu, da bi se postiglo značenje *udesiti* kao *izgrditi, izbrusiti, izmlatiti; učiniti zlo, nauditi.*

[221] U originalnom stihu *Slip not your gear, I counsel you, but of this take good heed:* Dikon blaži plahovitost Babe Gerton, čija je impulsivna prethodna replika glasila *By the Mass, 'Chill rather spend the coat that is on my back! / Thinks the false queen by such a slight that 'Chill my nee'le lack? – Svih mu svetih, pre bi'kaput s leđa da spustim! / Misli naduvenka da ću iglu da joj pustim?*, tako da prevodni stih dosledno prenosi njegovu poruku: *Ne skidaj ništa, slušaj me, i dobro da paziš:*, s napomenom da je *heed* imenica iz staroengleskog perioda, u značenju *pažnja, paženje, gledanje, čuvanje; to give/pay/take heed to/of sth.* znači *paziti na, gledati na, imati dobro u vidu nešto.*

[222] Doslovni prevod stiha *And Ich may my nee'le once see, 'Chill sure remember thee!* bio bi: *Ako možda moju iglu još jednom vidim (vidim ponovo), sigurno ću te se setiti!* Kombinacija *once see* ovde svakako treba da proizvede značenje *see once again, see again*, dok je drugi deo stiha obećanje Babe Gerton da neće zaboraviti Dikona, to jest da će naći načina da mu se zahvali, oduži. Upravo to je prava poruka drugog dela prevodnog stiha *Ako iglu opet vidim, nagradu ti vredim!*, u kom je izbor poslednje reči uslovljen potrebom da se postigne rimovanje s prethodnim stihom.

[223] Prevodni stih *Pozdrav, kladim se, biće tupe-lupe!* predstavlja dosta slobodan način da se iskaže poruka originalnog stiha *Their cheer, durst lay money, will prove scarcely sweet!*, čiji bi doslovan prevod bio: *Njihov (međusobni) pozdrav, usuđujem se paru da položim, teško da će ispasti (biti) sladak!* Završni deo prevodnog stiha aludira na mogućnost/izvesnost da se njih dve potuku kad se sretnu, a izbor reči odnosno izraza načinjen je u poštovanju potrebe da se postigne rimovanje s prethodnim stihom.

[224] U poslednjem stihu obraćanja muzičarima, na samom završetku Drugog čina, Dikon kaže: *And let your friends here such mirth as you can make them!*, što bi doslovno značilo: *I dajte prijateljima ovde takvog veselja kakvog samo možete (uveselite ih najbolje što možete)*, tako da se prevodni stih *Veselja svetu dajte, duše dignite!* opet služi određenom slobodom, mada je opet i vođen

potrebom da se postigne rimovanje s prethodnim stihom (pretposlednjiim u Dikonovom obraćanju, to jest u celom Drugom činu).

[225] Prvi deo prevodnog stiha *Opet hvala, Seme! Sad imam opremu pravu.* u punom prevodu bi glasio *Ponovo ti mnogo hvala, Seme!* jer je značenje neprelazne glagolske forme *gramercy* (od francuskog *grand-merci*) u vreme odigravanja radnje ove komedije bilo *Velika hvala! Mnogo hvala!* Pored ovog značenja, u savremenom jeziku zastarelo *gramercy* moglo je da znači i *Hvala Bogu!* (i u prenosnom smislu, s ironijom), kao i prenosno/ironično *Dovraga!*

[226] Drugi deo prevodnog stiha *Opet hvala, Seme! Sad imam opremu pravu.* formulisan je ovako da bi se postigao potreban broj slogova i da bi se omogućilo rimovanje s narednim stihom, inače bi prevod originalnog *'Cham meetly well-sped now.* mogao da glasi *Sad sam odlično pripremljen/opremljen*, ili *Sad sam savršeno spreman.*

[227] Iz praktičnih razloga potrebe da se održi broj slogova prevodni stih *Tomova ga kusa konjina ne pocepa!* unekoliko redukuje i sažima sadržinu originalnog stiha *Tom Tankard's great bald cur-tail, I think, could not break it.* Potpuno su izostavljeni elementi *Tankard* i *I think*, dok je *konjina* izbor imenice kojom bi u prevodu trebalo da se kompenzuje odsustvo prideva *great* (*velik, krupan*) i *bald* (*jednostavan, prost, ružan, snažan/sirova snaga*) upotrebljenih ispred imeničkog oblika *cur-tail*. U građi složene imenice *cur-tail* prvi element je imenica iz holandskog jezika sa značenjem *pas mešanac, melez*, i s prenosnim značenjem *kalaštura, kalamunja, džukela, džukac*. Prelazni glagol *curtail* je danas zastareo u značenju *potkusiti*, dok su i dalje prisutna značenja *skratiti, skraćivati; potkratiti, potkraćivati; suziti, krnjiti; smanjiti, zakinuti* – *to curtail a lecture* (*skratiti predavanje*), *to curtail salaries* (*umanjiti plate, „skresati" plate*), kao i *lišiti/lišavati koga nečega*, naročuto *lišavati nekoga dela njegove imovine*, ili *dela prava*, itd. Ipak, prâva suština ove napomene jeste u tome da Hodž u svom monologu ne misli na Tomovog velikog i snažnog *psa* mešanca, već da je *cur-tail* upotrebljeno u odnosu na prostog, sirovo snažnog *konja* mešane krvi. U prilog ovakvom shvatanju ide ponovna upotreba imenice *cur-tail* pri samom kraju III čina, kada je po svim ostalim elementima u iskazu jasno da Hodž opet misli na *konjinu* Toma Tankarda, a ne na *džukelu* (nap. 299).

²²⁸ Ovde prevodni stih *Šilo mi pozajmi da krpež sredim mirno.* odražava prisustvo imenice *awl – šilo* i izraza *to set the job forward*, koji bi mogao da se parafrazira kao *to get the mending done*, tako da deo prevodnog stiha ...*da krpež sredim mirno* sasvim odgovara, a oblikovan je tako da se rimuje s prethodnim stihom.

²²⁹ Originalni stih ovde glasi *As for my Gammer's nee'le, the flying fiend go wi'it!* tako da prevodni stih *A babina igla... leteći je odn'o vrag!* sasvim odgovara i zvuči prirodnije nego što bi zvučalo doslovno *A što se tiče babine igle...* Ovde možda nije suvišno napomenuti da je imenica *fiend* poznata iz perioda staroengleskog jezika, u značenjima: *zao duh, đavo, vrag, demon; neman,* kao i: *zao neprijatelj, zlotvor, pakosnik, pakosnica; zloća, zlobnik, zlobnica, oštrokonđa, veliki nevaljalac, nevaljalica;* u današnje vreme ova imenica je poznata i u značenju *strastan ljubitelj – a fresh air fiend* (*ljubitelj svežeg vazduha*); *a dope fiend* (ili *dope-fiend*) bio bi naziv za *ljubitelja opojnih sredstava, narkomana.* Što se tiče oblika *wi'it* na sâmom kraju stiha, on je očigledno nastao kontrahovanjem od *with it*, kako bi se dobio izgovor koji na rimovanje poziva završetak narednog stiha (*meet*).

²³⁰ Prevodni stih *Nikad više da ne sleti mi na prag!* stoji na mestu originalnog *'Chi'll not to the door again with it to meet!*, čije bi doslovno značenje bilo *Ja više neću na vrata* (*neću da otvaram vrata*) *da se s njim sretnem* (*da ne bih njega sreo, ugledao*). U nadovezivanju na prethodni stih, ovaj stih bi uobličavao poruku koja bi mogla da se parafrazira: *A što se tiče babine igle, gde god da je ona sada – neka je Đavo nosi* (*neka ide doođavola*)! *Ne bih* (*više*) *da otvorim vrata pa da njega opet ugledam!* Posmatrana dva stiha se rimuju u originalu (završeci *wi'it* i *meet*), tako da, osim što suštinski odgovara značenju, formulacija ovog prevodnog stiha omogućava i postizanje rime (završeci *vrâg* i *pràg*).

²³¹ Prevodni stih *Što zjapi – zapušio bi' sad najveće.* u originalu sadrži imenicu *hold*, među čijim brojnim značenjima je i danas zastarelo *počivka, stanka,* dakle *pauza* (u muzici), prema tome: *prekid*; imenica *hold* iz holandskog jezika u pomorstvu se odnosi na *brodski prostor, prostor broda, prostor u trupu broda*; sveukupno, reč je o nekakvom *prekidu, rascepu,* o nekoj *šupljini, zapremini, otvoru,* a u ovom konkretnom slučaju odnosi se na *razderotinu, rupu,* u Hodžovim čakširama. Doslovan prevod ovog stiha zato bi bio: *Glavnu* (*najveću*) *rupu u mojim čakširama s to dvoje* (*pomoću te dve stvari*) *popraviću*

(*bih popravio*), što za potpuno shvatanje iskaza treba povezati sa sadržinom prethodnog stiha – *'Chould make shift good enough, and 'Chad a candle's end*, prevedenog s *Dobro bi bilo da imam krajku sveće*. Ono što Hodž želi da kaže jeste da bi mu dobro došlo kad bi imao komad sveće, da je zapali i da lepo vidi; onda bi pomoću *to dvoje*, to jest pomoću kožnog remena i šila, zašio razderotinu, zakrpio najveću rupu koja zjapi u turu njegovih pantalona.

[232] Originalni stih glasi *Ich know who has my nee'le; Ich trust soon shall it see.* Tako prevodni stih *Znam ko iglu drži; vera mi da je vratim amo.* u potpunosti prenosi smisao, s napomenom da drugi deo – *...vera mi da je vratim amo* – dočarava prâvo značenje prelaznog glagola *trust – pokloniti* (ili *poklanjati*) (kome) *svoje poverenje, verovati* (kome), *imati vere* (ili *poverenja*) *u koga, osloniti se, oslanjati se* (na koga, na što); *uzdati se, pouzdati se* (u koga, u što).

[233] Završni deo prevodnog stiha *Al' kod koga je? Govori! Rado bi' da čujem baš.* u potpunosti odgovara značenju završnog dela originalnog stiha *But who has it, Gammer? Say on! 'Chould fain hear it disclosed.*, s napomenom da prilog *fain* upravo znači: *rado, s radošću; s* (jakom) *voljom* i upotrebljava se samo s *would: he would fain hear it – on bi rado da to čuje, njemu je* (*stalo*) *da to čuje*. Istovetan oblik, poznat iz perioda staroengleskog jezika, može da postoji i kao pridev; *fain* se kao pridev uglavnom upotrebljava u poetskoj dikciji, u značenju *sklon, naklonjen, gotov, voljan, radostan, veseo*. Značenje primera *he would fain hear it* iskazano pomoću prideva glasilo bi *he is* (*was*) *fain to hear it.*

[234] Završni deo prevodnog stiha *Lisičina kvarna, Gospa Čet, na ustima poštena!* poručuje da ona sâmu sebe hvališe kao poštenu; u originalu je *...counts herself so honest*, što bi moglo da se parafrazira s *...claims that she is so honest*. Inače, u originalnom stihu je Gospa Čet za Babu Gerton ništa drugo do *false vixen*, u prevodnom stihu: *lisičina kvarna*, pošto imenica *vixen*, poznata iz perioda staroengleskog jezika, ima značenja: *lisica, lija*, ali i: *svađalica, rospija, namćoruša; kisela, lukava, zlobna žena; aspida, oštrokonđa*.

[235] U originalnom stihu Dikon je za Hodža pre svega *...a vengable knave*, čemu zaista odgovara prevod *Za batine je bitanga ta!*, pošto staroengleska imenica *knave* osim zastarelog značenja *momče, dečko, dečak; sluga, slušče, momak*; ima i značenja: *nevaljalac, hulja, podlac, nitkov, ugursuz; lupež, podvaladžija,*

položara. U periodu srednjoengleskog jezika pridev *vengable* je imao značenje *osvetoljubiv, nemilosrdan*, ali moguće je i značenje *onaj na kog bi trebalo da se sruči osveta*. Tako bi *...a vengable knave* moglo da znači da je Dikon *veliki nevaljalac, težak podlac*, ali na ovom mestu prevod ipak pre smatra da je Dikon za Hodža *nitkov na koga treba da se sruči osveta, koji treba da dobije što je zaslužio*, i sl. – dakle: *Za batine je bitanga ta!* jer Hodž najviše i želi da Dikon što pre dobije batine. U završnom delu stiha Hodž kaže: *Kurvin sin odvratni, Dikon!*, u originalu: *...a 'bomnable whoreson!*, pri čemu je oblik *'bomnable* provincijalno kolokvijalno skraćen pridev *abominable – gnusan, odvratan, gadan, mrzak*. Za složenu imenicu *whoreson* može jednostavno da se kaže i *kopile*, ali je broju slogova i ritmu ovog stiha u prevodu odgovarao prevod u vidu složene imenice.

[236] Originalni stih *Can do more things than that, else 'Cham deceived evil!* u doslovnom prevodu bi mogao da glasi: *Ume on (da čini) i gore stvari (od toga), il' se ja đavolski (gadno) varam!*, ali se prevod odlučio za fomulaciju *Ume on i gore, tako mi imena mog!*, gde je drugi deo prevashodno efektniji, upodobljeniji govoru ovog junaka, ali i oblikovan tako da svojim završetkom poziva na rimovanje završetak narednog stiha.

[237] Originalni stih *And ye'd been here, 'Cham sure you'ld murrenly ha' wondered!* i u njemu nema mnogo teškoća da se postigne odgovarajući prevod. Dobro je, ipak, napomenuti da je oblik *murren* zastareo oblik imenice iz starofrancuskog jezika, potom iz srednjoengleskog perioda, *murrain* u značenju *goveđa kuga; prokletstvo, kuga*; *a murrain on you – kuga te odnela!* Prevod *Da s' ti bila, čudo bi te čudilo to!* odgovara smislu poruke, a doslovni prevod *...prokleto bi se čudila!* ili *...vraški bi se čudila!* svakako bi bio manje efektan, mada bi i on bio u skladu s opštim stilom Hodžovog izražavanja.

[238] Iz originalnog stiha *No! And had come to me, 'Chould have laid him on the face!* vidi se da *And had come to me* znači *If he had come to me* odnosno *If he had approached me*, dok se u glavnoj rečenici sreće zanimljiva upotreba glagola *lay* praćenog direktnim objektom i predloškom frazom, a u značenju *srediti, udesiti*. Na osnovu Hodžovog opšteg izražavanja, a posebno kad ovako kočoperno prikazuje sebe i svoju neustrašivost, izbor reči u prevodnom stihu *Ne! A da je priš'o, njušku bi' mu razbio svu!* može da se smatra sasvim primerenim.

[239] Pravo značenje originalnog stiha *But, Hodge, had he no horns to push?* bilo bi: *Ali Hodže, zar nije on imao rogove kojima gura (bode)*, ali prevodno rešenje *Al' kak'e su roge te krlje?* svakako je življe i vernije, a izborom poslednje reči zadovoljava i potrebu da se omogući rimovanje s narednim stihom.

[240] Prevodni stih u svom prvom delu *K'o tvoja ruka duge!* ublažava Hodžovo preterivanje koje je zastupljeno u originalu – *As long as your two arms!* a u drugom delu uvodi ime koje odgovara osnovnom značenju glagola iz srednjoengleskog perioda *rush – juriti, srljati, srtati, šišati; sunuti, kidisati, nasrnuti, nasrtati;* istovremeno, genitivni oblik *Srlje* ličnog imena *Srlja* na kraju ovog stiha postiže rimovanje s prethodnim stihom odnosno njegovim završetkom *krlje*. Lik o kom je reč na ovom mestu i u naredna četiri stiha jeste *Fratar Srlja,* kako bi za potrebe ovog prevoda mogla da se nazove naslovna ličnost legende *Friar Rush (Broder Rusche, Bruder Rausch, Broder Ruus)*. Sačuvano je izdanje ove legende u stihu na srednjovekovnom donjonemačkom iz 1488. godine, dok su u 16. i 17. veku zabeležena brojna izdanja na gornjonemačkom, ili u prevodima na danski, švedski, holandski i engleski. Prvo izdanje na gornjonemačkom jeziku štampano je 1515. u Strazburu. Ova legenda je, zajedno s pričama o Tilu Ojlenšpigelu i Faustu, na primer, bila među uzorcima najomiljenije popularne književnosti u Nemačkoj u 16. veku. Postoje njene brojne adaptacije, koje se razlikuju po stilu i središnoj poruci; dok su neke namerene da pruže moralnu pouku kritikovanjem krajnosti i neobuzdanosti u monaškom životu, brojne druge imaju za cilj samo da zabave čitaoce. Po ovoj priči, Đavo se prerušio u monaha, pa je tako, predstavljajući se kao Brat Srlja, stupio u jedan manastir i dao se na rad u kuhinji. Potom je punih sedam godina priređivao iskušenja monasima dovodeći ih u neizbežan dodir sa ženama i neprestano pletući razne smicalice, sve dok najzad nije raskrinkan i poslat u Englesku. Po verziji na gornjonemačkom jeziku, ni tamo nije mirovao, već je uzeo pod svoje kraljevu kćer i dao sve od sebe da je iskvari i upropasti, dok ga napokon jedan saksonski sveštenik nije isterao iz nje i poslao nazad u pakao. Brat Srlja se pojavljuje u delu elizabetinskog dramatičara Tomasa Dekera (1572-1632) pod naslovom *Ako ovo nije dobar komad, Đavo je u njemu (If This Be Not a Good Play the Devill is in It)*, a u 19. veku nemački pisac Vilhelm Herc (Wilhelm Hertz, 1835-1902) objavio je roman pod naslovom *Brat Srlja (Bruder Rausch, 1882)*, zasnovan na ovoj legendi. Hodž ovde govori o njegovom izgledu pominjući komade oslikane tkanine koje su pripadnici siro-

mašnijih i prostijih slojeva kačili po zidovima kao jeftinu imitaciju tapiserije, otmene zidne zastirke.

[241] Opisujući Babi Gerton Đavola, kog je tobože imao priliku da vidi, Hodž ga u prethodna tri stiha dočarava podsećajući je na izgled Fratra Srlje na tapiseriji, što govori o širokoj rasprostranjenosti priče o ovoj ličnosti i o tome da je u najširim slojevima česta bila i njegova vizuelna predstava. Hodž svoj prikaz završava stihom: *Look, even what face Friar Rush had, the devil had such another!*, što govori da je čak i đavolovo lice bilo isto kao lice Fratra Srlje, koje su navikli da gledaju; otuda uverenje da prevodni stih *Vala, i lice Fratra Srlje – đavo j' isti, pljunut je!* u potpunosti zaokružuje Hodžov opis i dočarava emociju s kojom se on u to opisivanje uneo.

[242] Prevodni stih *Onda aj'mo, što mi je ne dâ – da je pitamo!* svakako donosi suštinu originalnog *Then let us go and ask her wherefore she minds to keep it!* a istovremeno predstavlja njegov kompaktiran izraz u cilju održanja broja slogova i postizanja rime. Segment *...wherefore she minds to keep it!* ima značenje *...why she intends to keep it!* i svedoči o tome da je u vreme kada se odigrava radnja ove komedije glagol *mind* korišćen u značenju *nameravati, imati na umu* u smislu *planirati, hteti.*

[243] Najveća zanimljivost originalnog stiha *Seeing we know so much, 'twere a madness now to sleep it.* svakako je u upotrebi završnog *...to sleep it.*, koje bi moglo da se shvati kao *...to slip it.* ili *...to let it slide.* da bi se opravdao prevod *Kad tol'ko znamo, ludost bi bila da pustimo.*, u kom završni deo *...da pustimo.* znači *...da preko toga pređemo.* ili *...da to dopustimo.* Isti smisao se, međutim, postiže i uvažavanjem jednog od brojnih značenja samog glagola *sleep* koje može da se izrazi sa *spavati, dremati, biti bezbrižan* ili *nepažljiv; prenebregavati*; tako se i dolazi do punog smisla – *Kad tol'ko znamo, ludost bi bila da to predremamo*, ili ... *da to prenebregnemo*, ili *...da preko toga tek tako pređemo.*

[244] Prevodni stih *Gospo, što je moje daj, fino bi' molila,* u potpunosti prenosi značenje i duh originalnog *Dame Chat, 'Chould pray thee fair, let me have that is mine!* a deluje spontanije nego što bi delovao doslovni prevod originalnog obraćanja, koje bi moglo da se parafrazira kao *...I would ask you fairly, let me have what is mine!* Tu se oseća da je Baba Gerton dala sve od sebe da zvuči

uglađeno, ali vrlo brzo će sagovornice prestati da biraju reči i opravdano će se stvoriti utisak da je ovaj stih jedino odmereno i blago što se čulo u razgovoru.

[245] Već u ovom stihu kreće se u upotrebu reči bez odmeravanja i okolišanja: *U dvaj's leta ni prdež tvoj ne bi' uzela!* sasvim odgovara originalu *'Chill not this twenty years take one fart that is thine!*, s napomenom da bi početni deo mogao da se parafrazira i kao *I would never in twenty years...* Jači je, ipak, osećaj da je originalna formulacija fraze *this twenty years* namerena da nas obavesti da su njih dve susetke i „sestre slatke" već *svih ovih dvadeset godina* to jest da *twenty years* nije tek tako odrednica koja govori o *prilično vremena*, ili o *dosta vremena*. Zaključak: pokazni element *this* najverovatnije treba da ukaže na *njihovih dvadeset godina poznanstva*.

[246] Doslovni prevod originalnog stiha *Therefore give me mine own and let me live beside thee!* u završnom delu bi kazao *...i pusti me da živim kraj tebe!*, ali je suština poruke: *...hajde da živimo lepo, u slozi*; otuda osećaj da je prevodni stih *Eto, daj mi moje, pa da živimo lepo!* i precizan i prirodan izraz onog što je Babi Gerton na umu.

[247] Gospa Čet s nestrpljenjem i bez okolišanja kreće vrlo oštro: *Je l' ti dogmiza mi na vrata da me ružiš slepo?* prevod je koji u potpunosti prenosi njen ton koji se oseća u originalu, pre svega kroz izbor reči: *Why, art thou crept from home hither to my own doors to chide me?* Napomena je da je prevodno rešenje *...da me ružiš...* ipak možda blaže od originalnog *...to chide me*, jer značenje prelaznog glagola *chide* (*chid, chid/chidden*), iz staroengleskog perioda, može da se iskaže kao: *grditi, izgrditi, psovati, ispsovati, karati, iskarati, manisati, nalaziti manu*.

[248] Prvi deo ovog stiha – *Hence, doting drab!* preveden je kao *Beži, glupačo!* Oseća se da je Gospa Čet zaista oštra u izboru reči: *drab* je imenica keltskog porekla, sa značenjem *murdaruša, aljkavuša, aljkavica, aljkava žena*, ali i sa starinskim značenjem *opajdara, ulična žena, prostitutka*. (nap. 181) Na ovom mestu čini se verovatnijim da je Gospa Čet ipak htela da prikaže Babu Gerton „samo" kao *aljkavu* i *staru*, jer upotrebljava kombinaciju *doting drab*; *doting* je sadašnji particip neprelaznog glagola iz srednjoengleskog perioda *dote* ili *doat*, sa značenjem *izlapeti; pokazivati znake izlapelosti*. Zanimljivo je i drugo

moguće značenje ovog glagola, naročito u kombinaciji *dote upon – zacopati se, slepo voleti*. Na ovom mestu Gospa Čet svakako nije htela da kaže Babi Gerton da je *zaneta* i/ili *rasejana* usled neke slepe zaljubljenosti.

[249] Drugi deo istog stiha glasi *Avaunt, or I shall 'set thee further!* što je prevedeno kao *Gub' se, dok ti zort ne zadam! Avaunt!* je odlučan i strog uzvik iz francuskog jezika, u značenju *Napred!* ili *Dalje!* ali i *Odlazi!* pa čak i *Tornjaj se!* ili *Čisti se!* ili *Gubi se!* (nap. 216) Tumačenje zaslužuje i glagolski element *'set*, što je najverovatnije provincijalno/kolokvijalno skraćenje od *beset*, prelaznog glagola poznatog još iz staroengleskog jezika, u značenju *spopasti, spopadati, saleteti, saletati, okupiti* (abl.); *beset with questions – saleteti pitanjima*; ili: *obuzeti, obuzimati, napasti, napadati, spopadati* (acc.). Dakle, Gospa Čet tera Babu Gerton od svoje kuće strogim uzvikom, i dodaje da će joj još *dalje pokazati*, da će *tek ona nju napasti*, i/ili slično, zbog čega se prevod opredelio za rešenje *...dok ti zort ne zadam!* kao najvernije ljutitom tonu i pretnji koju Gospa Čet uzvikuje.

[250] Sada već Baba Gerton odgovara podignutim tonom i znatno grubljim rečima: *Tush, gape not so on me, woman! Shalt not yet eat me!* Oštar uzvik *Tush!* (nap. 130, 189) ovde može da se izrazi strogim *Kuš!*, dok je završni deo stiha preveden redukovano, usled potrebe za održanjem broja slogova i za obezbeđenjem rimovanja sa sledećim stihom, a moglo bi da se kaže i *...Još ćeš (i) da me progutaš!* ili *...Nećeš valda još (i) da me progutaš!?* Ipak, prevodno rešenje *Kuš, ne zijaj tako nâ me! Da me progutaš!* sasvim odgovara njenom zaprepašćenju i prkosu u ovom trenutku.

[251] Formulacija prevodnog stiha je unekoliko redukovana, zbog potrebe da se održi potreban broj slogova svedena, na: *Ni da tvoji mole, od mene mira nemaš!*, što svakako postaje jasnije kad se originalni stih *Nor all the friends thou hast in this shall not entreat me!* prevede doslovno: *A ni svi prijatelji koje imaš neće me u ovome umilostiviti!* Smisao ovog stiha nadovezuje se na onaj odlučan otpor koji je Baba Gerton krenula da iskazuje u prethodnom stihu; toliko je ona sada ražešćena da, kako kaže, ni svi oni koji Gospi Čet žele da pomognu neće moći da je ublaže. Prelazni glagol *entreat* potiče iz starofrancuskog jezika, a značenje mu je *moliti, zamoliti, preklinjati*; zastarelo, ili sasvim starinsko, značenje mu je *postupati s nekim, tretirati*; kao neprelazan glagol (zastarela upotreba) ima značenje *pregovarati*.

[252] Doslovni prevod originalnog stiha *My own goods I will have, and ask thee on believe.* bio bi: *Ono što je moje ja hoću, i tražim ti (molim te) u veri da ćeš mi to dati.* a ponuđen je prevod *Što je moje – meni daj, tako ti sveta.* čiji drugi deo je dosta redukovan, usled potrebe da se održi broj slogova i da se stvori uslov za rimovanje s narednim stihom, a i dosta uglađen u odnosu na goropadni ton i izraz u prethodna dva stiha. Činjenica je da je Baba Gerton na ovom mestu, a i u sledećem stihu, ispoljila spremnost da znatno pitomije objasni koliko joj je stalo da samo povrati ono što je zbilja njeno.

[253] Originalni stih *What, woman! Poor folks must have right, though the thing you aggrieve!* mogao bi da se parafrazira kao *C'me on, woman! Even poor folks have rights, though it might irritate you [to return my goods to me]!* pa može da se kaže da prevodni stih, kompaktiran i sveden, u potpunosti prenosi takvu poruku: *Ženo! I siroma' prava ima, šta ti smeta!* U završnom segmentu *...šta ti smeta!* može da se oseti ponešto od svih nijansi značenja prelaznog glagola *aggrieve*, koji je iz latinskog primljen preko starofrancuskog: *žalostiti, ožalostiti, ožalošćavati, snužditi, sneveseliti, sneveseljavati, ucveliti, ucveljivati, pogružiti, pogružavati; mučiti;* takođe: *tlačiti, potlačiti, pritesniti, pritešnjavati; preopteretiti, preopterećivati; škoditi, naškoditi, uditi, nauditi, oštetiti, oštećivati* (gen.).

[254] U prvom delu originalnog stiha *Thou fet my goods even from my door* još jednom je na delu upotreba glagola *fet* (nap. 150, 172), koji je danas zastareo a u srednjoengleskom je imao oblike *fetten, feten,* poreklom od staroengleskog *fetian, fatian,* tako da je prevod *Zdipila mi s kućnog praga* sasvim u skladu s načinom izražavanja Babe Gerton, pogotovu s njenim raspoloženjem u ovom trenutku – *da s'žalim i Bogu!* Drugi deo originalnog stiha glasi *'Cham able this to tell!,* što bi doslovno značilo *U stanju sam to da kažem* ili *Svakako to mogu da kažem* ili *Mirne duše mogu to da kažem,* tako da prevod – *da s'žalim i Bogu!* govori to isto (*Toliko sam sigurna da mogu i pred Bogom to da kažem i da se žalim*) ali izrazom koji zadovoljava zahteve po pitanju ukupne dužine stiha, i rimovanja s prethodnim stihom.

[255] U originalnom stihu *Marry, fie on thee, thou old Gib, with all my very heart!* pažnje je vredno obraćanje *...thou old Gib,* iz kog shvatamo da je u vreme odigravanja ove komedije imenica *Gib* predstavljala uvredljiv termin za *staru*

ženu, uvredljivo i drsko oslovljavanje *starice*. Dakle, ime *Gib* nije samo ime mačke u domaćinstvu Babe Gerton, već je reč o imenu/imenici za mačku uopšte, naročito za *starog i mrzovoljnog mačora* (nap. 36, 37), s tim što rečnik Merriam-Webster precizira da je *Gib mužjak mačke*, posebno *uškopljen mačor*, i navodi da se u srednjoengleskom periodu *Gib* javilo kao nadimak odnosno skraćenje imena *Gilbert*, a da je prva upotreba zabeležena 1561. godine. Ovakvo objašnjenje je potpuno prihvatljivo u svetlu podatka da je komedija *Igla Babe Gerton* prvi put štampana tek 1575. godine. U svakom slučaju, ovde se vidi da je ta *Giba* mogla da bude i *babetina*, ili *matora drtina*, ili *ofucana matora*, na osnovu čega se i prevodni stih *E, sram te bilo, babetino, is sve snage moje!* smatra kvalitetno rešenim.

[256] Stih *Nay, fie on* thee, *thou ramp, thou rig, with all that take thy part!* donosi još novih reči u značenju *drolja, kurva*; termini *ramp* i *rig* dodaju utisku da je u vreme stvaranja ove komedije lokalni jezik bio veoma bogat variranim i tanano nijansiranim rečima i izrazima upravo te vrste. Tako imenica *ramp*, od francuskog *rampe*, pored ostalih svojih značenja sadrži i elemente koji u familijarnom registru upućuju na *goropađenje, razgoropađenje, raspomamljenje, bešnjenje*, dok među brojnim značenjima imenice *rig* postoji, u familijarnoj kolokvijalnoj upotrebi, i značenje: *pecački pribor*, koje u sprezi s takođe familijarnim značenjem neke *ujdurme, udešavanja, nagizdavanja* možda može da sugeriše prevod *navlakuša, faćkalica*, i/ili sl. Drugi deo stiha *...with all that take thy part!* u suštini je psovka na *...tebe i sve koji su na tvojoj strani!*, tako da prevodni stih *Vala, sram tebe, ti sluto, ti droljo, i sve tvoje!* makar delom nagoveštava grubost i strogost ovog povika, a uspeva i da uspostavi rimovanje s prethodnim stihom.

[257] Prevodni stih *Dupe ti kurvinsko, i to na savesti breme!* ima formu psovke, ali je svedenog izraza da bi se održao potreban broj slogova, kao i da bi se ostvarilo rimovanje s prethodnim stihom. Doslovan prevod originalnog stiha *A vengeance on those callet's hips whose conscience is so large!* inače bi mogao da glasi *Osveta na (Neka sada plate) tvoja kurvinska bedra čija savest je toliko velika (na čijoj savesti toliko toga ima)!* Imenica *callet* već je komentarisana (nap. 219), a svojom pojavom ovde dodaje utisku o brojnosti različitih reči u značenju *drolja, kurva*, i sl. koje koriste likovi u ovoj komediji i tako stvaraju predstavu o variranosti odgovarajuće leksike u familijarnoj kolokvijalnoj upotrebi ovog provincijskog dijalekta u Engleskoj u drugoj polovini 16. veka.

[258] *Thou arrant witch!* prevedeno je s *Veštice zla!*, a dobro je napomenuti da pridev *arrant* ima zastarelo značenje *koji luta, koji se skita, skitački*, ali i značenja: *grdan, ljut, zao, zloglasan, opak, notoran, besraman, bestidan, bezočan, okoreo, preispoljni, ovejani, prepreden; an arrant rogue – preispoljni nevaljalac, preispoljna hulja.* Prevod je upotrebio najjednostavnije pridevsko rešenje – *zla* – pre svega zbog toga što je to jednosložna reč, dakle da bi se održao ukupan broj slogova u stihu.

[259] Svađa se raspaljuje, i dve zavađene žene sve gnevnije jedna drugoj upućuju povike čija formulacija svedoči o bogatstvu njihovog tadašnjeg govora po pitanju reči i izraza koji asociraju na *prostituciju, nemoral.* Umesto da svoju protivnicu jednostavno nazove *kurvom*, Gospa Čet ovde viče *A bag and a wallet!*, što je slobodno prevedeno kao *Vreću za trpanje!* Reč *bag* je staronordijskog porekla, u srednjoengleskom je korišćena u značenjima koja su i danas aktivna – *torba, vreća, kesa, zembilj, tašna, kufer*; reč *wallet* je takođe iz srednjoengleskog perioda, sa značenjima: *tobolac; telećak, ranac; prosjačka torba; putnička torba; torba; torbica*; ali i *kesa (za novac), ćemer, lisnica, novčanik*; pa i *kutija s pecačkim priborom.*

[260] Baba Gerton uzvraća na sličan način, uzvikujući *A cart for a callet!* Reč *cart* je iz perioda staroengleskog jezika, sa značenjem *teretna kola, kola, taljige*, dok je *callet* dijalekatska reč u značenju *kurva* (nap. 219, 257). Asocijacija je ovde nedvosmislena – u to vreme žene koje bi bile uhapšene zbog prostitucije izlagane su poruzi i poniženjima tako što su ih kroz varoš vozili na otvorenim teretnim zaprežnim kolima. Umesto slobodnog prevoda *Fufo za 'apšenje!* možda je, korišćenjem istog broja slogova, odgovarajuća asocijacija mogla da se postigne i s *Na taljige, kurvo!*, na primer.

[261] Doslovno značenje originalnog stiha *Why, weenest thou thus to prevail?* bilo bi *Šta, misliš ti da je ta tvoja (reč) jača?* ili *Šta, misliš tako* (na rečima) *si jača?* ali se prevod opredelio za izražavanje te suštine formulacijom *Šta, misliš ja te se prepa'?* Oblik *weenest* je drugo lice sadašnjeg vremena glagola *ween*, iz perioda staroengleskog jezika (nap. 118) u značenjima *pretpostaviti, pretpostavljati, misliti, verovati, biti mišljenja, računati; zamisliti, zamišljati*, ali i *očekivati, nadati se.* Staroengleska imenica *ween*, u značenju *verovanje; očekivanje; verovatnoća, verovatnost* je danas zastarela, a novijim vremenima je bliža arhaična imenica

weening – pretpostavka; očekivanje, nadanje. Neprelazni glagol *prevail*, latinskog porekla, primljen preko starofrancuskog, ima značenja *pretegnuti, pretezati, preovlađivati, uzeti/uzimati maha, nadvladati, nadjačati*.

[262] Pretnja *Da vidiš ka' te pocepam sad!* je prevod suštine originalnog ritmičnog stiha s unutrašnjim rimovanjem *I hold a groat I shall patch thy coat!*, zanimljivog doslovnog značenja: *Dajem groš da ću da ti okrpim kaput!* odnosno *Kladim se u groš da ću sve to na tebi da pocepam!*; *groš* je prevod za *groat* (nap. 136).

[263] U odgovor na pretnju iz prethodnog stiha, Baba Gerton uzvikuje *Thou wert as good kiss my tail! – Poljubiš me 'spod repa!*, a doslovno bi moglo da se kaže: *Isto tako možeš da me poljubiš u rep!* odnosno *Bolje bi ti bilo* (umesto te opklade) *da me poljubiš u guzicu!* U vreme kada se odigrava radnja ove komedije, odnosno u jeziku kojim ovi likovi govore, oblik *wert* je postojao za drugo lice jednine prošlog vremena glagola *be*.

[264] Da bi se održao zadati broj slogova, prevodni stih *Kujo! Rupo! Drndaro! Sengrupu! Zatrpaj se!* redukuje neke elemente originalnog *Thou slut! Thou cut! Thou rakes! Thou jakes! Will not shame make thee hide?*, u kom obraćanje zamenicom za drugo lice jednine *thou* nudi još više insistiranja, naglaska, tako da bi pravi prevod bio: *Ti, kujo! Ti...* itd. U nizanju pogrdnih naziva srećemo imenicu *slut*, koja se već javljala (nap. 181), dok se prvi put koriste *cut, rakes* i *jakes*. Imenica *cut* u velikom broju mogućih značenja i upotreba ima i: *posekotina, posek, zasek, usek, rez, prerez, prorez, zarez, zarezotina, urez*; ali i *rov, kanal*; pa i *prosek, prokop, lagum*. Oblik *rakes* je najverovatnije u vezi sa zastarelom imenicom staronordijskog porekla *rakeheel*, u značenju: *pustahija, raskalašnik, raskalašnica, raspusnik, raspusnica, razuzdanik, razuzdanica, razvratnik, razvratnica; poročan besposličar, poročna besposličarka; pustahija, vucibatina*. Za imenicu *jakes* je zanimljivo da rečnik Merriam-Webster navodi 1538. godinu kao vreme njene prve poznate upotrebe, s pretpostavkom da je poreklom od francuskog ličnog imena *Jacques*, i sa značenjem, danas svakako arhaičnim – *klozet, poljski nužnik*; za potrebe ovog prevoda možda i *senkrup* ili *sengrup, septička jama*, čime bi se dokraja opravdao završni deo prevodnog stiha – *Zatrpaj se!*, mada bi doslovan prevod ovog mesta glasio *Zar te neće stid naterati da se sakriješ?* ili *Sakrij se, skloni se, zar ne znaš za sramotu?!*

[265] Gospa Čet uzvraća nizom uvredljivih uzvika, koji kao pogrde uključuju: *scald, bald, rotten, glutton*. Poreklo i značenje imenice *scald* su već komentarisani (nap. 42), kao i pridev *bald* (nap. 227), dok je pridev *rotten* ovde najlakše i najadekvatnije prevesti pogrdnim uzvikom *Trulino!* (*Ti trulino!*). Imenica *glutton* je poznata iz latinskog i francuskog jezika, prisutna u srednjoengleskom u značenju *izelica, alapljivac, alapljivica, gumalo, krkalo*; u vulgarnom izražavanju: *nabiguzica*; za potrebe ovog konkretnog mesta u prevodu: *ala*. Završni deo ove vike preveden je kao *Sa' ću da ti pokažem!*, što na kondenzovan način izražava suštinu originalnog *...I will no longer chide, / But will teach thee to keep home*, što bi doslovno značilo: *Neću više da vičem (grdim), / Nego ću* (sad) *da te naučim da se zatvoriš u kuću (da sediš u kući)!*

[266] *Biće od nje pita!* je slobodan prevod Hodžovog zagrejanog navijačkog dobacivanja *'Chi'll warrant you this feast!*, što bi moglo da se parafrazira kao *I'll guarantee you'll get enough to satisfy you! – Tvrdim da ćeš da joj pokažeš dosta da budeš zadovoljna!* odnosno *Ima ti da joj pokažeš, da vidi ona!* ili *Ima ti da počastiš sad sebe, videće ona!*

[267] Završni deo ovog stiha preveden je s *Oštro samo!* da bi se održao zadati broj slogova celog stiha, kao i da bi se dočarala odsečnost Hodžovog uspaljenog navijanja, inače dužeg u originalu: *I trow you will be keen! – Mislim (verujem) da ćeš biti oštra!*

[268] Prevodni stih *Nokte zarivaj! Kandžama joj lice! Oči kopaj!* opet predstavlja kompaktiranje originalnog *Where be your nails? Claw her by the jaws! Pull out both her eyen!*, što bi doslovno značilo: *Gde su ti nokti?! Kandžama joj (sčepaj) vilice! Iskopaj joj oba oka!* Oblik *eyen* je u srednjoengleskom periodu predstavljao množinu imenice *eye*.

[269] Originalni stih *I trow, drab, I shall dress thee!* preveden je kao *Opajdaro, gotova si!*, dok bi doslovno značenje bilo *Kažem ti (Mislim), opajdaro, dovešću ja tebe u red!* Imenica *drab* i njena značenja već su komentarisani (nap. 181, 214, 248), a javljao se i glagol *dress* (nap. 127, 220).

[270] Prevodni stih *I da kažeš da se do'vatismo, i ja te udesih tad!* odgovara suštini originalnog *And say thou met me at this bickering, not thy fellow but thy dame!*, što

bi doslovno bilo: *I da kažeš (pričaš) da si me srela u ovoj kavzi, ali ne kao sebi ravnu već kao bolju!* Imenica *bickering* za osnovu ima neprelazni glagol iz srednjoengleskog perioda *bicker* – *svađati se, gložiti se, kavžiti se.* Imenica *fellow* je poznata još iz staroengleskog jezika, sa značenjima, između ostalih: *drug, drūga, drugar, drugarica*; *kolega, koleginica*; *parnjak.* Imenica *dame* je iz latinskog i starofrancuskog jezika – *gospa, gospodarica*; arhaično: *učiteljica.*

[271] Originalni stih *Come not near me, thou scolding callet! To kill thee ich were loath!* odražava u stvari Hodžov strah pred naletima Gospe Čet, s dodatkom samokuražeće pretnje. Prvi deo je preveden s *Ne prilazi, kujo kužna!*, mada bi doslovniji izraz glasio *Ne prilazi mi, ti kurvo pogana!*, ili *Ne prilazi mi, ti opajdaro kurvinska!*, kad se ima na umu značenje glagola *scold* (nap. 42) kao i značenje imenice *callet* (nap. 219, 257, 260). Drugi deo stiha je preveden s *Gadno mi da t'ubijem!*, dok bi doslovnije to moglo da bude: *Da te ubijem ne bih bio rad!* ili *Da te ubijem – bilo bi mi mrsko!*; značenja prideva *loath* već su komentarisana (nap. 181), a zanimljivo je da na odgovarajućem semantičkom terenu postoji i prelazan glagol *loathe*, iz staroengleskog perioda, sa značenjima: *gnušati se* (acc.: gen.), *osećati odvratnost prema* (acc.: loc.), *zgražati se na, mrziti*; *my friend, I loathe him – prijatelju, ja ga se gnušam; gaditi se, zgaditi se* (acc.: na acc.) *I loathe it – gadim se na to*; *it made me loathe wine – od toga mi je vino ogadilo*; (fam.) *dojaditi; I loathe milk for breakfast – ne volim mleko za doručak, dojadilo mi je mleko uz doručak.*

[272] Gospa Čet strogo, kao začuđeno, podvikuje Hodžu: *Opet ti tu, tikvo šuplja!*, u originalu: *Art here again, thou hoddypeak!*; složena imenica *hoddypeak* je danas zastarela, poreklom je od francuskog *hoddy-dod*, u značenju *shell-snail* – *puževa školjka, ljuštura* + *peak* – *vrh, šiljak*, a korišćena je u značenju *budala, bezjak, tikvan, tupavko.*

[273] Pošto se iznenadila što je ugledala Hodža, odnosno što se on opet usudio da bude tu, u blizini, Gospa Čet uzvikuje *What, Doll, bring me out my spit! – 'Vamo Dol, daj taj ražanj!*; kako bi uplašila Hodža i naterala ga u beg ona dovikuje svojoj sluškinji da joj doda oštru, zašiljenu, gvozdenu šipku koja je služila za pečenje mesa nad vatrom; imenica *spit* je iz staroengleskog perioda, a značenje joj je *ražanj*, a u nekoj prezrivoj i ironičnoj upotrebi i *mač*. Odgovarajući prelazni glagol *spit* znači *nataći, naticati, nataknuti na ražanj, pro-*

bosti/probadati ražnjem; uopšte: *nataći, nataknuti, naticati*; *nadesti, nadenuti, nadeti.*

[274] Hodž, glumeći neustrašivost, uzvraća: *Ja ću tebi ovo!* Originalan stih glasi *'Chi'll broach thee with this!*, što bi doslovno značilo *Ja ću tebe da proburazim ovim!*, ili *Ja ću tebi da pokažem ovim!* Glagol *broach* je već objašnjavan (nap. 7, 132).

[275] Pribojavajući se, svestan da će možda morati da beži i da se skloni, Hodž dovikuje služinčetu Kokiju: *Neka vrata, Koki!*, što je kondenzovan način da se kaže suština originalnog stiha *Take heed, Cocke, pull in the latch! – Pazi, Koki, uvuci rezu!*; on, dakle, traži da vrata ostanu otvorena, kako bi, ako bude nužda, mogao da utrči i sakrije se. Imenica *heed* se već više puta javljala u napomenama (166, 197, 221), pa je i šire komentarisana (nap. 221). Imenica *latch* je iz starofrancuskog jezika, sa značenjem *kvaka, skakavica, šip, reza*; u vojnoj tehnici: *utvrđivač*; *on the latch – zatvoren rezom*; *utvrđen*.

[276] I na ovom mestu prevodni stih vodi računa o zadatom broju slogova, kao i o potrebi da se ostvari rimovanje s prethodnim stihom, tako da nešto slobodnije daje reči koje Gospa Čet izvikuje pred kućom Babe Gerton kada je Hodž uleteo unutra da bi se sklonio, izbavio od nje: *Paz'se, kukavče, uši da ti iščupam, sirotane!*. Doslovno značenje originalnog stiha *In faith, sir loose-breeches, had you tarried you should have found your match!* bilo bi: *Vere mi, gospodine labavgaćo, da si oklevao* (da nisi požurio) *dobio bi ti svoje* (šta ti sleduje)! Neprelazan glagol *tarry* je latinskog porekla, poznat u starofrancuskom i prisutan u staroengleskom jeziku, sa značenjima: *odugovlačiti, oklevati, odložiti, odlagati, otezati, skanjerati se*; *kretati se polako, sporo doći* (ili *dolaziti*); *sporo raditi*; *ostati, ostajati*; *stanovati, boraviti, prebivati*; retko: *čekati, očekivati, iščekivati, biti u očekivanju*; arhaično, kao prelazan glagol: *čekati, sačekati, sačekivati*.

[277] Prvi deo originalnog stiha *Now, 'ware thy throat, losel! Thou 'se pay for all!* preveden je kao *Grkljan čuvaj, vaško!*, mada imenica *losel*, danas arhaična i retko korišćena, znači *ništarija, ništavilo, ništak*; *nevaljalac, hulja*; pridev *losel*: *ništavan*. Vredi napomenuti i to da osim oblika *'ware*, skraćenog od *beware*, postoji i samostalan prelazan glagol, iz staroengleskog perioda, *ware*, sa

značenjima: *paziti (se)*, *čuvati se*; *biti na oprezi*, *braniti se*; *izbeći*, *izbegavati*, *opomenuti*. Navedeni deo stiha mogao bi, dakle, da se prevede i kao: *E, pa, pazi na gušu, ništarijo!*.

[278] U prvom delu prevodnog stiha *Sve ćeš da platiš, smolo pečena!*, ovo *...smolo pečena!* je umesto doslovnog *...ti stara kožo katranisana!*, ili *...ti stara uštavljena kožo!*, pošto originalni stih glasi *Thou 'se pay for all, thou ald tar-leather! I'll teach thee what 'longs to it!* Drugi deo je smeo da ima samo šest slogova, uz potrebu da se rimuje sa završetkom prethodnog sloga, tako da glasi: *Naučiću te tek!*, a doslovno značenje bi bilo: *Naučiću te šta ti tu sledi!* ili *Naučiću ja tebe šta ti za sve to sledi!* Oblik *'longs* svakako predstavlja kolokvijalno skraćenje od *belongs*.

[279] U njihovom besnom prevrtanju po tlu Gospa Čet se izbori da se nađe iznad Babe Gerton, pa u trijumfu kaže: *Take this to make up thy mouth 'til time thou come by more!*, što je, naročito u prvom delu, unekoliko slobodno prevedeno kao: *Usta ti rascopam, i ima da dobiješ još!*, a očigledno je da bi doslovan prevod bio: *Evo ti ovo, da ti dotera* (našminka) *usta, dok ne dođeš po još!*

[280] Kad je opasnost trenutno prošla, Hodž se junači: *Faith, would 'Chad her by the face!*, što bi doslovno bilo: *Vere mi, voleo bih da sam joj zgrabio lice!* ili *Vala, da sam joj se (samo) dohvatio lica!*, ili slično, a prevedeno je sa *Što joj ne do 'vati' lice!* U nastavku originalnog stiha Hodž kaže: *Could crack her callet crown!*, što bi doslovno značilo *Mog 'o sam da joj rasprsnem teme kurvinsko/glavu kurvinsku*, a prevedeno je s *Tikva bi kurvi puk 'la!*, što je jezgrovitije, a istovremeno verovatno mnogo bliže kolokvijalnom izražavanju u tom provincijskom govoru. Imenica *callet*, ovde u pridevskoj funkciji pošto je upotrebljena ispred imenice *crown*, već se više puta javljala, pa je i komentarisana (nap. 219, 257, 260, 271). Među brojnim značenjima imenice *crown*, poreklom iz grčkog jezika, kasnije iz latinskog, jeste i figurativno: *teme*; *glava*; *to break somebody's crown – razbiti čiju glavu*. Poslednja reč u prevodnom slogu (*puk 'la*) pisana je s apostrofom kao naznakom pretpostavke da bi ovaj lik punu reč izgovorio kao: *puknula*.

[281] Baba Gerton svoj iskaz na ovom mestu završava s *No, Hodge, Ich tell the no!*, što je odlučan odgovor, odnosno njen stav po pitanju kojim je završena nje-

gova prethodna replika – *But shall we lose our nee'le thus?* – *Al' znači osta-dosmo bez igle ovako?* Prevod njenog odgovora možda je još britkiji i efekt-niji od originala – *Jok, Hodže, nikako!*

[282] U napadu glumljenog besa i u želji da ostavi utisak svojom strogom od-lučnošću Hodž u dugom stihu viče: *'Twill be my chance else some[one] to kill, wherever it be or whom!*, što je prevedeno kao *Bolje mi je d'ubijem, koga god, gde god da bilo!*, dok bi doslovno značenje: *Baš bi mi se posrećilo sada da moram da ubijem nekog, svejedno koga i gde!* još izrazitije govorilo o tome kako bi on sada smatrao srećom da nekog ubije! Imenica *chance*, iz latinskog jezika, kasnije iz francuskog, ima značenja: *slučaj; udes, sreća; prilika, mogućnost, izgled(i), verovatnoća*; svakako, reč je (naročito na ovom mestu) o *povoljnom slučaju*, o *dobroj sreći*, o *lepim mogućnostima* ili *izgledima*.

[283] Doslovno značenje stiha *We'se have our nee'le, else Dame Chat comes ne'er within Heaven's gate!* bilo bi obojeno uverenjem da će uvaženi sveštenik pri-siliti Gospu Čet da se ispovedi, da prizna, da će joj potom odrediti oštru kaznu (*...penance strait...*) te da će je prisiliti da vrati iglu, jer – ako ne posluša, du-šebrižnik će je uputiti u Pakao: *Mi dobijamo (zadržavamo) našu iglu, inače Gospa Čet nikad neće proći kroz vrata Raja (neće ući u Raj)!* Da bi se održao zadati broj slogova, kao i da bi se postiglo rimovanje s prethodnim stihom, prevod ovde glasi: *Nama naša igla, il' Gospi Čet nema Raja!* Zanimljivo je da je oblik *'se* u popularnom izražavanju funkcionisao kao *is*, a ovde tumačenje kombinacije *We'se have...* može jedino da je: *We're going to have...* ili *We're to have...* U napomenama 277 i 278, na primer, komentarisan je stih čiji prvi deo glasi *Thou'se pay for all,...* , pa tumačenje oblika sa *'se* kaže da bi tu para-fraza bila: *You are going to pay for all...* ili *You are to pay for all... .*

[284] I ovde je originalan stih prilično glomazan: *'Chold you forty pound that is the way your nee'le to get again!* a prevodni stih *Kladim se u pare, tako ćeš da iglu vratiš 'vamo!* na kondenzovaniji i tečniji način iskazuje poruku koja bi doslovno glasila: *Ulažem ti (Kladimi ti se u) četrdeset funti da je to način da svoju iglu dobiješ nazad (da povratimo tvoju iglu)!*

[285] Još jedan dosta dugačak i sadržinom nabijen originalan stih: *'Chill have him straight! Call out the boy – we'se make him take the pain!* preveden je sažetije

kao *Odma' da dođe! Malog zovi – da trči tamo!*, dok bi puno, doslovno, značenje bilo: *Odma' da mi dođe ovamo! Zovi dečaka da izađe – ima da mu naredimo (da mu tražimo) da se potrudi (pomuči)!* I ovde se javlja forma *we 'se* (nap. 283) u značenju kao *we 're going to*. Imenica *pain* je od starofrancuskog oblika *peine*, od latinskog *poena*, a i u savremenom engleskom jeziku postoje izrazi *to take pains*, ili, konkretnije, *to take the pain*, u značenju *truditi se, potruditi se, naprezati se*. Umesto s *...da se napregne!* ili *...da se pomuči!* ovde je stih završen sa *...da trči tamo!* kao nagoveštaj, kao objašnjenje, čime to služinče Koki treba da se pomuči – da najbrže što može otrči po Paroha Pacoja.

[286] Prevodni stih *Trk popu Pacoju, brzo, polomi se!* opet jezgrovitije izražava poruku originalnog *Hence swithe to Doctor Rat, hie thee that thou were gone!*, u čijem se prvom delu javlja prilog *swithe,* od srednjoengleskog *swithe* ili *swythe*, od ranijih staroengleskih oblika, u značenju *vrlo mnogo, vrlo jako, izuzetno, iz sve snage, snažno, ljuto, besno, naročito*, tako da bi početak *Hence swithe...* mogao da se izrazi i kao *Iz sve snage odavde...* ili *Što te noge nose odavde...* U kasnijem toku stiha to je ponovljeno, i pojačano, u *...hie thee...*, upotrebom neprelaznog i/ili povratnog i/ili prelaznog glagola iz staroengleskog perioda *hie*, u značenju *žuriti, požuriti, hitati; žuriti se, požuriti se*.

[287] Prvi deo originalnog stiha glasi *Shalt have him at his chamber,* što bi doslovno značilo *Naći ćeš ga u njegovim odajama*, a u cilju kondenzovanijeg izražavanja dat je prevod *Nađeš ga u dvoru*, dok je za drugi deo stiha – *or else at Mother Bee's;* ponuđen prevod *il' kod* Pčele *na pivu je;*. Pivo u ovom stihu nije eksplicitno pomenuto, ali prevodnom stihu služi da bi se shvatilo da je *Pčela* u stvari krčma, pivnica. Zbog potrebe da se održi zadati broj slogova naziv te krčme najjednostavnije je bilo izraziti kao *Pčela* (možda *Kod pčele*), mada originalno *Mother Bee* dopušta i pretpostavku da je taj naziv: *Kod Matice*, ili *Kod Mame pčele*, ili *Kod Babe pčele*, ili možda *Kod Mame Bi*, ili *Kod Babe Bi*.

[288] I na ovom mestu prevodni stih mora da je sažetiji, tako da prevod *Il' ga traži kod Filčera, pošto čujem priču* – traži da se dodatno zaključi da je reč o ugostiteljskom lokalu Hoba Filčera – *Else seek him at Hob Filcher's shop,...* Zanimljivo je da se za ime *Hob* navodi da je u stvari deminutivna forma od *Robert* – kao kad bi se kazalo *Rober(t)če*, dok bi popularnoj idiomatskoj kombinaciji *Hob and Dick* odgovaralo srpsko *Janko i Marko*. I prezime Filcher može da se

doživi kao vrlo zanimljivo – u osnovi mu je prelazni glagol *filch*, sa značenjem *krasti, ukrasti, vršiti sitne krađe, kraducati, kraduckati.*

[289] Dokaz da se i u prethodna dva stiha govori o pivnicama (i, posredno, o pivu) daje originalni stih *There is the best ale in all the town, and now is most resorted. – Njemu piće najbolje u gradu, pivu tamo kliču.* Najbolje pivo u gradu ima, dakle, Hob Filčer (nap. 288), a drugi deo stiha kaže da je njegova pivnica najposećenija (u poslednje vreme), dok se prevodni stih završava s *...pivu tamo kliču.* da bi se ostvarilo rimovanje sa završetkom prethodnog stiha.

[290] Na Kokijevo pitanje da li da dovede Paroha Pacoja sa sobom (sad kad otrči da ga pronađe i obavesti da ga je poslala Baba Gerton), gazdarica odgovara *Yea, by-and-by, good Cocke.*, u prevodu: *Jašta, odma', dobri moj.* Osnovno značenje priloške fraze *by-and-by* (pisane i kao *by and by*) jeste *uskoro, ubrzo.* [291] Poslušni i vredni Koki obećava da će dati sve od sebe da ispuni zadatak: *Shalt see that [he] shall be here anon, else let me have [one] on the dock! – Ima da bude smesta tu, il' ajsni me po guzici!* Završni deo stiha mogao bi da se parafrazira kao *...or swat me on the butt.* Zanimljivo je reći da imenica *dock*, iz srednjoengleskog perioda, ima značenje *čvrsti deo životinjskog repa.*

[292] Doslovno značenje originalnog stiha *And Ich doubt not but she will make small boast of her winning* bilo bi: *I ne sumnjam ja da će se ona tu i tamo* (pomalo) *hvalisati da je pobedila.* Prevod je u skladu s opštim načinom izražavanja Babe Gerton: *I, znam, ima da se duva da me pobedila.*

[293] Originalni stih *Now let Ich doubt what Gib should mean, that now she doth so dote!* značio bi: *I sad se ja pitam šta li Gibi to znači, što sad tako nešto čudno radi!* Značenja glagola *dote* ili *doat* već su objašnjena (nap. 248). Iz prethodna dva stiha vidi se da Tibu zbunjuje i plaši to što se Giba isteže iza vrata, nadima se, kao da ostaje bez daha ali se i trudi da nešto izbljuje – možda da izbaci lopticu od progutanih dlaka. Zbog toga je ponuđen prevod *Ne znam što stenje, neke dlake kašlje i bljuje!*, koji svojim završetkom začinje rimovanje s narednim stihom.

[294] Prevodni stih ovde počinje s *De, 'ajde 'vamo!*, dok bi početak originalnog stiha *Hold hither!* doslovno značio *(Pre)daj je ovamo!* Hodž žustro i ishitreno

traži od Tibe da mu (pre)da mačku jer je ubeđen da ona tako krklja i kašlje zbog toga što joj se igla Babe Gerton preprečila u grlu!

[295] Posle stiha *Ne? Znam ja da u zemlji nigde* dolazi prevodni stih *Međ' Temze i Tajna ugursuza k'o što Giba je;* Originalni stihovi glase: *No? Ich knows there's not within this land / A murrainer cat than Gib is, between the Thames and Tyne;* Za Hodža je Giba *ugursuz,* a zanimljivo je da on kao pridev, i to u komparativu, upotrebljava reč *murrain,* čije su poreklo i imeničko značenje već objašnjavani (nap. 52, 214, 237). U ovakvom svom izražavanju, koje inače obiluje preterivanjima, Hodž tvrdi da na čitavoj velikoj teritoriji između reka Temze i Tajna ne postoji takva mačka – on dakle zna i za Temzu i za Tajn, a poznato mu je i da je između njih veliki raspon, velika teritorija. Temza je reka koja teče kroz južnu Englesku, a u donjem toku prolazi kroz London pa nastavlja do Severnog mora. Duga je 346 kilometara, i jedan je od najvažnijih vodenih puteva u Engleskoj. Tajn je reka na severoistoku Engleske, dužine 100 kilometara. Nastaje spajanjem reka Južni Tajn i Severni Tajn kod Heksama u oblasti Nortamberlend, a uliva se u Severno more. U vremenu događanja radnje ove komedije ta reka je i ne naročito obrazovanim likovima možda bila poznata i zbog toga što je još od 13. veka bila važan put za prevoz uglja. Pošto likovi u komediji govore dijalektom juga Engleske, verovatno ima mesta pretpostavci da je njihova varošica negde iznad leve obale Temze, severno od Londona, unutar teritorije između Temze na jugu i Tajna na severu.

[296] Pošto je jadna mačka progutala iglu, kako Hodž smatra, nema joj spasa. Baba Gerton međutim, misli da je u pitanju neka kriva pribadača, a svoj strah od posledice izražava rečima: *And then farewell, Gib! She is undone, and lost – all save the skin.* Za prevod: *I – zbogom Gibo! Crkac, ode sve sem kože njene.* nije bilo dileme, a očigledno je i to da Baba Gerton u svom zaključku *...ode sve sem kože njene.* ne improvizuje, ne govori ništa novo; saznajemo, dakle, da je na selu bio običaj da se mačku oderu kad crkne, da bi im od nje makar ostalo krzno.

[297] Hodž uporno insistira na svom ubeđenju da mačka nije progutala ništa drugo do iglu koju toliko traže, i do koje je u ovom trenutku najviše stalo upravo njemu: *'Tis your needle, woman, I lay! Gog's soul, give me a knife, – Tvoja igla, ženo, čuj! E, neki nož mi dajte,.* Toliko je siguran da je spreman da se kladi, pa zato i nož traži – da bi rasporio mačku i izvadio iglu! Hodžovo *...I lay!* je u značenju

...I bet!, pošto glagol *lay* može da se upotrebi u sažimanju izraza *lay a wager*, ili *lay a bet – kladiti se, opkladiti se*. Uzvik *Gog's soul*, kojim počinje drugi deo stiha, u prevodu je izostao usled potrebe da se održi potreban broj slogova; oblik *Gog* i uzvici kao *Gog's bones, Gog's cross, Gog's death, Gog's malison, Gog's soul*, i slični vrlo su česti u govoru likova ove komedije, pa su na velikom broju mesta i komentarisani (nap. 24, 57, 69, 71, 93, 120, 171).

[298] Prevodni stih *Dobro d'izgulim! Da vidim šta u petlji je!* daje suštinu originalnog *'Chill see what's in her guts! 'Chill take the pains to rake her!* premetnutim redosledom radnji koje Hodž nagoveštava. Doslovan prevod bi kazao: *Da vidim (Videću) šta joj je u crevima (u utrobi)! Pomučiću se da je izgrabuljam!* Imenica *gut* je iz staroengleskog perioda, i anatomski je naziv za *crevo*; množinski oblik *guts* u familijarnom registru, u popularnom izražavanju, znači: *creva, utroba*; *trbuh, stomak*, ali je ovde slobodnije rečeno *petlja*, to jest *...petlji...* kako ne bi bio probijen broj slogova; izraz *to have (the) guts* znači *imati srce, imati odlučnost, imati tri čiste, imati petlju*. Što se tiče množinskog oblika *pains*, u izrazu *to take pains* on daje značenje *truditi se, potruditi se, naprezati se*. Među brojnim značenjima glagola *rake*, iz staroengleskog perioda, sreću se i: *čačkati, čeprkati, pretražiti, pretraživati*, u familijarnom registru *precunjati*; *iščeprkati, iščeprkavati*. Suština napomene ovde je da je posle zgranute intervencije Babe Gerton i Hodž shvatio da „nemaju drugu mačku" i da ne treba da raspori Gibu nožem; on sada odlučuje da joj crevo iščeprka prstima, otpozadi, i zbog toga traži od Tibe da mačku čvrsto drži i da joj podigne rep. U prilog ovakvoj slici, odnosno ovakvom shvatanju onoga što se sada dešava, ide i sadržina sledeće Hodžove replike: *Šta! Misliš da ja ne mogu to!? / Onomad Tom iščeprk'o kusova, s nogu, u štali, prosto!* (nap. 299)

[299] U prevodnom stihu *Onomad Tom iščeprk'o kusova, s nogu, u štali, prosto!* po svim prisutnim elementima jasno je da je *kusov* u stvari *kus konj*, čime se dokraja razrešava i moguća dilema postavljena u Hodžovom monologu na samom početku III čina: da li se *cur-tail* u stihu *Tom Tankard's great bald curtail, I think, could not break it!* odnosi na Tomovu *džukelu* ili na Tomovu *konjinu* (nap. 227). U oba slučaja, dakle, Hodž misli na Tomovog krupnog *konja* sirove snage, s podsečenim repom.

[300] Poslušni Koki se već vratio, i sada se, pošto je utrčao s ulice, obraća Babi Gerton: *Gammer, 'Chave been thereas you bade, ye wot well about what.* U nastojanju da dočara njegovu priprostu detinjastu prirodu, prevod se odlučio za uzvični završetak, formalno upitnog karaktera: *Bako, bio tamo gde reče, znaš već zašto, a?* dok bi doslovni prevod glasio: *Bako, bio sam tamo gde si me poslala (gde si zapovedila), znaš ti dobro zbog čega (kojim poslom).* Složeni prilog *thereas* je poreklom od fraze *there as*, a zastareo je u značenju *where, in the place where – gde, na mestu gde, na mestu na kojem.* Prilog *there*, s osnovnim značenjima *tamo; onde, onamo; tu; u tome; eto; eno; s one strane, preko, na onoj strani; tamo gde, gdegod, gde* (starinsko), potiče iz staroengleskog perioda, a poznat je po velikom broju kombinacija s pridevima i prilozima: *thereat, thereby, therefor, therefrom, therein, thereinafter, thereof, thereon, thereto, thereunder,* itd. Pojava ovih složenih priloga i njihove brojne upotrebe uglavnom su arhaičnog karaktera ili vezane za vrlo formalne nivoe izražavanja, naročito u tradicionalnom jeziku pravne struke. Oblik *bade* je prošlo vreme nepravilnog glagola *bid (bid - bade - bidden;* ili, u kasnijim vremenima, *bid - bid - bid),* iz staroengleskog perioda, s osnovnim značenjem *narediti, zapovediti;* često se javlja i u značenjima *pozvati; objaviti, oglasiti* (u arhaičnom izrazu); *nuditi, ponuditi, licitirati.* Glagol *wot* se javlja na velikom broju mesta, čest je u upotrebi likova ove komedije, i već je posebno objašnjen (nap. 39).

[301] Koki kaže da će uskoro da dođe i Paroh Pacoje, i sa sigurnošću dodaje: ...*da, smem da s'kunem na knjigu.* Na više mesta (nap. 145, 192) već je objašnjeno da je u upotrebi ovih likova reč *book* jednostavno *pismo,* ili *knjiga,* pri čemu se misli na *Sveto pismo,* na *Svetu knjigu –* dakle na *Bibliju.* Koliko je siguran u to što govori vidi se po tome što kaže da *sme da se zakune na knjigu –* koristi oblik *durst* (nap. 32, 192), što je formalno starinski oblik prošlog vremena neprelaznog glagola iz staroengleskog perioda *dare – smeti, usuditi se, drznuti se.*

[302] Na pitanje Babe Gerton o tome gde je pronašao Paroha Pacoja revnosni Koki odgovara: *Yes, yes, even at Hob Filcher's house, by him that bought and sold me;* Prevod kondenzovanije kaže: *Da, da, kod Hoba Filčera, onoga mi što me iskupi;* dok bi doslovan prevod glasio: *Da, da, čak (tačno) kod Hoba Filčera (u kući Hoba Filčera), tako mi onoga koji me je (ot)kupio i prodao;.* O tome šta je zanimljivo u vezi s imenom *Hob* i prezimenom *Filčer* već je dato

objašnjenje (nap. 288), dok bi za drugi deo stiha moglo da se kaže da ... *by him that bought and sold me* u stvari znači ...*by Jesus Christ*. Činjenica je da je „onaj koji me je kupio i prodao" u stvari „onaj u čijoj sam vlasti" ili „onaj kom pripadam", a za svakog iskrenog hrišćanina to jeste Isus Hrist; pošto je Hrist stradao da bi svojom žrtvom *iskupio* sve one koji u njega veruju, prevodni stih je donekle slobodno na ovom mestu rekao ...*onoga mi što me iskupi.*

[303] Kad opisuje gde je i kako zatekao Paroha Pacoja, dečak Koki kaže: *A cup of ale* [he] *had in his hand, and a crab*[apple] *lay in the fire.* Prvom delu prevodnog stiha *Kriglu piva drž'o on, a jabuke na vatri dve.* nije potreban nikakav komentar, dok za drugi deo može da se kaže da se poslužio s *dve* jabuke na vatri da bi se omogućilo, to jest pripremilo, rimovanje s narednim stihom. Doslovni prevod ovog drugog dela mogao bi da glasi: ...*a jabuka je ležala u (na) vatri.* U vezi s imenicom *crab*, odnosno *crab*[*apple*], i s tadašnjim načinom služenja pečene jabuke u krčmama, pivnicama (*ale-house*) objašnjenje je već dato u napomeni br. 108. Što se tiče imenice *ale*, ona je iz staroengleskog jezika, a značenje joj je (*lako*) *pivo*. Reč je o vrsti piva koja se tradicionalno varila (kuvala) od ječmenog slada procesom tople fermentacije s malo pivskog kvasca. Kvasac dovodi do fermentacije brzo, i tako se dobija slatkast pun ukus koji podseća na voćni. Većini vrsta piva dodaje se hmelj, koji pomaže da se napitak očuva, pri čemu i dodaje onu gorkastu biljnu aromu koja neutrališe slatkoću slada. Tokom vekova za različite vrste piva nastali su i korišćeni su različiti nazivi, u zavisnosti od toga da li je pivo vareno uz dodatak hmelja (*beer*) ili bez hmelja (*ale*). Kad se zna ta razlika u sastavu i ukusu, razumljivo je što je slatkasto pivo bez hmelja – *ale* – moglo da se služi toplo, najčešće mlako, i što je često bilo praćeno voćem, najpre jabukom.

[304] Originalni stih glasi *'Chad much ado to go and come, all was so full of mire.*, što znači da se Koki žali kako je morao da žuri tamo i nazad, a sve vreme po blatu: *Namuči' se tamo, nazad, blato na strane sve.* Imenica *ado* ima brojna značenja (*komešanje, uskomešanost; užurbanost; huka, buka, galama, larma, graja, vika, vreva*), ali su za upotrebu u ovom primeru najvažnija: *činjenje, rađenje; nezgoda, muka, trud*, tako da bi *I had much ado* značilo: *Stalo me je dosta muke, Imao sam dosta muke, Namučio sam se.* Imenica *mire* je iz srednjoengleskog perioda, a značenja su joj: *blato, blatište, glib, kaljuga, prljavština.* Kokijevo ...*all was so full of mire. – ...blato na strane sve.* trebalo bi

da nam pomogne da shvatimo pod kakvim su se uslovima tada odvijala kretanja od (tog) sela do (centra) varoši, odnosno u kakvom su stanju bili tadašnje „ulice" i drumovi u engleskoj provinciji.

[305] Originalnom stihu *I'd hold a penny* [he] *can say something your nee'le again to fet.* praktično doslovno odgovara ponuđeni prevodni stih *Peni dajem, kako iglu tebi da vrati on znaće.* Jedina napomena mogla bi da se odnosi na upotrebu glagola *fet,* koji je ovde u značenju *naći, pronaći; doneti, vratiti,* što se dosta razlikuje od već sretanih i diskutovanih upotreba i značenja (nap. 150, 172, naročito 254).

[306] Prevodni stih *Lepo ti to sve, Koki. Valda časiti neće* na kondenzovan način daje smisao originalnog *'Cham glad to hear so much, Cocke. Then trust he will not let,* dok bi doslovan prevod bio: *Drago mi je da to sve čujem, Koki. Onda se nadam (verujem) da on neće oklevati (odugovlačiti).* Zanimljiva je upotreba glagola *let,* koji u sprezi sa značenjem narednog stiha ovde verovatno treba da znači *oklevati, odugovlačiti, razvlačiti,* ali kao neprelazan može da znači i *pretvarati se, praviti se, praviti se Toša, praviti se nevešt,* tako da je drugi deo originalnog stiha možda moguće shvatiti i kao *...Onda se nadam da nas neće prevariti (da nas neće izdati, da se neće praviti da je zaboravio,* i sl.).

[307] U prevodnom stihu *Unutra 'aj'mo. Ako mrva ima, ješćeš ti.* rečju *mrva* izraženo je *aught* iz drugog dela originalnog stiha *Let us go in. If there be aught to get, thou shalt have some.* Imenica *aught* je iz staroengleskog perioda, a značenja su joj: *najmanji deo, ma šta, ma što, išta.* Prava slika o imovnom stanju domaćinstva Babe Gerton dobija se kad se uzme doslovno značenje drugog dela ovog stiha: *Ako makar i mrvu imamo (nađemo unutra, u kući), ti ćeš dobiti (malo) nešto od toga.*

[308] Originalni stih *A man were better twenty times be a bandog and bark,* kondenzovano je preveden kao *Dvaj's puta bolje kerina biti i lajati,* dok bi doslovan prevod mogao da glasi: *Čoveku bi dvadeset puta bolje bilo da je pas na lancu i da laje,.* Imenica *bandog* znači *pas na lancu,* a može da se javi i kao: *ptičar, lovački pas.* Sama reč *bandog* javlja se i kao termin *bandogge,* a nastala je u drugoj polovini 13. veka u srednjoj Engleskoj kao naziv za soj snažne građe nalik na mastifa; takav pas je po danu vezivan lancima, a noću je puštan da čuva okućnicu

i imanje od mogućih upada. U svakom slučaju, Paroh Pacoje ovde počinje monolog kao žalopojku na sopstveni položaj, pa kaže da bi rado pristao i da ima gazdu kome služi, vezan na lancu ili obavezan da mu ide uz nogu i da ga sluša.

[309] Paroh Pacoje bi, dakle, pre da bude pas na lancu no paroh ovakvim ljudima (u ovoj varošici, u ovom selu). Prevodni stih *No međ' ovakvima paroh da si im,* u potpunosti prenosi značenje originalnog *Than here among such a sort be parish priest.* Imenica *sort* je iz francuskog jezika, a među brojnim značenjima osnovna su: *vrsta, sorta, fela;* tako bi *such a sort* u sredini originalnog stiha bilo: *such people as these – ovakvi (ljudi) kao što su ovi.* Mnogo oštriji smisao, možda i pravi, željeni, dobija se ako se ima na umu jedno zastarelo značenje ove imenice – *bagra, (rđava) družina, šljam.*

[310] Prevodni stih *Od opajdare do lopova, cipeli propast,* sasvim odgovara smislu originalnog *Here to a drab, there to a thief, his shoes to tear and rent,* odnosno suštini parohovih žalopojki u ovom monologu – on spada s nogu radeći svoj posao, idući od jednog parohijana do drugog, ne hajući pri tom za njih, što se vidi iz činjenice da o njima govori koristeći pogrdne izraze; žao mu je cipela, jer ih haba i troši. Imenica *drab* je objašnjena u napomeni br. 181, a o njoj je bilo reči i u napomenama br. 214, 248, 269. Osnovna značenja prelaznog glagola *tear* su: *cepati, pocepati, iscepati, procepiti, derati, razderati, razdirati, proderati, rastrgnuti, rastrzati; raskomadati.* Oblik *rent* koji ovde srećemo odgovara preteritu i prošlom vremenu arhaičnog glagola *rend (rend - rent - rent);* pridev *rent* ima značenja *pocepan, poderan, podrpan, izderan, iskidan,* dok su značenja imenice *rent: pocepotina, poderotina; pukotina; naprslina, prskotina;* u figurativnom smislu *rascep,* na primer *rent in a party – rascep u stranci.*

[311] Parohu je u stvari najgore to što kao da je on tu da posluša i udovolji „svakom slušče tu": *And that which is worst of all, at every knave's commandment. – I, najgore, svakom da si slušče tu na zapovest.* O imenici *knave* posebno je već bilo reči (nap. 216, 235), tako da je jasno da bi umesto *...svakom da si slušče tu na zapovest.* moglo da bude i *...svakom da si lupežu na zapovest.* ali je ipak verovatnije da je paroh na ovom mestu pod utiskom činjenice da mu je ovaj, najnoviji, zadatak donelo služinče (dečak Koki) koje je dotrčalo da ga pozove u selo; i – on sada mora da *posluša* to *služinče.* Za imenicu *command-*

ment može da se kaže da je iz francuskog jezika, a da su joj značenja: *zapovest, naredba, naređenje*; takođe *zakon, ukaz, propis*, na primer biblijsko *Ten Commandments – Deset zapovesti.*

[312] U nastavku parohovog monologa punog jadikovki nad sopstvenom sudbinom odnosno nad poslom koji obavlja nailazi stih *And she was sick, and I must come, to do I wot not what;* iz kog je jasno da mu je teško palo to što je morao da dođe, na Kokijevo dotrčavanje i poziv. Prevodni stih *Te njoj je zlo, te moram da dođem, ne znam što* ja; ima unekoliko slobodan završetak, između ostalog i zbog potrebe da se pripremi rimovanje s narednim stihom. Doslovan (precizan) prevod završnog dela *...to do I wot not what;* glasio bi: *...da (u)radim ne znam šta;* a moglo bi slobodno da se kaže i: *...ne znam samo šta ću;*. Glagol *wot* se već javljao na više mesta, a podrobno je objašnjen u napomeni br. 39.

[313] Prevodni stih *A da se oglušim, tada samo gubim tako,* potpuno odgovara smislu originalnog *And when I come not at thy call, I only thereby lose,* koji bi u doslovnom prevodu mogao da glasi: *A kad ne dođem na tvoj poziv, ja time samo gubim* (*na gubitku sam*), što je početak objašnjenja suštine parohove pozicije, odnosno načina na koji funkcionišu i kompenzaciju dobijaju njegovi odnosi s parohijanima – on prosto mora da se odaziva na sve pozive, jer samo tako može da očekuje da će biti čašćen, da će dobiti nešto za uzvrat; zbog toga, s druge strane, sve radi mrzovoljno, lenjo i s jadikovanjem. Među brojnim značenjima priloga *thereby* za razrešavanje ovog mesta najvažnija su: *time, pomoću toga, zbog toga*; u vezi s tim, u odnosu na to, u tome.

[314] Nastavljajući se na prethodni stih, ovaj stih je samo ilustracija čega bi se paroh lišio, šta bi izgubio, kad se ne bi odazvao: *Jer, znam – ništa od svinjčeta il' od guske nikako.* Vredi objasniti da je *svinjče* u originalnom stihu *tithe-pig,* a da je *tithe* imenica iz staroengleskog perioda u značenju *desetina, deseti deo, desetak; mali deo.* Dakle, na ime *desetka* kao načina da naplati svoje usluge, očekivao bi *svinjče,* ili možda gusku, i ko zna šta sve još, zavisno od toga šta koja kuća ima da mu dâ. Siroti seoski živalj nije imao novca da njime podmiruje desetak crkvi, već je svešteniku davao svoje proizvode, odvajao od svoga domaćinstva.

[315] Prevodni stih *Ono za šta dođo' ne vredi više ni kisla piva što vri;* slobodnije izražava, u cilju postizanja potrebnog broja slogova, kao i rimovanja, drugi deo originalnog stiha *The matter which about I come is not worth a halfpenny worth of ale;*, čije bi doslovno značenje bilo: *...ne vredi ni kol'ko mlaka piva za pola penija;* Pivo koje pominje paroh na ovom mestu, kao i ostali likovi na svim drugim brojnim mestima u komediji, jeste *ale*, tradicionalno omiljena vrsta, o kojoj je bilo reči u napomeni br. 303.

[316] Paroha u stvari muči to što u svem svom nezadovoljstvu nema izbora. Svesno zaključuje: *Yet must I talk so sage and smooth, as though I were a glosier, – A opet, moram sve mudro, blago, k'o peza neka,.* Oblik *sage*, ovde prilog, pre svega je pridev, preuzet iz francuskog jezika, od poznolatinskog *sabius*, od *sapere – biti mudar*; značenja: *mudar, pametan; razborit, razuman, vispren*; u ironičnom smislu: *mudar ("pametnjaković")*. Imenica *glosier*, sinonimna s *flatterer*, u osnovi ima starofrancuski neprelazan glagol *gloze*, sa značenjem *slatkorečivo zboriti*.

[317] Koliko god mu je krivo što u stvari mora da čini napor, da dođe i da bude ljubazan, da se prosto ulaguje, paroh zaključuje: *Else or the year come at an end, I shall be sure the loser! – Il' godina kad dođe kraju, za mene ti ni leka!* Drugi deo prevodnog stiha koristi određenu slobodu da bi se postigao potreban broj slogova i da bi se ostvarilo rimovanje s prethodnim stihom, inače bi doslovan prevod glasio: *...ja ću sigurno biti gubitnik!* to jest *...ja ću sigurno biti na gubitku!* ili *...ja ću sigurno biti na šteti!* Ako se sada ne pojavi, i ako nije slatkorečiv, na kraju godine od Babe Gerton neće dobiti prase ili gusku kao poklon za Božić. Ovim stihom paroh zaključuje svoje sumorno jadikovanje, da bi već u sledećem trenutku, u sledećem stihu, opet bio licemerno blag i predusretljiv – ugledao je Babu Gerton, koja se pojavila iz svoje kuće.

[318] Paroh je odjednom ljubazan i glumljeno raspoložen: *What work ye, Gammer Gurton? Ho! Here is your friend Doctor Rat!*, pa je i prevodni stih *Šta radiš, Bako, Baba Gerton? Tvoj Pacoje, ovde sam!* slatkorečiv, ali nekako prirodnije nego što bi zvučao doslovan prevod, naročito u drugom delu *...Evo tvog prijatelja doktora Pacoja!* Činjenica je da početno *What work ye?* ima funkciju i značenje nekakvog *How are you?* ili *How do you do?*, ali *Šta radiš, Bako,...?* može da zvuči još toplije, naročito ako je pogođena prava prijateljska intonacija.

[319] I Baba Gerton je sada više nego ljubazna – snishodljiva je, na određeni način izražava koliko joj je krivo što „seca" paroha, što je morala da ga muči traženjem da dođe i da razrešava njenu nevolju: *Vala, secam Vas ja, secam, dobro znam.* – prevodni je stih koji sasvim odgovara originalnom *Sooth, 'Cha troubled, 'Cha troubled you, 'Chwot well that.* Napomene je vredna pojava imenice iz staroengleskog jezika *sooth*, koja je zadržala arhaično značenje *istina*, a ovde je upotrebljena kao arhaičan i retko korišćen prilog u značenju *zaista, uistinu, doista, stvarno* – onako kako funkcionišu izrazi *for sooth = forsooth; in sooth, in good sooth* – *zaista, doista, vaistinu; sooth to say, to say sooth* – *istinu reći, pravo rečeno.*

[320] Sada se vidi da je ono prethodno, prvo, parohovo obraćanje *What work ye,...?* ispravno prevedeno kao umilno *Šta radiš,...?* pošto na ovom mestu prevod *A kako si, ženo?* potpuno odgovara početku originalnog stiha *How do ye, woman?.* Drugi deo originalnog stiha *...Be ye lusty or be ye not well at ease?* preveden je kao *Arno li si, il' te nešto muči?*, a napomene je vredna činjenica da je zastarela pojava prideva *lusty* u značenju *pohotan, sladostrastan*; u osnovi mu jeste imenica *lust*, ali kad se odnosi na lica i njihova činjenja pridev *lusty* znači: *snažan, jak, krepak, valjan, čio, bodar, živ, živahan*; zastarelo, ili provincijski ograničeno, jeste značenje koje je ovde verovatno najprimerenije: *veseo, raspoložen.*

[321] Smisao prevodnog stiha *Gadno poteralo; reći ću Vam, Bogo mili!* sasvim odgovara originalnom *'Chad a foul turn now of late; 'Chi'll tell it you by Gigs!* U odgovoru na parohovo pitanje *kako je*, Baba Gerton počinje da se žali na svoju zlu sreću u poslednje vreme, i kao poštapalice u izražavanju koristi fraze *By Gys,...* (na početku prethodnog stiha) i *...by Gigs!* (na kraju ovog stiha). Oblici *Gys* i *Gigs* svakako su „tepanja" u staričinom familijarnom registru provincijskog dijalekta, eufemizmi za *God*, ili, još pre, za *Jesus.*

[322] Za seljaka je uvek tragedija kad krava pobaci tele, ili krmača prasiće. Bakino jadikovanje i priču o tome kako ju je *gadno poteralo* Paroh Pacoje tumači pretpostavkom *Krava bacila tele, krmača prasiće, je li?.* Doslovno značenje originalnog stiha *Hath your brown cow cast her calf, or your sandy sow her pigs?* bilo bi: *Da nije tvoja smeđa krava ispustila tele, ili tvoja riđa krmača prasiće?* Prelazni glagol iz staronordijskog jezika *cast* pored brojnih značenja poput

baciti, bacati, hitati, frljati, ima i značenja: *zbaciti, zbacivati, svući, svlačiti; gubiti, izgubiti; odbaciti, odbacivati; rashodovati.* Pridev *sandy* služi da opiše *boju peska,* ali ne sivu, sivkastu, već *crvenožućkastu, riđastu.* To što Paroh Pacoje zna da je (jedna) krava Babe Gerton smeđa, a da joj je (jedna) krmača riđasta govori u prilog činjenici da je tada, kao i uvek, sveštenik morao često da obilazi svoje parohijane, usled čega je normalno da poznaje njihove ukućane, domaćinstva, stoku, imanje.

[323] Baba Gerton još više sada zbunjuje Paroha Pacoja tvrdnjom da bi bolje bilo da se dogodilo to što on pretpostavlja; završni deo originalnog stiha *...this Ich wot well!* mogao bi da se parafrazira kao *...I know that well!,* čime ona potvrđuje da je sigurna – bolje bi bilo da je krava pobacila tele, a krmača prasiće: *No, but had been as good they had, as this ich wot well! – Ne, al' bolje da su, bolje bi mi bilo, znam!* Dakle, desilo se nešto još strašnije.

[324] Početak originalnog stiha *A dame, Ich warrant you – she began to scold and brawl!* govori o tome da je Baba Gerton sarkastična kad kaže: *Dama vajna – ...* a drugi deo *...poče da kara, dreči i laže!* svedoči o tome da svakako nije reč o pravoj *dami.* Glagol *scold* tumačen je u napomeni br. 42, dok se glagol *brawl* javlja prvi put; on je neprelazan, a značenja su mu: *bučati, galamiti, svađati se, kavžiti se; izazvati/izazivati nemir u crkvi za vreme službe.* Stih je završen s *...i laže* da bi se postigao potreban broj slogova, kao i da bi se obezbedilo rimovanje s narednim stihom.

[325] Hodž se obraća Parohu Pacoju s *Good morrow, Gaffer Vicar!,* što je, da bi se osetilo poštovanje, pojednostavljeno i prilagođeno prevedeno kao *Ljubim ruke, deko pope!* Sasvim doslovan prevod bio bi *Dobar dan, čika župniče!* Imenica *morrow* je iz srednjoengleskog perioda, sa starinskim značenjem *jutro,* tako da je pozdrav *good morrow – dobro jutro,* odnosno *dobar dan.* Imenički oblik *gaffer* je sažet od *grandfather* ili od *godfather,* kao što je *gammer* (*stara; baka, bajka, bajče*) od *grandmother,* i u familijarnoj upotrebi ima zvuk i funkciju otprilike kao srpsko *čika, čiča,* dok u popularnom žargonu može da je *čile, čilac, čilager.* Značenje imenice *vicar,* poreklom iz francuskog jezika, pre svega je *sveštenonamesnik,* sveštenik koji je na dužnosti u parohiji o kojoj se stara ali nije njen stalni, trajni, paroh. Iz jadikovke Paroha Pacoja kojom počinje IV čin oseća se, međutim, da je on ovde već dovoljno dugo, da poznaje sve parohijane, njihove

kuće i domaćinstva, da ga oni neprestano pozivaju i za šta treba i za šta ne treba tako da su mu odavno i dojadili, pa *vicar* za potrebe ovog prevoda jednostavno može da je: *potparoh, seoski paroh, paroh, vikar, župnik.*

326 *Gospodine, 'oću ja!* redukovan je prevod originalnog stiha *By m'fay sir, that ye shall!*, kojim Hodž odgovara na prethodno Parohovo *'Ajde, šta ćeš reći? (Let's see what thou canst say. – Da vidimo šta možeš da kažeš.)* a koji doslovno znači: *Vere mi, Gospodine, sa' ćete da čujete!* Napomene je vredan izraz *By m'fay*, kao familijarno skraćenje u brzom dijalekatskom govoru od *By my faith.* Zanimljivo je da je iz latinskog i starofrancuskog došla i imenica *fay* /fei/ u značenju *mala vila; lepo nežno dete, lepa nežna devojka.*

327 *Al' kad poče da se mrda – znate?* prevodni je stih koji doslovno odgovara originalnom *And as she began to stir her – see now?*, dok *stir* ovde više ima značenje *move around.* Zanimljivo je zapaziti da Hodž već uveliko svaki dah svog iskaza, svaki stih, završava upitnim *...see now? – ...je l' vidite sada?* ili *...je l' znate?* ili, jednostavno, *...znate?*, što je uzrečica koja je upitna samo po konstrukciji i po intonaciji, ali joj svrha nije da pita; Hodž u svom brzanju tom uzrečicom proverava da li ga sagovornik prati i shvata, ali nadasve daje značaj svom iskazu i poziva na dalju pažnju.

328 U prevodnom stihu *Baka onda išla – znate?* oblik *išla* treba shvatiti u značenju *išla tamo* ili *otišla.* U originalu je na tom mestu *...she gae'd...*, gde oblik *gae'd* treba uzeti kao da je u pitanju *went.* Glagol *go* potiče od staroengleskog *gān* i srednjoengleskog *go, goon,* što su oblici koji pokazuju srodnost s holandskim *gaan,* donjonemačkim *gahn,* nemačkim *gehen.* Oblik *went,* koji je savremena forma prošlog vremena glagola *go,* prvobitno je predstavljao jaki oblik prošlog vremena srednjoengleskog glagola *wenden,* od staroengleskog *wendan* (prošlo vreme *wende, gewend),* dok u savremenom engleskom postoji glagol *wend.* Kao prelazan, glagol *wend* se retko koristi, u značenjima: *okrenuti, okretati, promeniti pravac, upraviti, upravljati, ići, putovati, uputiti se; to wend one's way – ići svojim putem*; kao neprelazan, ovaj glagol se u arhaičnoj upotrebi javlja u značenjima *ići, otići, uputiti se.* Vrlo je zanimljivo i to da oblik *gae'd* predstavlja formu prošlog vremena glagola *go* u škotskom jeziku, i ispoljava obrazac koji se zapaža i u primerima poput *belang'd, caa'd, kamed, kend, sell'd.*

[329] *Kad to videh, naljutih se – znate?* prevod je originalnog stiha *When I saw this, I was wroth – see now?*, u kom se u značenju prideva *angry* sreće pridev *wroth*, iz staroengleskog jezika. U arhaičnoj upotrebi, u biblijskim tekstovima i u poetskoj upotrebi značenja prideva *wroth* su: *gnevan, srdit, ljut, jarostan, razjaren*; *wrath at himself – ljut na samog sebe*.

[330] U originalnom stihu *Else, Ich durst take a book-oath – see now? – Il', na knjigu se kunem – znate?* opet srećemo *book – knjiga* u značenju *Biblija*, samo što je ovo prva pojava zakletve *na knjigu*, to jest *na Bibliju* u pridevskoj formi – *book-oath*. Doslovni prevod ovog stiha stoga bi mogao da glasi: *Inače, usudio bih se da se na knjigu zakunem – znate?*.

[331] *Ja da ćutim, šta ću više tu glasno.* prevod je originalnog stiha *And 'Chould fain be quiet, for my part, that 'Chould.* Pošto je Hodž izneo *celu stvar* (*This is even the whole matter, as Hodge has plainly told.*, kako glasi prethodni stih), Baba Gerton sada kaže da sâma i nema šta da doda, da nema potrebe da se ona više čuje. Prilog *fain* je već podrobnije objašnjen u napomeni br. 233.

[332] Paroh Pacoje u suštini bezvoljno, sa željom da što pre ode, kaže: *What would you have me to do? Tell me, that I were gone, – A šta biste da ja? Rec'te, dok ne krenem,*; iz prvog dela prevodnog stiha jasno je da on u stvari pita: *I šta sad vi od mene hoćete?* ili *Šta biste vi da ja sada uradim?*. Završni deo stiha *...that I were gone*, ima značenje *...before I leave*, dakle: *...(Recite mi), pre nego što odem*, ili *...dok sam još tu,*.

[333] Sada već Paroh Pacoje ima posla s neukrotivim vragolanom Dikonom. Na njegovo pitanje o tome da li će se zakleti (da li sme da se zakune) da je video Gospu Čet s iglom *ove žene* (Babe Gerton) Dikon kontradiktorno odgovara: *Nay, by Saint Benit, will I not! Then might ye think I rave! – Jok, Svetog mi Bendika! Pa da buncam – da grdiš mene!*. *Benit* je imenički oblik koji predstavlja provincijalno žargonsko skraćenje i pojednostavljenje (naročito u brzom narodskom, neukom, govoru) imena *Benedict*. *Sveti Benedikt* je hrišćanski svetac *Benedict of Nursia* (*San Benedetto da Norcia*), za koga se zna da je rođen 480. godine, dok se kao godine smrti navode, u različitim izvorima, 543. i/ili 547. Slave ga Katolička crkva i Anglikanska crkva, kao sveca zaštitnika Evrope i studenata. Poznato je da je osnovao dvanaest monaških zajednica u Subijaku

(šezdesetak kilometara istočno od Rima), da bi se konačno povukao u Monte Kasino, u visiji južne Italije. Katolički Red Svetog Benedikta i anglikanski Red Svetog Benedikta nastali su znatno kasnije, i ne predstavljaju monaške „redove" u uobičajenom smislu, već su više konfederacije, savezi, samostalnih kongregacija. U engleskom jeziku imenom *Benidik – Benedick* tradicionalno nazivaju mladoženju, naročito onog koji je ranije umeo da tvrdi da se nikada neće oženiti. Glagol *rave*, upotrebljen na samom kraju ovog stiha, starofrancuskog je porekla, a kao neprelazan ima brojna značenja, od kojih je za ovo mesto najvažnije: *buncati, bulazniti*; *biti u bunilu.*

[334] Na zaprepašćenje Babe Gerton što Dikon sada poriče, to jest odbija da ponovi ono što je njoj ispričao, Dikon kaže: *Aye, marry, Gammer; but I said I would not abide by it.* On tu započinje svoju filozofiju kojom objašnjava, razlaže, zbog čega se ne drži ranije rečenog. Prevodni stih *Jah, Baba; al' reko' da neću ponovo iste priče.* verovatno potpunije dočarava šta on u stvari želi da kaže, shvatljivije nego što bi to bio u stanju doslovan prevod. Glagol *abide* je iz staroengleskog perioda; oblici prošlog vremena su mu *abode* ali i *abided*, dok se prošli particip javlja kao *abode, abided*, ili *abidden*. Retko se javlja u značenju *boraviti, prebivati, stanovati* (s predlogom *with – kod*), češće u značenjima: *ostati, ostajati* (*s nečim* ili *pri nečem*); *povinovati se*; *uzeti, uzimati na sebe*; zatim: *produžiti, produžavati, istrajati*; *čvrsto stajati*; za shvatanje ovog mesta najznačajnije: *čvrsto se držati čega*; *računati na.*

[335] Prvi deo prevodnog stiha *Tad ne mož' da smisli on...* odgovara originalnom *...he would be loath...*, što znači da je još jednom na delu upotreba fraze koja sadrži pridev *loath*, dosta podrobno objašnjen u napomenama br. 181 i 271.

[336] Stih *It may beseem a simple man of your and my degree.* neizostavno mora da se posmatra u nadovezivanju na prethodni: *If such a toy be used oft among the honesty,* tako da se dobije celina poruke: *Ako je takva sitna laž nešto obično među pripadnicima viših slojeva, / Može da liči i običnom čoveku, poput Vas i mene.*; sasvim je onda shvatljivo značenje prevodnog stiha na ovom mestu: *Može valda i kôv obični, kao Vaš i moj.* Glagol *beseem* je iz srednjoengleskog perioda, s bezličnim značenjem *dolikovati, pristojati se*; *her modesty beseemed her well – skromnost joj je dolikovala.* Zanimljiva je upotreba imenice *toy* u prethodnom stihu, gde je prevedena sa *sitna laž*, što je bilo neophodno pošto

se tako angažuju samo tri sloga; ova imenica poreklom iz holandskog jezika ima osnovno značenje *igračka*, ali i značenja: *besposlica, ludorija, budalaština*; *zabavljanje, zabava, dokolica*, pa i *šala, pošalica*. Vredno je zapaziti i upotrebu imenice *honesty* za označavanje *pripadnika viših klasa*, znači onih *uglednih, finih, valjanih*; ova imenica potiče od latinske *honestas*, a značenja su joj: *poštenje, čestitost, časnost, ispravnost, valjanost, iskrenost*; zastarelo značenje je *poštovanost, smernost, krotkost*; takođe zastarelo: *darežljivost*; kao i: *čast, dobar glas*.

[337] Prevodni stih *Zato sklon'te se i ne mrdajte vas troje;* na dosta slobodan način donosi smisao originalnog stiha *Therefore I rede you three go hence, and within keep close;*, čije bi doslovno značenje bilo: *Stoga ja savetujem da vas troje odete odavde, i da se držite unutra zatvoreni;*. Imenica *rede* je objašnjena u napomeni br. 182 (u primeru *What is your rede?*), a oblik *rede* ovde se javlja kao prelazan glagol, poreklom iz staroengleskog jezika, s retko korišćenim oblicima prošlog vremena (*red*) i prošlog participa (*red, rede*), u značenju *savetovati*; važno je i značenje: *tumačiti, objašnjavati*. Značenja i upotrebe priloga *hence* objašnjeni su u napomeni br. 46.

[338] Originalni stih glasi *And I will into Dame Chat's house, and so the matter use*, tako da je ponuđen opet unekoliko slobodan prevod, koji održava potreban broj slogova: *A ja u njenu kuću, da se stvar tako namesti*. Doslovan prevod bi glasio: *A ja idem u kuću Gospe Čet, i tako da iskoristim tu stvar* (ili: *...i tako da vladam situacijom*). Vidi se da *...so the matter use* može da se parafrazira kao *...so manage the situation*. Zanimljivo je zapaziti i da *I will into...* ima značenje kao *I will go into...*

[339] I značenje originalnog stiha *That, ere you could go twice to church, I warrant you'll hear news!* unekoliko je pojednostavljeno, redukovano, jer bi doslovno značenje bilo *Before you could walk to the church and back two times,...* – *Pre (brže) nego što uspete da odete do crkve i nazad dva puta, tvrdim vam (garantujem vam) čućete novosti!* dok je ovde ponuđeno: *Da, dok bi vi do crkve i nazad, bude vesti!* Očigledna je razlika između *...do crkve i nazad dva puta,...* i *...do crkve i nazad...* Zanimljiva je upotreba staroengleskog priloga *ere* – *rano; pre*. Ova reč može i da je predlog (u vremenskom smislu) – *pre, pred*.

[340] Prevodni stih *'Ajde, Diki, sve tako; a, dobri, bež'mo mi.* vrši ovde izvesne modifikacije u odnosu na originalni *Now, gentle Diccon, do so; and, good sir, let us trudge.* Umesto *dobri* (*blagi*) *Dikone* primenjeno je tepanje Babe Gerton *Diki,* umesto *dobri gospodine* (za *good sir*) rečeno je samo *dobri.* Na kraju stiha rečeno je *...bež'mo mi.*, mada je doslovno značenje neprelaznog glagola *trudge – klancati, žipčiti, teško ići, vući se, s mukom koračati, pešačiti.*

[341] Završni deo originalnog stiha *'Tis but a little while, man. What! Take so much pain!* preveden je kao: *...Tol'ko valda može!*, dok bi doslovno značenje bilo: *...Pa podnesi toliko!* ili *Pomuči se za toliko!* O izrazu *to take the pain,* ili *to take pains* bilo je reči u napomenama br. 285 i 298.

[342] Prevodni stih *Pa, da se s'krijemo; i, Dikone, brže ud'ri!* opet iskazuje neku slobodu u odnosu na originalni: *Then let us hie us inward; and Diccon, speed thy business!* Staroengleski glagol *hie* bliže je objašnjen u napomeni br. 286. Na kraju stiha je rečeno *...brže ud'ri!* da bi se ostvarilo rimovanje s prethodnim stihom, inače bi doslovan prevod glasio: *...brže s tim!* ili *...ubrzaj to što radiš!*

[343] *Al' s mojom drūgom Čet treba da pričam tamo,* odgovara originalnom stihu *But Mother Chat, my gossip, talk first withal I must,* u kom se zapaža pojava zanimljive imenice *gossip,* objašnjene još u napomeni br. 2. Arhaični prilog *withal(l)* ima značenja: *pored toga, sem toga, uz to, štaviše; odmah zatim; na to, pri tome; u drugu ruku, uostalom; uprkos toga, uprkos tome; ipak.* Na kraju prevodnog stiha je *...tamo,* da bi se postiglo rimovanje s ostala tri stiha u ovoj Dikonovoj replici.

[344] Da bi se održao potreban broj slogova, i ovaj prevodni stih: *'Bar veče, Gospo Čet, i to na ovom mestu!* redukuje ukupno značenje originalnog *God'even, Dame Chat, in faith, and well met in this place!*, dok bi doslovan prevod mogao da glasi: *Od Boga Vam dobro veče, Gospo Čet, vaistinu* (*iskreno*), *i dobro se sreli na ovom mestu!* Početno *God'even* moglo bi da se shvati kao: *God give you a good evening.*

[345] Prvi deo originalnog stiha *She bore me two or three souses...* donosi upotrebu glagola *bear,* poznatog iz staroengleskog perioda, u značenju glagola

give, takođe i imeničko ponašanje reči *souse* (*tras, tres, bup, bupkac, bubotka*), koja je u provincijskom dijalektu češće korišćena kao prelazan glagol (*aknuti, tresnuti*), i kao neprelazan glagol (*tresnuti, ljusnuti, bupnuti*). Tako prevodni stih *Tresnula me ona dva-tri puta u potiljak,* sasvim odgovara suštini poruke originalnog stiha.

[346] U prevodnom stihu *Dok joj ne stisnuh matoru gušu onu, „Kljak!"* potpuno je jasna suština originalnog *'Til I made her old weasand to answer again, "Keck!"*, a napomene su: *'til* je način pisanja koji ukazuje na to da je upotrebljen skraćeni oblik sveze *until*, a ne sveza *till* s istim značenjem: *dok, dok ne; sve dok, sve dok ne*; reč *weasand* je poznata iz staroengleskog perioda kao anatomski termin, danas zastareo – *dušnik*; onomatopejska reč *keck* je neprelazan glagol u značenju *rigati, podrigivati; gaditi se*. Tako bi doslovan prevod ovog stiha mogao da glasi: *Dok joj ne isterah iz matorog dušnika opet „Grok!"*, a prevodni stih je ipak završen s *„Kljak!"* da bi se postiglo rimovanje sa završetkom prethodnog stiha *(...potiljak,)*.

[347] U svom trijumfu, Gospa Čet objašnjava Dikonu kako bi se Hodž loše proveo da nije pobegao; prevodni stih *Da mu noge od ruku ne behu jači broj,* uobličen je i završen u skladu s potrebom da se postigne rimovanje s prethodnim stihom. Doslovno značenje originalnog stiha *If one pair of legs had not been worth two pair of hands,* bilo bi: *Da (mu) jedan par nogu nije bio vredniji od dva para ruku,*.

[348] Originalni stih *As though he would have slain the master devil Beelzebub;* slobodno je preveden s: *K'o za juriš na đavola svih đavola bivak;*, dok bi doslovno značenje bilo: *Kao da bi ubio vrhovnog đavola Velzevula;*. *Beelzebub*, ili *Beel-Zebub*, drugo je ime za *Đavola*, koje se sreće u poznijim hrišćanskim i biblijskim izvorima. U hrišćanskoj demonologiji *Velzevul* je jedan od sedam prinčeva Pakla, prema katoličkom poimanju Pakla.

[349] Prvi deo stiha *Even now I saw him last. Like a madman he fared!* doslovno bi značio *Koliko sada videh ga poslednji put.*, tako da ne može biti dileme po pitanju shvatanja smisla: *Baš maločas ga vido'*. Među brojnim značenjima priloga *even* za rešavanje ovog mesta najznačajnije je značenje: *istom, baš, istoga trenutka*; *even as he was speaking a shot rang out* – *istom dok on govoraše, odjeknu pucanj*.

[350] Drugi deo stiha *Even now I saw him last. Like a madman he fared!* doslovno
bi značio: *Kao ludak se pokazao!*, ili *Kao ludak se ponašao!*, tako da je prevod
K'o ludak se drži! sasvim zadovoljavajuće rešenje. Glagol *fare* je poznat još iz
staroengleskog perioda, a među brojnim značenjima ovde je najvažnije: *ispasti, desiti se; biti; postići, postizati; napredovati.*

[351] Stihom *And leave you never a hen alive by seven of the clock tomorrow!*
Dikon želi da uplaši Gospu Čet, lažući doslovno: *I da ti nijednu kokoš živu ne
ostavi do sedam sati sutra ujutru!* Prevodni stih govori to isto (da će Dikon da
joj pobije sve piliće tokom te noći), samo drugačijim redosledom reči i završetkom koji uspostavlja rimovanje s krajem prethodnog stiha: *Kad sedam
ujutru bude da kokoš više nemaš živu do tad!* Ovde vredi zapaziti upotrebu
priloga *never*, poznatog još iz staroengleskog jezika, u značenju *nijedan –
never a...*; *never a one – nijedan, niko, ni jedan jedini.* Karakteristična je i
upotreba razloženog oblika *of the clock*, na mestu gde bi se kasnije (danas
isključivo) koristilo *o'clock.*

[352] Doslovno značenje originalnog stiha *Well, yet take heed, I say! I must tell
you my tale round.* bilo bi: *Dobro, al' opet pazi, čuj me! Moram da ti zaokružim
moju priču.*, čemu sasvim odgovara ponuđeni prevodni stih *E, paz' se, reko'!
Da se cela priča mi sroči.* Imenica *heed*, kao i potpun izraz *to give/pay/take
heed to/of sth.*, objašnjeni su naročito u napomeni br. 221. Prilog *round*, od
odgovarajućeg pridevskog oblika poznatog u staroengleskom, starofrancuskom
i latinskom, ima brojna značenja, među kojima su ovde najznačajnija: *okolo,
naokolo, uokolo, unaokolo*; a posebno: *odreda, bez razlike, skupa.*

[353] Originalni stih ovde glasi: *Have you not about your house, behind your furnace or lead*, što je prevedeno kao: *Je l' nemaš ti za kućom, 'spod kazana i
peći*, s napomenom da je redosled reči na kraju usklađen s potrebom da se
postigne rimovanje s prethodnim stihom, inače bi glasio *... 'spod peći ili
kazana,.* Reč *about* je ovde upotrebljena kao predlog, koji u odnosu na prostor, a i u figurativnom smislu, znači: *oko, okolo, unaokolo, uokolo, naokolo;
svud unaokolo, svuda, svugde, ovde-onde, tamo-amo; po; u, kod, pri, s, sa;
blizu.* Za imenicu *lead* treba napomenuti da se odnosi na *korito; valov; veliko
bure, kacu, bačvu* slično kao imenica *vat*, koja se javlja još u periodu staroengleskog jezika; u svako slučaju, reč je o *buretu, o kazanu, za varenje piva.*

[354] U prevodnom stihu *Rupu da vešti lola bane puzeći?* ton je unekoliko ublažen u odnosu na originalni stih: *A hole where a crafty knave may creep in for need?*, pošto bi *crafty knave* moglo da se shvati i kao *prepredeni nevaljalac*, na primer. Fraza *for need* (*za slučaj potrebe, za slučaj nužde*; *ukoliko zatreba, ako treba*) iz prevodnog stiha je izostavljena, da bi se stih kompaktirao, da bi se održao zadati broj slogova, a i zbog toga što se podrazumeva da bi nevaljalac upuzao *ako to njemu zatreba, ako tako nameri.*

[355] Zanimljiviji deo stiha *Oh, Christ, that I were sure of it! In faith, he should have his meed!* svakako je ovaj završni: *...Vala, da dobije šta traži!*, koji bi doslovno mogao da se izrazi kao: *...Vere mi, treba(lo) bi da dobije prema zasluzi!.* Imenica *meed* je poznata još iz perioda staroengleskog jezika, a značenja su joj: *pun deo, pun udeo, ono što čovek zaslužuje, plata*; *his meed of praise – zaslužena pohvala*; u poetskoj upotrebi: *nagrada.*

[356] Prevodni stih *Šiling bi'ja dao, on da se dobro umesi.* sasvim odgovara originalnom *I would spend myself a shilling to have him swinged well!*, s napomenom da oblik *swinged* nije prošli particip glagola *swing*, koji je iz staroengleskog perioda ali danas dobro znan i u širokoj upotrebi. Taj glagol je inače nepravilan, s oblikom za prošlo vreme *swung* (zastarelo *swang*, ili *swong*) a za prošli particip *swung*. Reč je o takođe staroengleskom glagolu *swinge*, koji se kao prelazan javlja u starinskoj ili provincijalnoj upotrebi u značenju: *opaučiti, prebiti, tući, batinati, izbatinati, bičevati, šibati*; figurativno: *kazniti, kažnjavati, opaučiti*, pa prema tome i: *umesiti.*

[357] Prevodni stih *K'o sestri ti kažem, znaš šta „Psst!" znači!* u potpunosti donosi smisao originalnog *I tell you as my sister: you know what meaneth "Mum!".* *I tell you as my sister* može da se shvati kao *I tell you in strictest confidence*, a u ovakvoj upotrebi, to jest na ovakvom mestu, i u srpskom je jasno da *K'o sestri ti kažem* u stvari znači: *Kažem ti u najstrožem poverenju, u najvećoj tajnosti.* Za uzvik *Mum!* jasno je da znači *Pst!* ili *Ćut!*; izraz *mum's the word – bolje ćutati*; a zanimljivo je da postoji i pridev *mum*, koji se koristi predikativno, u značenju *nem, ćutljiv*; *He sits there mum. – On sedi tamo i ćuti.*

[358] Originalni stih *And lo, where he cometh towards – peradventure to his pain!* ima sasvim odgovarajuće tumačenje u prevodnom stihu *I, ene de, ide 'vamo –*

valda žuri da strada!. Uzvik *lo* je gotovo potpuno zastareo, a javljao se u značenjima: *gle!*, *glete!*, *nuto!*, *ene de!* Predlog *towards*, sa značenjima: *u pravcu, prema, put, k, ka, u* na ovom mestu se koristi u još potpunijem značenju *prema nama, ka ovom mestu, ka nama.* Zanimljiva je pojava priloga *peradventure*, iz starofrancuskog jezika, u značenju *počem, pribogu, nešto; otprilike; možda, može biti;* postoji i imenica *peradventure*, koja se retko koristi, u značenju *sumnja, neizvesnost; nagađanje; without peradventure – bez sumnje.*

[359] Originalni stih *She is, sir, and she is not, but it please her to whom.* preveden je ovde s *Jeste, gospo'n, nije, kako joj za koga samo.*, i postignuto je rimovanje s prethodnim stihom. Poruka je jasna – *Ona jeste kod kuće (u kući), ali možda neće da otvori vrata, što zavisi od toga ko kuca.* Glagol *please* je poreklom iz starofrancuskog, odnosno od latinskog *placere*, a kao prelazan ima značenja: *naslađivati, ugoditi, zadovoljavati, zadovoljiti, uveseljavati, veseliti.*

[360] U prvom delu stiha *Yet did I take her tardy, as subtle as she was!* zanimljiva je upotreba prideva *tardy*, iz latinskog i starofrancuskog jezika, u značenju *spor, lagan, trom, lenj, koji se skanjera, koji okleva, sklon oklevanju, neblagovremen; odocneo, zadocneo;* a *tardy repentance – zadocnelo kajanje.* U drugom delu stiha značajna je pojava prideva *subtle*, poreklom iz latinskog jezika, s brojnim značenjima, od kojih je ova upotreba najbliža značenju *prepreden, prevejan, lukav, podmukao;* zastarelo: *dovitljiv, domišljat, vešt, vičan, umešan, spretan.* Tako bi doslovno značenje ovog stiha bilo: *A opet, ja nju iznenadih, koliko god ona bila prevejana (lukava)!* Prevodni stih *Ja je iznenadi', vala je zatekao!* unekoliko je slobodan u drugom delu, prevashodno usled potrebe da se pripremi rimovanje s narednim stihom.

[361] U stihu *And yet the crafty quean had almost take[n] my trump;* zanimljiva je pojava prideva *crafty*, poznatog još iz staroengleskog jezika, sa značenjem: *prepreden, lukav*, i danas zastarelim: *vešt.* Imenica *quean* podrobno je objašnjena u napomeni br. 183, dok je imenica *trump* ovde upotrebljena u značenju koje je izloženo u napomeni br. 163. Prevodni stih *Opet drolja kvarna skoro me prevari,* odgovara suštini doslovnog *A opet, ta prepredena drolja skoro mi je oduzela adut;*.

[362] Stih *But, ere all came to an end, i set her in a dump!* predstavlja nastavak Dikonovog izmišljanja i hvalisanja u ovom trenutku o tome kako je nadmudrio

Gospu Čet, a preveden je s *Al' eto, do kraja ja je ipak nadmudri!*, što je nešto slobodnije, a dosta blaže, od doslovnog *Ali pre nego što se sve (to) završilo, ja nju svalih u đubre!* Nepravilni glagol *set (set - set - set)* poznat je još iz perioda staroengleskog jezika, a među brojnim značenjima ono osnovno – *staviti, stavljati, postaviti, postavljati, metnuti, metati* – najpre odgovara upotrebi na ovom mestu. Prilog iz staroengleskog jezika *ere* bliže je objašnjen u napomeni br. 339. Imenica *dump* je objašnjena u napomeni br. 12.

[363] U originalnom stihu *She was clapped down on the backside, By Cock's mother dear,* početni deo donosi upotrebu glagola *clap* sa značenjem koje asocira na ono u izrazu *to clap on the back* – *potapšati po leđima*, tako da se stiče utisak da je Dikon želeo da opiše kako je ona bila *povijena, u sedećem položaju*; zbog toga se i prevodni stih opredelio za početak *Savijena bila leđ'ma,*. Ostaje dilema u vezi sa slikom koju je Dikon hteo da dočara; moguće je da je želeo da prikaže žensku osobu koja je zavučena u stražnji (dalji) deo prostorije, pošto imenica *backside*, osim značenja *zadnjica*, ima i starinsko značenje *zadnja (dalja) strana nečega*. Drugi deo stiha je sasvim jasan, a prevod *...majke mi presvete,* sasvim odgovara doslovnom značenju *...Bogine mi/mu majke drage,*. Imenica *cock*, osim osnovnog ornitološkog značenja *petao, pevac; mužjak* ima i figurativno značenje *đida, bata*; *old cock – stari, stari laf.* Upotrebljena iz milja, ova imenica, poput već više puta viđene imenice *Gog*, odnosi se na *Boga*, to jest na *Isusa Hrista*, tako da je *Cock's mother* u stvari *Devica Marija*, ili *Presveta Bogorodica*.

[364] Iz ovog stiha je već sasvim jasno da je Gospa Čet bila u sedećem položaju, i da je šila: *And there she sat sewing a halter, or a band, – Sedela, povodac neki, il' traku, šila,*. Imenica *halter* je poznata iz perioda staroengleskog jezika, a osnovno značenje joj je *ular, povodac;* zanimljivo je da se javlja i u značenju: *ličina, konopac (za vešanje); to come to the halter – otići na vešala, završiti na vešalima.* Takođe je zanimljivo da *halter* može da je i prelazan glagol, u značenju: *zaulariti, zaularivati, zaviličiti, vezati* (ili *uhvatiti) konopcem (užetom)*.

[365] Doslovni prevod originalnog stiha *Now I, sir, knowing of every door the pin, – Al' ja znam sva ovde vrata – ciče li il' ne,* bio bi: *E pa, ja, gospodine, znajući svakim vratima klinac,*. Reč je o tome da se Dikon hvali kako dobro poznaje celo selo, svaku kuću, pa zna i kakve su šarke na svim kućnim vratima u okolini – da li su podmazane ili ne, to jest da li se pri otvaranju vrata čuje škripa ili ne.

Imenica *pin* ima mnogo različitih značenja, a u tehničkom smislu to je: *zaglavica, zaglavnik, klin, klinčić, klinac, zavoranj*; takođe: *čivija* (*na osovini*).

[366] Značenje originalnog stiha *Came nicely and said no word 'til time I was within;* sasvim je jasno: *Priš'o tiho, sve bez reči, pa stado' kraj nje;* Pažnje je vredna upotreba priloga *nicely*, među čijim brojnim značenjima su i: *tanano, potanko, tanačno; oprezno, smotreno, obazrivo.* Suština je u tome da se Dikon prikrao *pažljivo*, tako da se *nečujno* našao *kraj nje*, što je prevod za smisao postignut pomoću priloga *within – unutra, u, iznutra.* Oblik *'til* se javlja na većem broju mesta, a opširno je protumačen u napomeni br. 346. Doslovan prevod ovog stiha bio bi: *Prišao oprezno i rekao ni reč, sve do trenutka kad sam bio unutra.*

[367] U originalnom stihu *Well – if you will be ordered and do by my rede*, ponovo se sreće imenica *rede*, koja je bliže objašnjena u napomeni br. 182. Zanimljiv je početni deo stiha *Well – if you will be ordered...*, koji bi doslovno mogao da se prevede kao: *E, pa, ako ćete da budete disciplinovani...* ili *E, pa, ako ćete da me poslušate...*, u skladu s nekim od brojnih značenja prelaznog glagola *order*: *narediti, naređivati, naložiti, nalagati, zapovediti, zapovedati, propisati, propisivati, uputiti, upućivati.* Prevodni stih *Pa – ako poslušate, po savetu mom*, sasvim odgovara poruci odnosno Dikonovom iskazu na ovom mestu.

[368] Na ovom mestu završni deo originalnog stiha glasi *...and I will 'gage my gown*, gde bi razloženi oblik kontrahovanog *'gage* dao *...and I will engage my gown*, što znači da Paroh Pacoje *obećava svojom svešteničkom odeždom*, ili da će da *založi svoju svešteničku odeždu*, tako da završni deo prevodnog stiha *Boga ti, 'ajde, Dikone, a tako mi mantija,* u potpunosti odgovara, s tim što je nominativni oblik *mantija* bio neophodan da bi se obezbedilo rimovanje sa završetkom stiha koji sledi. Zanimljivo je da je imenica *gown* keltskog porekla, a značenja su joj: *odora, ogrtač, plašt, anterija; sudijska odora, zvanična odeća, službeni ogrtač, mantija, odežda.*

[369] Sada Dikon kaže *Go to, come on your way!*, što je na ovom mestu u dijalogu odnosno za ovaj trenutak događanja sasvim dovoljno shvatiti kao *Idemo sad, ne čas 'te!*, mada bi možda još energičnije i efektnije od *Idemo sad,...* moglo da posluži danas zastarelo *Dela!...* ili *Dede!...* ili *Dète!...*

[370] Prevodni stih *Siguran si da pomije negde blizo ne stoje?* prenosi Pacojev strah da ne upadne u neki *valov s pomijama* ili možda *bure s pomijama*. Imenica *swill* je iz staroengleskog jezika, sa značenjima: *splačine, pomije, spirine*, tako da je *swill-tub*, ili *slop-tub*, jednostavno: *splačinjak*. Imenica *slop* (*lokva, bara prosute tečnosti, prosutak*) javila se kasnije, u srednjoengleskom periodu, s množinskim oblikom *slops* u značenju *splačine, pomije, spirine*.

[371] Drugi deo originalnog stiha *Go softly, make no noise. Give me your foot, Sir John!* preveden je kao *...Daj nogu, pope!* zbog toga što je u tradicionalnoj upotrebi *Sir John* naziv za *sveštenika*, isto kao što je *John Blunt* tradicionalno: *grub, običan, pošten čovek*, ili kao što je *John Bull – tipičan Englez*, kolokvijalno: *Englezi, engleski narod, engleska nacija*.

[372] Prvi deo prevodnog stiha *Zort im daj! Ej, curo, šta je? Lisicu s'u'vatila* sasvim odgovara značenju originalnog *'Ware that!...* (kao da je rečeno *Make them afraid of that!*) ako se shvati kao logično nadovezivanje na prethodni stih *If they give you not the nee'le, tell them that ye will hang them! – Ako iglu ne daju, kaži da ćeš i'na vešala!* S druge strane, početak *'Ware that!...* možda nudi povezivanje sa smislom ostatka stiha – *...How, my wenches? Have you caught the fox* tako da bi moglo da se shvati i kao *Paz' sad!...* ili *Paz' se!...* Radi jednostavnijeg sprovođenja glagolskog oblika koji sledi (predikata), množina *wenches* je prevedena kao da je Dikon upotrebio jedninu *wench*, što je staroengleska imenica s danas arhaičnim značenjem *devojka, cura, mlada žena, žensko dete, prosta devojka, seoska devojka, služavka*, ali i: *bludnica, prostitutka, kurva*.

[373] Doslovan prevod stiha *Save his life yet for his order, though he sustain some pain* – glasio bi *Poštedite mu život ipak zbog toga što je* (sveštenik), *mada, neka trpi malo bola* – ali opredeljenjem za *Ne ubijte, svešteno lice, al'nek ga peče* – postiže se potreban broj slogova, dok je poslednja reč odabrana u potrebi da se omogući rimovanje sa završetkom stiha koji sledi. Imenica *order* je iz latinskog i starofrancuskog jezika, a jedno od brojnih značenja joj je *red, stalež*, dok *holy order* znači *stepen duhovničke službe*. Zanimljivo je da oblik plurala *orders* ima značenje *duhovnički stalež*, dok je jedno važno značenje kombinacije *holy orders – rukopoloženje, zapopljenje*.

[374] Stih *Woe worth the hour that I came here!* doslovno bi značio *Jada i čemera je vredan čas kad sam došao ovamo!*, što znači da je Pacoju krivo što se tu našao, da žali što je uopšte došao, tako da prevod *Kud dođoh, žalim najveće!* u potpunosti odgovara; poslednja reč je ponuđena u cilju obezbeđivanja rimovanja sa završetkom narednog stiha.

[375] Prevodni stih *Ko ovo namesti – videće!* dat je slobodno, s ciljem da se dočara Pacojevo raspoloženje u ovom trenutku, pre svega njegova rešenost da istraži ko mu je ovo *namestio*, zbog čega je drugom delu originalnog stiha *And woe worth him that wrought this gear!* data prednost. O značenju imenice *gear* bilo je reči u većem broju napomena, naročito u napomenama br. 68 i 151. Za oblik *wrought* važno je da se istakne da predstavlja staroengleski oblik preterita i prošlog participa glagola *work*, s brojnim mogućim značenjima – *raditi, izraditi, uraditi, izvršiti, ostvariti; proizvesti; napraviti, stvoriti; oblikovati, uobličiti; ukrasiti, izvesti, ispresti; fabrikovati; tesati, istesati, otesati; kovati, iskovati.* Što se tiče dela *And woe worth him...*, u pitanju je naglasak koji se postiže ponavljanjem kombinacije *woe worth* iz prethodnog stiha, samo što je sada izvesno da Paroh ljutito poručuje, preti: *Ništa drugo do jad i čemer ne zavređuje onaj koji...*, dakle: *videće (taj)!*

[376] O imenicama *drab(s)* i *quean(s)* bilo je reči u većem broju napomena, naročito u napomenama br. 181 i 183, dok su značenja imenice *sort* podrobno diskutovana u napomenama br. 10 i br. 309. Proizlazi da bi potpuno izražen subjekat u stihu *A sort of drabs and queans have me blest!* bio *Gomila* (ili *rulja, družina; bagra, šljam) sluta i drolja...* Oblik *blest* je preterit staroengleskog glagola *bless – blagosiljati, blagosloviti, osveštati; veličati, hvaliti, poštovati, obožavati; blagosiljati, želeti sreću i blagostanje nekome; učiniti srećnim, usrećiti.* Jasno je, međutim, kako su to *slute i drolje blagoslovile* ili *ispoštovale* ili *usrećile* Paroha Pacoja, tako da prevod *Slute i drolje me prebiše!* sasvim odgovara na ovom mestu.

[377] Prevodni stih *Daću sve, do gole kože svoje,* u potpunosti odgovara značenju originalnog *I will spend all I have, without my skin,* gde starinska značenja predloga *without – van, izvan, ispred, pred, napolju; bez; a da ne; a ne* govore da *...without my skin* znači *...except (for) my skin.* Paroh Pacoje doslovno kaže, dakle: *Daću sve, samo ne i svoju kožu,* tako da ponuđeni prevod dosledno prenosi njegov iskaz odnosno njegovu misao.

[378] Iz stiha *Master Bailey, I trow, and he be worth his ears,* oseća se koliko Paroh Pacoje poštuje ovog predstavnika zakona (...*and he be worth his ears,*) i koliko nade polaže u njegov dolazak i preuzimanje slučaja; zbog toga je *Master Bailey* prevedeno sa *Zakon Bejli*, a završni deo stiha dat je slobodno (...*udariće fino,*), uz izbor reči koja će omogućiti rimovanje sa stihom koji sledi. Očigledno je da ime *Bejli* nije slučajno odabrano, jer je u vreme nastanka ove komedije najverovatnije već postojao glavni londonski krivični sud, nazvan tako po ulici u središnom Londonu u kojoj se nalazi – *Old Bailey*. S druge strane, ovo ime je možda moglo da nastane i u asocijaciji na reč identičnog izgovora koja u starofrancuskom jeziku znači *gradski sudija*; kasnije: *gradski sudija u Škotskoj* – *bailie*. Značenja i upotrebe neprelaznog staroengleskog glagola *trow* navođeni su na više mesta, naročito u napomenama br. 109 i 129.

[379] Prevodni stih *Po'apsiće te ubice i sve njino.* samo je delimično slobodan u odnosu na doslovno to jest potpuno značenje originalnog stiha *Will snaffle these murderers and all that them bears.* Vrlo je zanimljiva pojava prelaznog glagola *snaffle*, iz holandskog jezika. Osnovno značenje mu je *zažvaliti, staviti* (konju) *žvalu* (ili *tranzu*) (konstrukcija *acc. : dat.*); *držati na uzdi*; posebno esnafsko značenje: *uhvatiti, uhapsiti; smotati*. Završni deo ...*all that them bears.* mogao bi da se parafrazira sa ...*everyone who supports their side* (*of the fight*), tako da bi razložena formulacija prevoda celog stiha mogla da glasi: *Zažvaliće* (*Po'vataće, Po'apsiće*) *ove ubice i sve koji su na njinoj strani.*

[380] *Ni da pijem ja, ni da jedem,* prevod je koji odgovara značenju originalnog stiha *I will surely neither bite nor sup,* s napomenom da je redosled primene glagola koji se odnose na *jelo* i na *piće* (odnosno *srkanje*) izmenjen prevashodno da bi se na kraju našlo ...*jedem,* što obezbeđuje rimovanje sa završetkom sledećeg stiha ...*dovedem.* Glagol *bite*, naravno, znači *ujedati, ujesti, gristi, ugristi, zagristi*, ali i *zagristi* (*u*) *mamac*, pa i *uzeti mali zalogaj* (*a bite of dinner* – *zalogaj, mali ručak, mala večera*). Glagol *sup* (od staroengleskog *supan*) ima značenja *srkati, srknuti* (danas uglavnom u upotrebi u škotskom i u severnim provincijama); *kusati, jesti kašikom*. Tako bi doslovan prevod ovog stiha mogao da glasi: *Ja sigurno neću ni da gricnem ni da srknem,* ili ...*ni da kusnem ni da srknem.*

[381] Veliki je broj mogućnosti za tumačenje simbolike koja se svakako nudi imenom *Scapethrift*. Oblik neprelaznog i prelaznog glagola *scape* starinski je

oblik glagola *escape*, dok staronordijska imenica *thrift* ima, između ostalih, značenja *štedljivost, štednja, šteđenje, čuvarnost, dobro gazdovanje*. Tako je, možda, *Scapethrift – onaj koji prišteđuje (sprečava) bekstvo*. Imenica latinskog porekla *scape* ima značenje *badrljica*, ali i *trup, deblo, kratko stablo*, dok *thrift* (starinski, i u škotskom) može da znači *rad, zanimanje, uposlenje*. Stoga bi *Scapethrift* možda moglo da je ime nekoga kome je zanimanje da bude *palica* – možda „*vaspitna" palica*. Kad se ima na umu činjenica da je *Scapethrift* pomoćnik predstavnika reda i zakona *Bejlija*, verovatno je najprostije i najkraće rešenje da mu se da ime *Palica*. U originalnom tekstu on je Bejliju *servant*, što je, jednostavnosti radi, u prevodu ostavljeno kao *sluga*, mada bi imalo smisla reći i *posilni*, pošto Bejliju predstavlja pomoć, odnosno pomoćnika, u svakom smislu.

[382] Originalni stih *But either you are in all the fault, or else in the greatest part.* izražava Bejlijevo mišljenje da je Paroh Pacoje najviše sâm kriv za ono što mu se dogodilo – zna se da je on lično upao u kuću Gospe Čet. Tako prevodni stih *No il' je krivica samo Vaša, il' dêlom debelim.* sasvim odgovara onome što je Bejli želeo da kaže, s napomenom da je poslednja reč odabrana u potrebi da se postigne rimovanje sa završetkom prethodnog stiha (...*velim,*).

[383] U ovom stihu se ponovo javlja oblik *methinks*, koji je više puta objašnjavan, a naročito u napomeni br. 97. Prvi deo prevodnog stiha *A meni iz te priče, po svem što rekoste,* u stvari znači *A meni se čini...* ili *A ja mislim...* .

[384] U stihu *The women, they did nothing, as your words make probation,* zanimljiv je završni deo, iz kog je jasno da *make probation* može da se parafrazira s *provide the proof,* tako da prevodni stih *Te žene ništa, kako svedoče reči Vaše,* u potpunosti prenosi poruku, odnosno značenje Bejlijevih reči. Imenicu *probation*, latinskog odnosno francuskog porekla, poznajemo u značenju *okušanje, ogledanje, ogled, proveravanje, provera*; u jeziku pravne struke: *uslovno oslobođenje, uslovno oslobađanje*. Na ovom mestu, međutim, upotrebljena je u danas zastarelom značenju *dokaz*.

[385] Završni deo stiha *Marry, keep him out, and a good cause why!* mogao bi da se parafrazira kao ...*and for a good reason!* ali se prevodni stih *Vala, gurn'o bi' ga, zna se i što!* opredelio za nešto što je svakako kolokvijalnije i spontanije,

u ovakvom trenutku dijaloga očekivanije, od doslovnog *...i to s dobrim razlo-gom!* ili *...i postoji dobar razlog tome!* .

[386] U završnom delu originalnog stiha imamo: *...an honest, learned clerk.*, s izgo-vorom imenice *clerk* koji je svakako odgovarao izgovoru poslednje reči narednog stiha – *...dark.* Imenica *clerk* je ovde u značenju *cleric* ili *preacher – sveršteno lice, sveštenik, duhovnik*, ali završetak prevodnog stiha glasi *...učen duhom, fini.* da bi poslednja reč omogućila rimovanje sa završetkom narednog stiha (*...u tmini?*).

[387] Poruka Bejlijevih reči *I am sure your learning shines not out at your nose.* zahtevala je primenu izvesne slobode da bi se iskaz približio načinu izražava-nja u prevodnom jeziku, a posebno je trebalo odabrati završnu reč tako da se omogući rimovanje sa završetkom narednog stiha. Tako je umesto besmislenog doslovnog *...ne isijava Vam iz nosa* ponuđen prevodni stih *Pa ne mož'Vaš nauk da Vam s'ja iz ćele.*, mada bi najbliža duhu srpskog jezika svakako bila neka kombinacija koja bi koristila izraz *...ne piše Vam na čelu.*

[388] Na ovom mestu originalni stih glasi *And start[ed] up, being afraid of that was in her purse?* ali je prevod i u prethodnom stihu (*I, kakvo čudo – jadne žene saletele,*) i u ovom stihu (*Raspalile u brizi za to što je njino?*) verovatno efek-tniji kad koristi množinu, to jest govori o svim ženskim osobama koje su sačekale uljeza umesto o samo jednoj (Gospi Čet). Zapažanja je vredan deo stiha *...being afraid of...* iz kog je jasno da je izraz *to be afraid of sth.* prime-njen u značenju *to be worried about sth.* – dakle *zabrinut za*, a ne *uplašen od*.

[389] Stih koji prethodi završava se s *...molim?*, tako da je, u cilju postizanja rime, na kraju ovog stiha: *...slučajem golim,* mada bi doslovan prevod originalnog *...if chances do wink,* (parafrazirano: *if it so happens*) bio *...ako se tako dogodi,* ili, eventualno, *...ako slučaj tako udesi,*. Glagol *wink* je iz staroengleskog jezika, a značenja su mu dobro znana: *trepnuti, treptati; namignuti, namigivati; namignuti na koga, dati mig kome.* Imenica *wink*, osim značenja *treptaj, trep-tanje, žmurenje, sklapanje očiju*, označava i: *mig, pogled kojim se prenosi naređenje, slaganje.*

[390] I ovde je završetak stiha podešen tako da se postigne rimovanje s prethod-nim stihom, pa je kao prevod originalnog *Because for lack of light discern him*

he ne can. ponuđeno: *Kad svetla nema, što mu pa za njega milo!*, dok bi doslovan prevod glasio *Jer usled nedostatka svetlosti da ga razazna on ne može.* Posebnu zanimljivost predstavlja pojava staroengleskog *ne*, danas zastarelog veznika (u značenju *nor*) ili negacije priloškog karaktera (kao *not*); jasno je da kombinacija *...he ne can.* ima značenje *...he cannot.*

[391] Prvi deo prevodnog stiha predstavlja prevod originalnog *I think I am little better;...* gde *...little better;* stoji umesto potpunog smisla (koji se podrazumeva) *...little better than dead;.* Insistiranje je na *little*, tako da bi doslovan smisao bio *malo fali pa da sam mrtav*, odnosno *samo što mrtav nisam*, te stoga prevodna formulacija *Pa dobro mrtav nisam;...* sasvim odgovara. I drugi deo prevodnog stiha (*...lobanja mi do mozga zeva!*) predstavlja odgovarajuće rešenje za *...my scalp is cloven to the brain!* Veliku zanimljivost ovde predstavlja oblik *cloven*, prošli particip glagola *cleave – rascepljen*; *cloven hoof – rascepljeno kopito*, *rascepljen papak*, prenosno: *đavo*; *cloven foot – rascepljena noga*, prenosno: *đavo*; *to show the cloven hoof – pokazati svoj stvarni (rđav) karakter.* Dodatno je zanimljivo podsetiti se ponašanja glagola *cleave*, čiji su oblici prošlog vremena i prošlog participa *cleft - cleft*, mada se sreću i pravilno formirani oblici *cleaved - cleaved*, a retko i oblici *clove - cloven*, dok se još ređe sreću *clave* (sasvim zastarelo) - *clove* (u poetskoj dikciji).

[392] Originalni stih *If there be all the remedy, I know who bears the knocks.* doslovno bi mogao da se prevede: *Ako uopšte ima leka, znam ko treba da podnese (da snosi) udarce.* Imenica *remedy* je iz francuskog jezika, na osnovu latinskog *remedium – lek, lekarija, medicina*; u jeziku pravne struke: *pravni lek, pravno sredstvo, zakonsko sredstvo (remedy of law)*. Zaključak je da prevodni stih *Ako zakona ima, znam ko je za batine.* sasvim odgovara Pacojevom iskazu na ovom mestu.

[393] Originalnim stihom *By my troth, and well worthy besides to kiss the stocks.* Bejli se nadovezuje na prethodni Parohov iskaz kojim se on u dva stiha žali da „samo što je živ" i da mu je lobanja „rascepljena do mozga" te izražava nadu da će „batine dobiti ko treba, ako samo ima zakona", i – u stvari kaže da je on, Pacoje, zaslužio batine, i ne samo batine: *Batine, jašta, a vala i u kladine.* Imenica *troth* ima zastarelo značenje *vera, verovanje*, a starinsko: *vera, vernost, časna reč*; *to give one's troth – dati časnu reč, zavetovati se*, tako da bi doslovno

značenje Bejlijevih reči upućenih Parohu Pacoju na ovom mestu bilo: *Vere mi* (*Časna reč*), *a osim toga dobro zavređujete i da klade poljubite.* U prevodnom stihu je upotrebljeno augmentativno *kladine* da bi se postiglo rimovanje s *ba-tine.* Inače, *stocks – klade* dobro su poznata srednjovekovna naprava za kažnja-vanje i mučenje prestupnika. Bile su obavezan deo gotovo svakog velikog i prometnog trga srednjovekovnih gradova, a postojali su i modeli u kojima bi bilo sputano i po više zatočenika/prestupnika, tako da jedan drugom čine položaj što neugodnijim. Mada na prvi pogled deluje skoro naivno, ova sprava je mogla biti vrlo opasna po telo i život – tako ukliješten pojedinac bio je izložen pogledima svetine, koja je, da bi pokazala da osuđuje njegov nemoral (čak i kad im nije bilo poznato šta je on skrivio) upućivala poruge i uvrede, ali je često znala i da gađa žrtvu raznim predmetima, da je udara i nanosi joj razne vrste telesnih ozleda.

³⁹⁴ Stih *Let her be called, fellow, because of Master Doctor.* na sasvim odgo-varajuć način je prenet prevodnim *Nek' se zove ona, momak, oca pope radi.* Formalno je neutralnog tona, a u stvari predstavlja Bejlijev odlučan nalog po-moćniku (posilnom) Palici da ode po Gospu Čet i da je privede, kako bi se uvažio zahtev Paroha Pacoja da ona bude saslušana.

³⁹⁵ *Slučaju ovom odbranu sâma da gradi;* – prvo je sledeće što Bejli izgovara u nadovezivanju na prethodni stih, posle koga je Palica već požurio po Gospu Čet. Stih *I warrant in this case she will be her own proctor;* doslovno bi značio *Ja stojim iza toga da će u ovom slučaju ona biti svoj vlastiti pravni zastupnik* (da će sama izložiti svoju odbranu, odnosno svoje viđenje događaja). Imenica *proctor* je poreklom od latinske *procurator – upravnik, upravitelj poslovima*; u jeziku pravne struke: *zastupnik*; danas bi se reklo: *pravozastupnik*, ili *ad-vokat odbrane*, ili, najjednostavnije – *branilac.*

³⁹⁶ Završni deo originalnog stiha *...and go wipe your nose!* u prevodnom stihu je dat kao: *...Vi prvo vodom njonju ranjenu!*, što znači da Bejli upućuje Paroha Pacoja da malo dođe do daha, da se umije i da obriše raskrvavljeni nos, što je samo jedna od vidljivih posledica batina koje je dobio u kući Gospe Čet. Opre-deljenje za kolokvijalno *njonju* i za red reči *...njonju ranjenu!* odslikava potrebu da se postigne potreban broj slogova, a i da se ostvari rimovanje sa završetkom prethodnog stiha (*...priču njenu*).

[397] *Da ni reč ne iskrivi kune se mnogo* – prevodni je stih koji je ponuđen na mestu originalnog *And taking many an oath that no word he feigned*, kojim zastupnik zakona Bejli objašnjava Gospi Čet da se Paroh Pacoje na mnogo načina zaklinjao i upinjao da mu se veruje da nijednu reč svojih optužbi nije izmislio, da nije rekao ništa lažno. Prelazni glagol *feign* je poreklom iz latinskog i starofrancuskog, a značenja su mu: *izmisliti, izmišljati*; *to feign an excuse* – *izmisliti izgovor*; *izigravati, simulirati*; *to feign madness* – *izigravati ludilo*.

[398] Originalni stih *To hear your answer hereto, we have now for you sent.* zanimljiv je po pojavi relacionog priloga *hereto*, koji potiče iz srednjoengleskog perioda. Značenja su mu: *k ovome, ovome, k tome*; *uz to.* Bejli, dakle, želi da gospa Čet kaže šta ima u vezi s optužbama Paroha Pacoja koje joj je on upravo predočio, i objašnjava joj da je to razlog zbog koga je poslao Palicu da je dovede. Prevodni stih je onda sasvim adekvatan, a zvuči krajnje jednostavno: *Da čujemo šta imate na to, pozvasmo Vas.*

[399] U stihu *Nay, ye have other minions in the other end of the town* Gospa Čet se obraća neposredno Parohu Pacoju (lična zamenica *ye* – napomene 93, 187) i dosta žustro i ironično stavlja mu na znanje da joj je poznato da (već *sedam nedelja*, kako je izrekla u prethodnom stihu) on odlazi u krčmu na drugom kraju varoši. Iz njenih reči izvire zajedljiva (unekoliko i ljubomorna) optužba da on tamo pije, ali da se predaje i nekim drugim uživanjima: imenica *minion*, iz francuskog jezika, ima značenja: *ljubimac, mezimac, miljenik*; *ljubimica, mezimica, miljenica*, a opredeljenje prevodnog stiha za imenicu *slatkiš, slatkiši* trebalo bi da nedvosmisleno ukazuje na vrstu društva i zadovoljstava zbog kojih Paroh tamo odlazi – *Jok, imaš ti slatkiše na kraj sela 'di se pije,.* U ovom stihu, i u naredna dva, Gospa Čet u stvari sugeriše da je Paroh Pacoje raskrvaren i sav u modricama i ogrebotinama jer se u pijanstvu posvađao i potukao s nekom svojom miljenicom ili s više takvih *slatkiša* koje u poslednje vreme pohodi.

[400] Kao da želi da dodatno iritira Paroha Pacoja, Bejli pomalo naivno uzvikuje *Belike then, Master Doctor, your stripes there ye got not! – Možda, gospo'n popo, rane odavde nisu!* Prilog *there* svakako se odnosi na krčmu Gospe Čet, i zbog toga je u prevodu dobro reći *odavde*. Vredniji komentar na ovom mestu ipak bi se odnosio na prilog *belike – verovatno, možda, po svoj prilici*, za koji se danas

kaže da se nalazi samo još u starinskim tekstovima i u provincijalnoj upotrebi. Što se tiče imenice *stripe*, među njenim brojnim značenjima je i ono za koje se pretpostavlja da je iz holandskog jezika, a danas je zastarelo: *masnica/maznica, modrica, brazgotina*. Usled potrebe za postizanjem odgovarajućeg broja slogova, a i radi efektnijeg zvuka, *stripes* su u prevodnom stihu *rane*.

[401] Završetak ovog prevodnog stiha je ...*bekne* da bi se obezbedilo rimovanje sa završetkom stiha koji sledi. Doslovan prevod originalnog stiha *Will you believe this quean before she hath tried it?* bio bi *Zar ćete da verujete ovoj drolji pre nego što to dokaže?*. Imenica *quean* već se javljala na više mesta, a podrobno je objašnjena u napomeni br. 183. Što se tiče oblika *tried*, jasno je da je u pitanju oblik prošlog vremena odnosno prošlog participa prelaznog glagola *try*, poreklom iz latinskog i starofrancuskog jezika, koji je ovde upotrebljen u značenju glagola *prove*. U jeziku pravne struke glagol *try* kao prelazan ima značenja *saslušati, saslušavati, ispitati, ispitivati, preslišati, preslišavati, istražiti, istraživati, suditi, presuditi, presuđivati; izneti/izvesti/dovesti na sud*; kao neprelazan, ima danas zastarelo značenje *suditi, presuditi, presuđivati*. Doslovan prevod stoga bi mogao da glasi i *Zar ćete da verujete ovoj drolji pre nego što je za to odgovarala?* ili ...*pre nego što ste je preslišali?*, ali je ovde kompaktnosti radi ponuđeno: *Verujete drusli a dokaz ni da bekne?.*

[402] *Nije ovo prvo da uradi, pa onda porekne!* prevod je originalnog stiha *It is not the first deed she hath done and afterward denied it!*. Imenica *deed* je iz staroengleskog jezika, a s obzirom na njena značenja: *delo; učin, čin, podvig, radnja*, jasno je da je Paroh Pacoje želeo da kaže otprilike: *To što je mene pretukla nije joj prvo (ne)delo posle kog se ona lepo okrene i laže!*.

[403] U stihu *Too plainly, by Saint Mary!* Paroh Pacoje se poziva na Svetu Mariju, ili Devicu Mariju, majku Isusovu. Kompaktnosti radi, ponuđen je prevod *Vidi se, Marije mi na misi!*, čiji završetak je odabran da bi se postiglo rimovanje s Parohovim prethodnim iskazom/pitanjem ('*Oćeš da kažeš da nisi?*). To što se *vidi* jesu njegove teške povrede, uočljive više nego *upadljivo, jednostavno* (*Too plainly,...*).

[404] Značenje originalnog stiha *I saw thee, Rat, I tell thee, not once within this fortnight!* opet je dato nešto slobodnije i kompaktnije prevodnim stihom *Vid'la te ja tamo, to ne jedared, paroše!*, dok bi doslovno moglo da se kaže: *Videla te*

ja, Pacoje, kad ti kažem, ne jednom za ove dve (protekle) nedelje!. Imenica
fortnight je iz staroengleskog jezika, a značenja su joj: *dve sedmice, dve
nedelje, četrnaest noći, četrnaest dana.*

[405] Originalni stih umesto uvredljive reči (*...porugo!*) sadrži psovku, odnosno
proklinjanje, u vidu uzvika iz perioda srednjoengleskog jezika *beshrew* –
dođavola! ili *đavo da nosi!* Prevodni stih *Al' ja te oseti' i u mraku, porugo!*
prenosi dovoljno Parohove uzrujanosti i besa, ali ostaje dilema po pitanju
doslovnog značenja originalnog stiha *But I felt thee, for all the dark, beshrew
thy smooth cheeks!* Da li je Paroh želeo da kaže *Al' ja te oseti'*, pored sveg
mraka/uprkos mraku, prokleti da su tvoji glatki (zategnuti, lepi) obrazi, ili je
u pitanju figurativna upotreba imenice *cheeks* – *Al' ja te oseti' uprkos mraku,
prokleta da je tvoja čista drskost (bezobrazluk).*

[406] Doslovno značenje originalnog stiha *And thou groped me – this will declare
any day this six weeks.* bilo bi: *A ti me napipa – i ovo će objavljivati (svedočiti)
svaki dan (danima) punih šest nedelja.* Prevodni stih *A ti me natrefi – potvrdu
nosiću dugo!* suštinski, dakle, prenosi tu poruku. Napomenu vredi dati u vezi
s glagolom *grope*, iz staroengleskog jezika, koji kao prelazan znači *pipati, opi-
pati, napipati; pipajući tražiti, pipajući ići.* Što se tiče glagola *declare*, on je iz
latinskog i starofrancuskog jezika, a ovde je upotrebljen kao neprelazan, u
značenju *tvrditi; izjasniti se.*

[407] Smisao originalnog stiha na ovom mestu je sasvim jasan, tako da je u pre-
vodu trebalo samo nastojati da se održi potreban broj slogova. Vredno je, ipak,
zapaziti da je imenica *season*, iz francuskog jezika, poreklom od latinskog,
upotrebljena u običnom značenju imenice *time.* Stoga je *...about that season?*
izraženo kao *...u to vreme?.*

[408] *Njemu o glavu puče prečaga od vrata* – prevod je originalnog stiha *Who
caught one good fillip on the brow with a door bar* – , pri čemu je zanimljivo
primetiti upotrebu imenice *fillip.* Njeno osnovno značenje *zvrčka, zvrcka,
zvrčka po nosu* ovde je pojačano kombinacijom *one good fillip*, što znači da
Gospa Čet i nije pokušala da opiše taj udarac kao *bezazlen*, tako da je oprav-
dano reći *...puče...*; teško bi, uostalom, i bilo zamisliti da je *bezazlen* udarac koji
se zadaje nečim što je *door bar* – *prečaga od vrata* (jaka i tvrda letva ili šipka

kojom su, ulaganjem u proreze/držače vrata iznutra osiguravana od provale); imenica *bar* je poreklom iz *vulga latina*, ima je u francuskom, potom u staroengleskom. Imenica *brow* je iz staroengleskog perioda, s osnovnim značenjem *obrva, veđa*, ali i *čelo*, a figurativno: *lice, izraz lica.*

[409] Stih *The time agreeth, my head is broken, her tongue cannot lie;* izraz je Pacojevog jadikovanja i čuđenja (*Alas, sir, ask you that? –* prevedeno kao *Joj, pitanja pusta!*) što Bejli opet pita Gospu Čet ko je to bio, ko joj je, po njenom mišljenju, upao u kuću. Prevodni stih *Čas rečeni, glava mi bolna, nema joj laži;* stoga odgovara doslovnom značenju *Vreme se poklapa* (tj. *oboje navodimo isto vreme*), *glava mi razbijena, ne može ona tu da slaže (šta god da njen jezik kaže).*

[410] Prevodni stih *Gola njena reč da žrtva joj nisam – ne važi.* odgovara originalnom *Only upon a bare nay she sayeth it was not I.*, koji se nadovezuje na prethodni i predstavlja zaokruženje ove Pacojeve replike; on poručuje Bejliju doslovno: *Pa imate samo njenu nepotkrepljenu reč* (negiranje) *da to nisam bio ja* (da njena žrtva nisam bio ja). Negacija *nay* se javlja na velikom broju mesta, a njeno poreklo i značenje podrobno su opisani u napomeni br. 100.

[411] U vezi sa stihom *And bade me well look to my roost and all my capons' pens, – Rek'o da pazim na pevce i legalo što vredi,* dobro je napomenuti da je *roost* imenica iz staroengleskog jezika, u značenju *sedalo; kokošarnik, kokošinjak, kokošinjac; legalo*; imenica *capon* (iz latinskog i starofrancuskog jezika) u stvari je *kopun, uštrojen petao, ugojen petao.* Zanimljivo je da je imenica *pen*, iz staroengleskog perioda, osim značenja *kokošinjac, kokošarnik*, mogla da znači i *tor* i *obor.*

[412] Za završetak prevodnog stiha *I kako sreća 'tede, desi se da ga smoždim.* odabrano je *...smoždim.* da bi se ostvarilo rimovanje sa završetkom prethodnog stiha (*...dreždim*), inače bi doslovni prevod originalnog *And as good fortune served me, it was my chance him for to catch.* mogao da bude: *I kako me dobri* (srećni) *slučaj poslužio, sreća mi bila (slučaj je hteo, desilo se, slučilo se) da ga uhvatim (na delu).* Imenica *fortune* ima značenje *sreća, slučaj*, koje je samo precizirano i pojačano pridevom *good (by good fortune – srećom, srećno)*; imenica *chance*, iz latinskog i francuskog jezika, znači: *slučaj; udes, sreća*, a tu su i značenja: *prilika, izgled, mogućnost, verovatnoća.*

[413] Zanimljiv je završni deo ovog stiha: *...he had something for his pains!*, koji je preveden s *...al' je* (sigurno) *nagrađen mu trud!* jer je Gospa Čet želela da kaže da ne zna kako/koliko je taj povređen, kao ni da li je išta uspeo da uzme, ali da dobro zna da je za svoj *trud* dobio *nešto* (uboje i ogrebotine). Iz celog ovog konteksta jasno je da imenica *pain* (od latinskog *poena* i od starofrancuskog *peine*) ne mora isključivo da se odnosi na *bol*, naročito kad se javi u pluralnoj formi *pains – trudba, trud, muka, tegoba, nevolja* (*to take pains – truditi se, potruditi se, naprezati se*).

[414] Originalni stih *Who it was? A false thief, that came like a false fox my poultry to kill and mischief!* preveden je kao: *Ko je? Lopov truli, besna lisica na živinu, štetu da čini!*, čime se pokazuje da pridev *false* (iz latinskog i staroengleskog) može da znači, osim *lažan* (i doslovno i figurativno), i: *veštački, neprav*; *kriv, netačan, pogrešan*; *neiskren, neveran*; za kombinacije *false thief* i *false fox* kontekst ovde svakako odobrava rešenja *lopov truli* i *besna lisica*. Posebnu zanimljivost predstavlja pojava reči *mischief*, koja je poznata kao imenica (iz starofrancuskog jezika, i iz srednjoengleskog perioda) u značenju *belaj, pokor, šteta, zlo, povreda, kvar, nedaća, propast*, a koja je ovde upotrebljena kao glagol, što je izuzetno retko; završetak stiha *...to kill and* (to) *mischief!* mogao bi zato da se shvati kao *...to kill and to harm!*.

[415] Gospa Čet u ovom stihu za Hodža kaže da je *...crafty cullion...*, što je prevedeno kao *...Kvarni besramnik...*, jer značenja (danas starinska) imenice *cullion* (iz latinskog, potom iz francuskog) upravo jesu: *nikogović, besramnik, nevaljalac*. Pridev *crafty* se javlja na većem broju mesta, a njegovo poreklo i značenja objašnjeni su naročito u napomeni br. 361. Gospa Čet objašnjava da je Hodž *...Gammer Gurton's man.*, što je u prevodu izraženo kao: *...što kod Babe radi svašta.*, pošto se zna, od samog početka (naročito iz njegovih ličnih jadikovki i pritužbi) da Hodž zaista obavlja sve vrste težačkih poslova – istovremeno je i zemljoradnik i stočar i fizički radnik, i „majstor" za sve.

[416] *Da ga naučim ja kako se kokoš krade!* – prevodni je stih kojim se prenosi značenje originalnog *I shall teach him a lesson for filching hens or cocks!*, a jedina napomena bila bi vezana za pojavu glagola *filch*, umesto, recimo, pre očekivanog *steal*. Ovaj prelazni glagol se javio u srednjoengleskom periodu, nepoznatog je porekla, a značenja su mu: *krasti, ukrasti, vršiti sitne krađe, kraducati*.

[417] Prevodni stih *Jaje nije puno kol'ko j'njeno oko smutno!* dobar je primer za mesto na kom prevod mora da primeni neophodnu slobodu. Poslednja reč (...*smutno!*) odabrana je da bi se ostvarila rima s poslednjom reči prethodnog stiha (...*mutno!*), ali je celina zaista dosta slobodan prevod originalnog *An egg is not so full of meat as she is full of lies!*, što bi doslovno značilo: *Jaje nije toliko puno mesa koliko je ona puna laži!*. Imenica *meat* je iz staroengleskog perioda, a ovde je upotrebljena u danas starinskom značenju *hrana, jestivo, jelo*; *obed*. Optužujući Gospu Čet, Paroh Pacoje je, dakle, želeo da kaže da u jajetu *nema toliko hraniva* (hranljivih materija) *koliko u njoj ima laži*.

[418] U srednjem delu ovog prevodnog stiha Gospa Čet uzvikuje ...*Ćupčinu mu gledaj!*... dok je u originalu ...*Look on his pate!*...; imenica *pate* je iz srednjoengleskog perioda (prva upotreba zabeležena u 14. veku), s osnovnim/neutralnim značenjem *vrh glave, teme*, ali je ovde svakako reč o posprdnom, pa i prezrivom, narodski komičnom: *lobanja, lubanja, ćup, ćupa*. U cilju postizanja potrebnog broja slogova, a i radi pojačanja efekta, prevod je uzeo i malo slobode korišćenjem augmentativa ...*Ćupčinu...* .

[419] Na Bejlijevo *God bless you, Gammer Gurton. – Pomaže Bog, Baba Gerton.*, Baba Gerton s poštovanjem uzvraća *God yield you, master mine.*, što bi moglo da se shvati kao *Bog Vas nagradio...* ili *Bog Vam platio...* ili *Vama od Boga dobro...*, ali je prevodu odgovaralo rešenje *Vama, gospon, pomog'o Bog*. Danas je zastarelo značenje koje je staroengleski glagol *yield* imao kad se upotrebi kao prelazan: *platiti; naknaditi, nadoknaditi, vratiti, vraćati; ispuniti, ispunjavati; nagraditi, nagrađivati*, ali i: *povratiti; osvetiti se*.

[420] Prilično slobodno formulisan prevodni stih *Tužili nisu da ima prste lake!* brojem slogova odgovara naizgled dužem, a svakako sadržajnijem, originalnom stihu *Hodge was not wont, ich trow, to 'have im in that sort*, čije bi doslovno značenje bilo *Hodž (nikad) nije bio sviknut, smatram, da se ponaša tako* (na taj način). Zanimljiva je pojava prideva *wont* (poreklom od staroengleskog *gewunod*), koji se u srednjoengleskom javlja u prvoj polovini 14. veka (kao *wont* ali i *woned*), u značenjima: *naviknut; uobičajen*. Glagol *trow* se javlja na velikom broju mesta, a poreklo i značenja su mu objašnjeni naročito u napomenama br. 109 i 129. Na prvi pogled može možda da izazove nedoumicu oblik *'have*, ali je zahvaljujući načinu pisanja (apostrofu) ipak očigledno da je u pitanju govorno sažeta forma glagola *behave*.

[421] Stihu *Many a truer man than he has hanged up by the halse!* odgovara une-koliko slobodan, ali sočnom kolokvijalnom govoru svakako podoban, prevodni stih *Mnogi j' istiniji omastio šijom uže!*. Vredi zapaziti oblik *...has hanged...* koji je konstruktivno aktivan, mada se odnosi na trpioca radnje. Imenica *halse* (poreklom iz holandskog jezika) ima značenja *lûk*; *petlja*; *omča*.

[422] Unekoliko slobodno, a i sažetije, prevodni stih *Ne znam ja ko bolje lovi, ni ko to bolje čuva.* dočarava poruku originalnog stiha *For Hodge to catch and thou to keep – I never knew none better.*, čije bi doslovno značenje bilo: *Od Hodža za hvatanje* (lov, uzimanje) *i tebe za držanje* (čuvanje) *– nikad nisam poznavala nikog boljeg.* Gospa Čet ovde ražešćeno optužuje Babu Gerton da ona, kao gazdarica, prihvata sve ono što Hodž ukrade, i smatra da nikad nije bilo goreg lopova od Hodža i goreg primaoca pokradene robe od Babe Gerton.

[423] Prevodni stih *Ja bi' joj, na sve što sipa, da je kurva i jada!* dočarava značenje prilično složenog originalnog stiha *'Chould be so bold, for all her brags, to call her arrant whore!*. Pošto se u prethodnom stihu ogradila izražavanjem poštova-nja za Bejlija i njegovu službu, to jest za njegovo prisustvo u ovom trenutku, Baba Gerton kaže doslovno: *Bila bih toliko slobodna da je, zbog sveg njenog razmetanja, nazovem preispoljnom kurvom!* Pogodbeno *'Chould* se javlja na ve-likom broju mesta i predstavlja jednu od upadljivih karakteristika dijalekatskog kolokvijalnog govora ovog doba. Pridev *bold*, iz staroengleskog jezika, pored osnovnog značenja *smeo, smeon, hrabar, neustrašiv, srčan, odvažan*, ima i značenja: *bezobrazan, bestidan, bezočan, drzak, neskroman* (naročito kad je reč o ženama), ali i značenje *samopouzdan* (*I'll be bold to say – smem da kažem*). U napomeni br. 217 podrobno su opisani poreklo i značenja prideva *brag* i nepre-laznog glagola *brag*, ali tu reč ovde srećemo kao imenicu, sa značenjem *hvali-sanje* (*a foolish brag – ludo hvalisanje*), *samohvalisanje*. Nevezano s pojavom imenice *brag* na ovom mestu, zanimljivo je da se ona javlja i kao naziv jedne stare igre s kartama za koju se pretpostavlja da je preteča pokera). Pridev *arrant* je objašnjen u napomeni br. 258, tako da je jasno da bi kombinacija *arrant whore* imala značenje *notorna/ovejana/preispoljna kurva*, ali je potreba za postizanjem rime opredelila završetak prevodnog stiha u kombinaciji *...kurva i jada!*.

[424] I na ovom mestu je prevodni stih (*Ja bi' ga obesila pre zore svojim rukama.*) jednostavniji i znatno kompaktniji od originalnog – *And 'Chould hot take the*

pains to hang him up before tomorrow. U prethodnom stihu Baba Gerton se „mukama kune" Gospi Čet šta bi preduzela kad bi znala da je „Hodž gad k'o ona", a u ovom doslovno kaže: *I ja bi' se silno potrudila da ga obesim pre sutra* (sutrašnjeg dana). Zanimljiva je pojava priloga *hot*, iz staroengleskog jezika, čija su osnovna značenja: *vrelo, vruće, žarko, jarko*, a figurativna: *vatreno, žestoko, plaho, ljuto, silno, žustro.* Pluralni oblik *pains*, kao i izraz *take (the) pains*, srećemo na više mesta, a podrobna objašnjenja su data u napomenama br. 285, 298 i 413.

[425] Vrlo je zanimljiv završni deo originalnog stiha *...thou ill-favored old trot?*, koji je, u potrebi da se ne pretera s ukupnim brojem slogova, preveden kao *...nakazo?*, dok bi doslovan prevod ovog pogrdnog obraćanja bio: *...gadna stara veštice?* Pridev *ill-favo(u)red* (prva upotreba zabeležena oko 1530. godine) ima značenja *grdan, ružan, gadan, nakaradan, nakazan; neprijatna izgleda.* Kombinacija *old trot* se javlja na većem broju mesta, a opširnije je objašnjena u napomenama br. 15 i 176.

[426] Završetak originalnog stiha je *...well I know*, ali je na odgovarajućem mestu u prevodu *...mora se čuti*, što je neophodno da bi se pripremilo rimovanje sa završetkom sledećeg stiha.

[427] Prevodni stih *To petljanje, vi 'te Vi, tu se nešto mrsi i muti!* dat je na mestu dosta složenog originalnog *But you perceive by this lingering there is a pad in the straw!*, čiji bi doslovan prevod glasio: *Ali/Već osećate Vi po ovom odugovlačenju da tu ima neka krastača u jaslicama (u slami, slamarici).* Glagolska imenica *lingering* je od glagola *linger*, koji je iz srednjoengleskog perioda, s danas zastarelim značenjem *vući, razvlačiti*, kad je reč o prelaznoj upotrebi; kad je u pitanju neprelazna upotreba, ovde važnija, značenja su: *oklevati, odugovlačiti, otezati, kaniti se; razvlačiti se, odugovlačiti se; ići polako, skanjerati se, trnjezgati se, gegati, gegucati.* Što se tiče poslovičnog izraza *a pad in the straw*, već iz doslovnog prevoda (*krastača u jaslicama*) oseća se da je reč o nečem *sumnjivom*, nečem što izaziva *podozrenje*, govori o nečem *lažnom/nedozvoljenom/podmetnutom/pogrešnom* – što bi se u savremenom engleskom jeziku najpre poručilo izrazom *there's something fishy here/there*; značenja prideva *fishy* upravo su: *sumnjiv, neverovatan, za neverovati.*

[428] U završnom delu ovog Bejlijevog obraćanja Hodžu, koji najzad stiže (...*It is told me thou art a shrew, iwis.* – *Čujem da si nadžagbaba, a-ha, da.*) zanimljiva je pojava imenica *shrew*, koja je iz staroengleskog perioda, a upotrebljavana je neuporedivo češće, gotovo isključivo, kad je trebalo opisati žensku osobu – *rospija, kostreba, oštrokonđa, nadžagbaba.* Prilog *iwis* ili *iwisse*, od staroengleskog *gewis*, ima danas zastarelo značenje *zaista, zacelo.*

[429] U napomeni br. 411 objašnjeno je značenje imenice *capon* – *kopun, uštrojen pevac, ugojen pevac*, a već u ovom stihu (*Their chickens and their capons too, and now and again their cocks.*) Bejli pominje i *kopune* i *pevce* to jest *petlove-mužjake.* Iz prevodnog stiha se to ne vidi, pošto je, kompaktnosti i rime radi, ponuđeno: *Pa i piliće i pevce, tu i tamo pa mnoge.*

[430] Jedina neobičnost ovog stiha je u pojavi složene imenice *houseful*, u značenju *puna kuća* (*a houseful of furniture, a houseful of gold, a houseful of visitors/guests*), ali je sasvim jasno zbog čega je *...not ... for a houseful of gold!* prevedeno kao *...ni za tovar zlata!*

[431] Završni deo ovog stiha *...[To] swear this I dare be bold!* u doslovnom prevodu bi značio: *...Da se zakunem na ovo usuđujem se da budem smeona!*, ali je prevodni stih sve to kompaktirao u naizgled neobično *Tako mi vrâta!*, što se rimuje sa završetkom prethodnog stiha (*...tovar zlata!*). Gospa Čet je toliko sigurna u svoje reči da sme da se zakune sopstvenim *vratom*, to jest *životom.*

[432] U prethodnom stihu, kao i u ovom, Paroh Pacoje podvikuje Gospi Čet da se ne kune, jer od toga nema ništa: *All is not worth a gnat – thou canst swear 'til tomorrow.* Doslovno: *Sve ti to ne vredi ni koliko komarac – možeš da se kuneš do sutra.* Imenica *gnat* je iz staroengleskog jezika, sa značenjem *komarac, komarac obični* (*Culex pipiens*), ili, sasvim uopšteno: *buba.* Da označi nešto što je toliko bezvredno, srpski jezik ima dosta načina, ali se prevodni stih ovde opredelio za: *Ni pišljiva boba – do jutra da se kuneš.*

[433] I ovde je prevodni stih (*Je l' mu dlaka fali? 'Ajde, Božje ti slave!*) dosta slobodno sastavljen, kako bi odgovarao duhu jezika. Doslovni prevod originalnog stiha *Where is the harm he hath? Show it, by God's bread!* delovao bi znatno kruće: *Gde je šteta (povreda) koju on ima? Pokaži je, Božjeg mu hleba!* ili:

...*Pokaži je, nafore ti!* Završetak stiha (...*slave!*) odabran je da bi pripremio rimovanje sa završetkom narednog stiha (...*glave!*).

[434] Da bi se dočaralo s kolikom žestinom se Gospa Čet ovde ustremljuje na Hodža, početak originalnog stiha *Well, knave,...* preveden je kao *Ma, džukcu,...*; imenica *knave* sreće se na većem broju mesta, a podrobno je objašnjena u napomenama br. 216 i 235, dodatno u napomenama br. 311 i 354. Završni segment prevodnog stiha ...*tikvu bi'ti rascopala!* takođe je dat s više kolokvijalne oštrine, dok bi doslovno značenje originalnog ...*I would surely rap thy custard!* moglo da bude: ...*svakako bih ti kucnula tu šotku!* U svakom slučaju, reč je o pretnji udarcem po glavi. Prelazni glagol *rap*, reč možda onomatopejskog porekla, ima dosta naivno, blago, značenje: *lupiti, lupnuti, lupati, luparati, tupnuti, tùpiti, udariti, udarati, kucati, kucnuti, zvrcnuti, zvrcati.* Imenica *custard* je latinskog porekla, a u kulinarstvu se odnosi na *jaje pripremljeno na kajmaku,* ili *na penastom kremu.* Asocijacija je svakako bila u vezi s Hodžovom *glavom,* to jest lobanjom i onim što se nalazi ispod nje – Gospa Čet kao da kaže da bi mu *kvrcnula* tanku *koricu na krempiti.*

[435] Prevodni stih *A-ha, gos'n Bejli, blažen svaki dokaz dela!* u potpunosti odgovara značenju, to jest poruci, originalnog *Yea, Master Bailey, blessed be every good token!* Za *blessed* je rečeno *blažen,* kako bi se uštedelo na ukupnom broju slogova; doslednije i doslovnije bi bilo: *blagosloven, blagosloven bio.* Imenica *token* je iz staroengleskog perioda, a značenja su joj: *znak; oznaka, obeležje; belega; simvol; dokaz; svedočanstvo, zaloga, jemstvo.* Gospa Čet želi da kaže da je dobrodošao svaki znak, svaki pokazatelj, svaki trag, kao dokaz Hodžove krivice u koju je ona ubeđena.

[436] Bilo bi smisla i da je za prvi deo originalnog stiha *Is my head whole?...* rečeno doslovno *Da l'mi je glava cela?...,* ali se prevod opredelio za *Da l'mi glava valja?...,* što je sasvim logično i opravdano nastavkom ... *'tis neither scurvy nor scald!* – ...*ni vašljiva ni šugava!* Istina je, ipak, da pridev *scurvy* nema veze s *vaškama* i/ili vašljivošću već sa *skorbutom – skorbutni;* prenosno: *rđav, loš, prostački, nitkovski, nizak, nikakav.* Što se tiče reči *scald,* jedno od njenih značenja je imeničko: *krasta,* naročito *krasta po glavi, krasta na glavi;* u popularnoj, naročito provincijskoj, upotrebi složena imenica *scald-head* je *krastava glava.* Ipak, umesto ...*ni skorbutava ni krastava!* rečeno je ...*ni*

vašljiva ni šugava! između ostalog i zbog toga što je trebalo pripremiti rimovanje sa završetkom narednog stiha (...*kvrgava?*).

[437] Zanimljivost stiha *Hodge's head is whole enough, for all Dame Chat's charm.* – *Glava cela, a Gospa se kune na štetu.* prvenstveno je u upotrebi reči *charm* kao da je u pitanju *swear, swearing* – *zaklinjanje.* Poruka bi, dakle, bila: koliko god da se Gospa Čet upinje da dokaže (kune se) da je Hodž taj koga su ona i njene devojke izudarale, na njegovoj glavi nema nikakvih tragova (*Glava cela,...*).

[438] I Hodž se sada razgoropadio, a naročito zanimljiv jeste drugi deo stiha, u kome on viče: *A cart, whore, a cart!* – ...*Kurvo, na kola!.* Imenica *cart* je iz staroengleskog perioda, a značenja su joj: *otvorena zaprežna kola, teretna kola, taljige.* Hodž ovde glasno i neposredno aludira na srednjovekovni običaj po kom su uhvaćene bludnice, prostitutke, paradno prevožene do zatvora kroz celu varoš na otvorenim teretnim kolima, kako bi bile izložene javnoj sramoti i poruzi.

[439] U ovom stihu zanimljivost predstavlja pojava starinskog priloga *mayhap*, iz govorne dijalekatske upotrebe, sa značenjem: *možda, valda, valjda, može biti da, biće da, biće.*

[440] Prvi deo originalnog stiha *Why, what can ye charge her withal?... – Je l', a za šta da je tužiš?...* imao bi puno značenje *...a za šta uopšte imaš/možeš da je (op)tužiš,* što se pre svega vidi iz upotrebe starinskog priloga *withal,* bliže objašnjenog u napomeni br. 343. U tom smislu značenje drugog dela stiha *...To say so ye do not well.* – *Pretnja ti ta ne stoji.* može dodatno da se objasni kao: *Sâma tvoja reč ništa ti ne znači.* ili *Ne postižeš ništa rečima.*, ili *Ne vredi ti to što govoriš* (*kad nemaš za šta da je optužiš*).

[441] Završni deo ovog stiha *...It were almost thy skull to knock!* mogao bi da se parafrazira kao: *...That's almost enough to make me hit you on the head! - ...Pa to je sad već skoro da me navede da te tresnem po glavi!*, ali je radi sažetosti (da se ne bi preteralo s brojem slogova) i u cilju postizanja životnosti, kako bi se dočarala ljutita zaprepašćenost Gospe Čet, rečeno *...Dok ti glavu nisam razbila!.*

[442] I na ovom mestu je prevodni stih trebalo kompaktirati, tako da je *Yet shall ye find no other wight save she, by bread and salt!* prevedeno kao: *Ipak ko drugi do ona, leba mi i soli!*, pri čemu opet treba skrenuti pažnju na pojavu staroengleske imenice *wight*, inače objašnjene u napomenama br. 56 i 169.

[443] Drugi deo ovog stiha preveden je kao: *...Niste ludi da verujete!*, što je neuporedivo vernije živom kolokvijalnom izrazu od *...Bili biste ništa drugo do budala da mu (po)verujete!* – kako bi glasio moguć doslovni prevod originalnog *...You were but a fool to trow him!*. I ovde treba zapaziti pojavu staroengleskog glagola *trow*, koji je posebno objašnjavan u napomenama br. 109 i 129.

[444] Sasvim je ispravan, mada sadržini Bejlijevih reči nije potpuno veran, nešto slobodniji prevodni stih *U opkladu nek' mi s glave kapa pala*, dok bi doslovan prevod originalnog *I durst adventure well the price of my best cap* mogao da glasi: *Usuđujem se da se s punim pouzdanjem kladim u cenu moje najbolje kape*. Posebno vredi zapaziti upotrebu glagola (*durst*) *adventure* i priloga *well*, čija bi kombinacija ovde mogla da se parafrazira kao *bet confidentially*. Glagol *adventure* je poreklom iz latinskog, kasnije iz francuskog, a kao prelazan ima značenje: *okušati sreću, rizikovati; preduzeti/preduzimati na sreću; staviti/stavljati na kocku; izložiti/izlagati opasnosti*.

[445] U ovom stihu je zanimljiva pojava imenice *jape*, koja se najverovatnije izgovarala tako da se rimuje s imenicom *cap*, što je reč kojom se završava prethodni stih. U pitanju je imenica iz srednjoengleskog perioda (prva zabeležena upotreba u 14. veku), sa značenjima: *šega, lakrdija, šala; šaljiva priča; ruganje, podrugivanje*. Uvažavajući sadržaj i poruku cele ove Bejlijeve replike, prevod se opredelio za: *gruba šala*. U vezi s imenicom *jape* postoji i neprelazni glagol *jape*, danas arhaičan i/ili sveden na ironičnu i podrugljivu upotrebu, sa značenjima: *rugati se, podrugivati se; šaliti se, lakrdijati, šegačiti se, zbijati šalu*.

[446] Originalni stih *Told he not you that, besides, she stole your cock that tide?* imao bi dosta rogobatan doslovan prevod: *Ne reče li on tebi da je, osim toga, ona tebi ukrala petla tom prilikom?*. Zanimljiva je pojava staroengleske imenice *tide*, u značenju koje je danas zastarelo ili se oseća kao sasvim arhaično: *vreme; vremenski razmak, razmak vremena, period*; a naročito:

zgodno vreme, podesno vreme, prilika (time and tide wait for no man – vreme i prilika ne čekaju nikoga).

[447] Doslovan prevod i ovog originalnog stiha (*That lying cut is lost that she is not swinged and beaten –*) bio bi dug i rogobatan: *Ta lažljiva drolja je dobro prošla što nije stavljena da visi i pretučena –* . Imenica *cut* je naširoko komentarisana u napomeni br. 264. Zanimljiva je upotreba pasivne kombinacije *is lost*, koja bi ovde imala da sugeriše da je neko od nekoga *digao ruke*, da je *nešto odloženo*, da je *promaklo*, i u tom smislu je ta koja se označava kao *lying cut* ovde *imala sreće, dobro je prošla*. Njena sreća je u tome što Gospa Čet, u ovom iskazu vrlo raspaljena, nije uzela da je *šiba* i *tuče*, ili da je *obesi* i *tuče*. Glagol *swing* je iz staroengleskog perioda, a kao prelazan ima značenja: *besiti, obesiti, vešati, okačiti*; ali i: *vitlati, zavitlati, vinuti, mahati*, što se približava značenju glagola *switch*: *šibati tamo-amo, mahati, vitlati*; *šibom* (ili *prutom*) *tući* (ili *istući, biti, izbiti*), *šibom* (ili *prutom*) *žicati, ižicati*. Kompaktnost iskaza, potreban broj slogova, kao i rimovanje sa završetkom prethodnog stiha (*...kući.*) postignuti su prevodnim stihom *Sreća fufi kvarnoj da je ne uzo' šibom tući –* .

[448] Poenta originalnog stiha *And yet for all my good name it were a small amends!* je u tvrdnji Gospe Čet da bi, s obzirom na njen veliki ugled, šibanje opet bilo blaga kazna protivnici (koja je taj ugled blatila); zato je prevodni stih formulisan kao: *Al' za ime moje šibe bi joj bile male!* Zanimljiva je pojava imenice *amends*, poreklom iz francuskog jezika, koja se upotrebljava kao zbirna imenica praćena glagolom u obliku za jedninu – *naknada, zadovoljenje, odšteta, naknađivanje, nadoknađivanje, obeštećenje.*

[449] I ovde je prevodni stih (*Ne pričam ovo, čuješ li me, zarad šale;*) ponuđen s izvesnom slobodom, jer bi doslovno značenje originalnog *I pick not this gear, hearest thou, out of my fingers' ends;* bilo: *Ne kljujem ja ovu stvar (Ne izmišljam ja ovo), kažem ti, onako tek, ni iz čega;* Neka od najvažnijih značenja prelaznog glagola *pick* bila bi: *kopati, kljuvati, kljunuti, kljucati; čačkati, kopkati, čistiti; prebirati; pretresti.* O značenjima imenice *gear* bilo je govora na više mesta, naročito u napomenama br. 68, 151, 179. Slobodan prevod izraza *out of my fingers' ends* bio bi: *olako, onako, tek tako, s lakoćom; po svome, po svojoj volji, po svom ćefu.*

[450] Originalnim stihovima *Thus in your talk and action, from that you do intend, / She is whole five miles wide from that she doth defend.* Bejli hoće da kaže da je „celih pet milja" između optužbi jedne, i odbrane druge. Nepomirljivost stavova odnosno tvrdnji dovoljno je dobro dočarana prevodnim stihovima *Za sve iz tvoje priče, kako tužiš nju ti, / Brani se da joj to ni na kraj pameti.* Zapažanja je vredna upotreba glagola *intend,* iz francuskog jezika (poreklom od latinskog *intendere*), u značenju: *hteti kazati, hteti izraziti, hteti reći, misliti; hteti predstaviti;* danas zastarelo: *misliti, pomišljati; razumeti, shvatati; praviti se, činiti se, pretvarati se.*

[451] *E, pa, onda, to vam je to.* – jednostavan je način da se iskaže smisao stiha to jest Bejlijevog zaključka *Then there lieth all the matter.,* čije bi doslovno značenje bilo: *Onda, u tome leži cela ta stvar.*

[452] Originalni stih *Ye know she could do little and she could not say nay!* u doslovnom prevodu bi glasio: *Vi znate da ona samo malo treba da se potrudi i da joj nije teško da kaže ne!,* što znači da Baba Gerton optužuje Gospu Čet da joj je lako da slaže i da porekne, da kaže *ne.* Ovaj smisao je u potpunosti izražen prevodnim stihom *Lako je njoj da Vam kaže ne i da slaže!,* čiji je završetak podešen za rimovanje sa završetkom prethodnog stiha (*...blaže!*).

[453] *I ween...* je na ovom mestu prevedeno sa: *Smatram...*; tako je još jednom dočarana upotreba staroengleskog glagola *ween,* o kom su šira objašnjenja data u napomenama br. 118 i 261.

[454] Na ovom mestu je neizostavno trebalo pribeći izvesnoj slobodi u prevodu, tako da je za originalni stih *If Doctor Rat be not deceived, it was of another sort.* ponuđeno: *Ako ne greši Pacoje, i to je sve netačno.* Reč je o Bejlijevoj replici na prethodni iskaz Gospe Čet u kome ona tvrdi da je istina sve što joj je Dikon ispričao (naročito na tome insistira poslednjim stihom: *This truth was said, and true was found, as truly I report.* – *Istinu rek'o, istina se vid'la, ja-mačno.*). Doslovan prevod bio bi: *Ako se ne vara Paroh Pacoje, bilo je to nešto drugo* (odnosno: *...i to je bilo laž*).

[455] Paroh Pacoje se ovde ljutito obraća Gospi Čet, i s nekom vrstom ironičnog vajkanja govori kako je ona očekivala Hodža, odnosno mislila da joj je Hodž upao u kuću, a istreskala je *njega.* Originalni stih *Between you and Hodge I*

bear away the boxes. preveden je sa: *I ti čekaš Hodža, a na* mene *palice.* Poslednja reč (*...palice.*) služi da se postigne rimovanje sa završetkom prethodnog stiha (*...mudrice!*), dok je jedina reč u originalnom stihu koja asocira na nasilje, tuču, batine u stvari *boxes*; ta imenica se danas smatra potpuno zastarelom u opštem značenju *udarac*, dok je specifičnije značenje *šamar* (*a box on the ear*).

[456] Smisao prevodnog stiha *Je l' ne reče Dikon da ga dočekaš, da stojiš gde?* jeste: Zar ti nije Dikon kazao/odredio mesto na kom treba da stojiš da dočekaš *Hodža?*

[457] Završni deo originalnog stiha *...not stick to spit him!* preveden je sa: *...da ne bodem ražnjem nigde!*, dok bi doslovno značenje bilo: *...da ne ubadam, da ga ne nataknem* (na ražanj)*!*, ili, možda, blaže: *...da ga ne raspaljujem gvozdenim ražnjem!*. Komentari za imenicu i glagol *spit*, iz staroengleskog perioda, dati su u napomenama br. 7 i 273.

[458] Originalni stih *God's sacrament, the villain knave hath dressed us round about!* preveden je kao: *Pričešća mu, on sve nas – za nos, mangup drljavi!*. Imenica *sacrament* je poreklom iz latinskog jezika, a značenje joj svakako jeste *sveta tajna* (naročito: *krštenje* i *pričešće*, mada i: *brak, venčanje*, itd.). Imenica *villain* je iz latinskog, potom iz starofrancuskog, s istorijskim značenjem *rob, otrok; seljak*; zatim: *seljak, gejak, gedža, prostak, prostačina*; ali i: *nitkov, nevaljalac, hulja, lupež, zločinac*. Upotrebljena pred imenicom *knave*, imenica *villain* ovde pridevski pojačava značenje sâme staroengleske imenice *knave*, koja se javlja na velikom broju mesta, a podrobno je komentarisana u napomenama br. 216, 235, 311, 354, 434; prevodna kombinacija *...mangup drljavi!* sasvim odgovara onome što je Pacoje hteo da izrazi, a priprema i rimovanje sa završetkom stiha koji sledi (*...prljavi!*). Sasvim adekvatan u prenosu značenja jeste i segment *...on sve nas – za nos,...* jer je *...hath dressed us round about!* otprilike isto što bi bilo: *...has fooled us all around!* Glagol *dress* se u ovoj specifičnoj upotrebi već javljao, a komentarisan je naročito u napomenama br. 127, 220 i 269.

[459] U napomeni br. 324 komentarisan je glagol *brawl*, dok se u ovom stihu *brawl* javlja kao imenica – *buka, svađa, kavga; tuča* (naročito *ulična*). Prevodni stih se

ipak opredelio za *smutnju*, kao rešenje koje je možda blaže ali je svakako obuhvatnije u odnosu na sve što je *kavzi* prethodilo i na ono što se sada događa. Zanimljivo je primetiti i ponovnu pojavu imenice *lout*, koja je objašnjena u napomeni br. 158, a na ovom mestu je dobila sasvim adekvatan prevod – *zvekan*. Tako originalni stih *He is the cause of all this brawl, that dirty, shitty lout!* ovde u prevodu glasi: *Svoj smutnji uzrok on, govnarski zvekan prljavi!*.

[460] U originalnom stihu *And this to try, he further said, he was full loath; how be it,* ponovo se javlja glagol *try*, iz latinskog i starofrancuskog jezika, o kom je dato dovoljno objašnjenja u napomeni br. 401; jasno je da bi početak *And this to try,...* mogao da se parafrazira kao: *And in order to prove this,...* Pridev *loath* je podrobno objašnjen u napomeni br. 181; ovde je intenziviran upotrebom priloga *full*, o kom je objašnjenje dato u napomeni br. 203. Vrlo je zanimljiv i sâm završetak ovog stiha, koji je uvod u iskaz/sadržinu sledećeg stiha – *...how be it,* i može sasvim ispravno da se shvati kao sveza *however – ipak, pa ipak; svejedno, bilo kako bilo*. Na osnovu ovakve analize prevod nudi stih: *I za dokaz reče od tog mu muka; kako bilo,*.

[461] Zanimljivost ovog stiha je u pojavi prideva *privy*, iz francuskog odnosno latinskog jezika, u značenju *privatan, tajan, potajan, prikriven*. U skladu sa svojim poreklom i izvorima pozajmljivanja, ovaj pridev je u formalnom engleskom jeziku ušao u neke vrlo karakteristične kombinacije: *Privy Council – Državni savet, Krunski savet*; *Privy Seal* ili *Privy Signet – Tajni pečat*; *Lord Privy Seal – Čuvar tajnog pečata*. S druge strane, ne treba zaboraviti ni kombinacije poput *privy chamber – privatna* (intimna) *soba* (kraljeva); *privy chair – noćna stolica*; *privy parts – (spoljni) polni organi*.

[462] I u ovom stihu se javlja staroengleska imenica *clout*, čija su značenja objašnjena u napomeni br. 132. Prevodu je ovde najjednostavnije bilo da se opredeli za *...krpu*, čime se, uostalom, obezbeđuje i rimovanje sa završetkom narednog stiha (*...rupu.*).

[463] Doslovno značenje originalnog stiha *Such is the luck that some men get while they begin to me'l* bilo bi: *Takva je sreća koja ponekom zapadne kad krene da se meša*, a ta suština je svakako izražena prevodnim stihom *Tako nekad sreća služi kad 'ćeš da se pačaš,*. Treba zapaziti oblik *me'le*, što je kon-

trahovano od *meddle*, neprelaznog glagola iz *vulga latina* i starofrancuskog, sa značenjima: *dirati/dodirivati bez potrebe*; *pačati se/plesti se/uplitati se u tuđe poslove*; *baviti se nečim bez potrebe*; *zabadati nos kud ne treba.* Prevodni stih se opredelio za završetak ...*pačaš* i zbog toga što treba pripremiti rimovanje sa završetkom narednog stiha (...*shvataš?*); sâm oblik *me'le* je svakako izgovaran tako da se rimuje s *well*, što je završetak narednog stiha u originalu.

[464] Prevodni stih *Da se nađeš u muci da sve dobro bude, shvataš?* unekoliko slobodno dočarava značenje originalnog *In setting at one such as were out, minding to make all well*, koje bi doslovno izraženo moglo da glasi: *U nastojanju da pomogne nekom u nevolji, sa željom da učini da sve bude dobro.* U nadovezivanju na značenje prethodnog stiha, prevodni stih je kondenzovaniji, a vernost živom kolokvijalnom izražavanju dodaje i upitnim završetkom.

[465] U ovom stihu vredno je zapaziti pojavu oblika *'scape*, što je kolokvijalno skraćenje glagola *escape*, poreklom iz starofrancuskog jezika, koji je poznatiji kao neprelazan, u značenjima: *uteći, pobeći, umaći, umaknuti*; *izmaći, izvući se, izvlačiti se*; na ovom mestu, međutim, u kombinaciji *'scape that stour*, taj glagol je prelazan, i znači *izbeći*; tu su još i značenja: *otrgnuti se*; *promaći*; *izmaći nečem.* Za imenicu *stour* zanimljivo je da se javlja u škotskom govoru, u značenju *gungula, vreva, buka*; *borba, boj.* Stoga prevodni stih *Blagoslov, Bako, da izbego' taj boj! Da tamo odoh*, sasvim odgovara značenju originalnog stiha *Was not well blessed, Gammer, to 'scape that stour? And 'Chad been there, .*

[466] U ovom stihu od Hodža se ponovo čuje ...*Gaffer Vicar!*, što je prevedeno kao: ...*deda paroh!.* Imenice *gaffer* i *vicar*, kao i kombinacija *gaffer vicar*, to jest obraćanje *Gaffer Vicar*, podrobno su opisani u napomeni br. 325.

[467] Originalni stih ovde počinje s *Marry, sir,...*, što je prevedeno s *Boga mu,...*, dok je još napomena br. 121 objasnila da je *Marry!* u stvari – *By the Virgin Mary!* Imenica *sport* javlja se na većem broju mesta, ali za potrebe ukupnog smisla i sastava ovog stiha kombinacija *a sport alone* nije *samo šala*, već *gruba šala.* Drugi deo stiha ...*I looked for such an end.* doslovno bi značio: ...*Očekivao sam takav završetak.* Originalnom stihu *Marry, sir, here is a sport alone. I looked for such an end.* tako sasvim odgovara prevodno rešenje *Boga mu, sve je gruba šala, i vid'o sam tako.*

[468] Suština ovog stiha je da „Paroh Pacoje nije ništa bolje prošao", pošto mu je Četovica „lobanju odrala". Imenica *crown* je dovoljno objašnjena u napomeni br. 280. Prelazni glagol *pare* je iz starofrancuskog, poreklom od latinskog *parare*, a značenja su mu: *seći, odseći, odsecati, rezati, odrezati, saseći; ljuštiti, oljuštiti, otrebiti.*

[469] Specifična upotreba glagola *dress*, naročito u pasivnoj formi, prisutna je na većem broju mesta, a diskutovana je u napomenama br. 127, 220 i 269. Prava zanimljivost ovog stiha je u pojavi imenice *colt*, čija su značenja: *ždrebe* (i figurativno); *ždrebac; magare; mladunče (konja, magarca, zebre, kamile)*, a tu je i generalno značenje *novajlija*. Hodžov navod da je *...dressed like a colt!* preveden je ipak kao: *...išiban k'o štene!*, čime se omogućava i rimovanje sa završetkom narednog stiha (*...i mene.*).

[470] Doslovan prevod završnog dela originalnog stiha *... 'Chad been made a dolt.* glasio bi: *...bio bih napravljen na tikvana* (ili *glupana*).; imenica *dolt*, iz srednjoengleskog perioda, objašnjena je u napomeni br. 191. Prevodni stih se ipak završava s: *...izigr'o bi i mene.*, između ostalog i da bi se postiglo rimovanje sa završetkom prethodnog stiha (*...štene!*).

[471] Originalni stih *Fie on the villain! Fie, fie! That makes us thus agree!* imao bi doslovno značenje: *Fuj na nitkova! Fuj, fuj! U tome se tako svi slažemo!* ili *Na osnovu svega vidi se da nam je svima isto* (*da smo svi isto prošli*). Nešto slobodnije, ali kolokvijalnije i životnije, uverljivije, prevodni stih nudi: *Sram ga bilo, lupež! Fuj, fuj! Sve nas sludeo!* Sâm završetak postiže još i rimovanje sa završetkom prethodnog stiha, odnosno prethodne Bejlijeve replike (*...gde god se deo!*).

[472] I ovde bi doslovan prevod originalnog stiha (*Come, knave, it were a good deed to geld thee, by Cock's bones!*) bio dosta rogobatan: *Hajde, nitkove, bilo bi dobro delo tebe uštrojiti, koske mu Bogine!* O staronordijskom glagolu *geld* dosta je rečeno još u napomeni br. 36. Upotrebljena iz milja, imenica *Cock*, poput više puta viđene imenice *Gog*, odnosi se na *Boga*, odnosno na *Isusa Hrista*, što je objašnjeno u napomeni br. 363. Osim što se završava tako da postiže rimovanje sa završetkom prethodnog stiha, odnosno Dikonove replike (*...broji!*), formulacija prevodnog stiha u potpunosti odražava raspoloženje

Gospe Čet u ovom trenutku i ton njenog obraćanja Dikonu: *Arsuze! Boga mi, da te čovek uštroji!*.

[473] Drugi deo originalnog stiha (...*Sir Rat, can you forbear him?*) preveden je kao ...*Gos'n popo, mrzak Vam?*, što je savršeno jasno, a i mnogo prirodnije zvuči od mogućeg doslovnog: ...*možete li da ga smislite/snosite/podnesete?* U vreme događanja koja pratimo u ovoj komediji staroengleski glagol *forbear* je kao prelazan imao značenja (danas zastarela ili arhaična): *trpeti, podnositi, biti strpljiv prema, biti trpeljiv prema*; *štedeti koga*; *biti popustljiv* (ili *milostiv*) *prema*.

[474] Dikon se ovde pravi nevešt, tobože smatrajući da treba da se brani od optužbe da je *on* povredio Paroha Pacoja, pa proklinje onoga ko je to uradio (*A vengeance on those hands light!... – Proklet ko to uradi!...*) i dodaje: ...*For my hands came not near him. – ...Ja ga ni prstom nisam.* I ovde bi odužen i nespretan bio doslovan prevod: *Osveta (neka padne) na te ruke lake (što to uradiše)! Jer moje mu šake ni blizu nisu prišle.* Ironija je u tome što vragolasti i prepredeni Dikon *proklinje* onog ko je to uradio koristeći sintagmu *hands light*, tako da bi moglo da se tumači i da je poručio: *Proklet bio ko to uradi, laka mu ruka (ruke mu se pozlatile)!*; *light hand* je: *laka ruka*, figurativno: *blagost, dobrota, umerenost.*

[475] Originalni stih *That his head would not serve him, belike, to come down the stairs.* opet ima doslovno značenje koje je oduženo i rogobatno: *Toliko da ga glava nije služila, po svoj prilici, da siđe niz stepenice.* Dikon je sve vreme ironičan i strog, praktično nemilosrdan, u odnosu na sveštenika – ovaj stih se nadovezuje na prethodni, u kome kaže da je „taj kurvin sin (!) pop previše dizao vrč (ispijao pivo) kod neke žene u pivnici". Prevodni stih je zato jednostavan i britak: *Glava pretegnula, basamake izljubio.* Vredi i ovde zapaziti pojavu priloga *belike*, koji je bliže objašnjen u napomeni br. 400.

[476] Dikonovu ironiju i bezobrazluk predstavnik zakona Bejli ovde obuzdava rečima: *Nay, soft! Thou mayst not play the knave and have this language, too! –* doslovno: *Ej, lakše! Ne možeš ti tu da izigravaš mangupa i još da se takvim rečima služiš!*. Prevodni stih je isti smisao dočarao nešto slobodnije: *Ćut', more! Em si mangup, em zvrndaš poput zolje!*, pri čemu završna reč priprema rimovanje sa završetkom narednog stiha (...*bolje.*).

[477] *'Ajde jezik za zube malo,...* prevod je prvog dela originalnog stiha *If thou thy tongue bridle awhile,...* Glagol *bridle* je iz staroengleskog jezika, a kao prelazan ima značenja: *zauzdati*; figurativno: *zauzdati, obuzdati* (*to bridle one's passions – obuzdati svoje strasti*). Prilog *awhile* znači: *kratko vreme, malo*; *izvesno vreme* (*Wait awhile –* Pričekajte malo!).

[478] Doslovan prevod originalnog stiha *And for thy fault, I promise thee, thy handling shall be reasonable.* mogao bi da glasi: *A za tvoju krivicu, obećavam ti, prema tebi će se postupiti razumno.* U nastojanju da slučaj privede kraju na zadovoljstvo svih uključenih, Bejli poziva Dikona da prizna krivicu i da se pokaje, i pri tom mu obećava da neće biti prestrogo kažnjen. Prevodni stih u potpunosti dočarava ovakvo značenje, a postiže i rimovanje sa završetkom prethodnog stiha (*...više*): *To što skrivi, moja ti reč, da se kazni ne suviše.* Pridev *reasonable* je iz starofrancuskog jezika, a pre svega znači: *razuman, obdaren razumom*; *razložan, razborit*, na ovom mestu naročito: *razuman, shodan razumu*; *pravičan, opravdan*; *u granicama razuma, nepreteran, umeren.*

[479] Ovaj stih je završetak Dikonovog iskaza u kom on drsko uzvraća Bejliju da i drugi ljudi često lažu, i da je njemu žao samo zbog toga što nije stigao na vreme da vidi celu tu „zabavu", to jest kako se dve žene tuku, o čemu i sâme izveštavaju – *Što napraviše kad se sretoše, same kažu to.* Imenica *sport* se javlja na više mesta, a značenje joj je: *zabava, razonoda, igra, provod, šala.* Imenica *report* je iz starofrancuskog jezika, od latinskog *reportare – javiti, javljati, izvestiti*; *podneti/podnositi izveštaj.*

[480] *...Vidi te masnice! –* završetak je prevodnog stiha koji u originalu glasi *...Ye see how he is dressed.* O upotrebi glagola *dress* kad treba reći da je neko *pretučen*, ali i *nasamaren, udešen, upropašćen* bilo je reči na više mesta (napomene br. 127, 220, 269), a prevodni stih se ovde odlučio za *...masnice* između ostalog i da bi se pripremilo rimovanje sa završetkom narednog stiha, to jest naredne Dikonove replike (*...vlasnice?*).

[481] Bejli ovde optužuje Dikona da je svojim planom doveo do toga da Paroh Pacoje upadne u veliku nevolju. Originalni stih *Yea, but it was thy drift to bring him into the briars.* imao bi doslovno značenje: *A-ha, al' tvoje je bilo usmerenje koje je imalo da ga odvede u trnovo šiblje.* Imenica *drift* ima brojna

značenja: *teranje, gonjenje*; *vodena struja izazvana vetrom*; *nanos, smet*; *usme-renost, smer* (*the drift of a speech* – *usmerenost nekog govora*; *I don't under-stand your drift* – *Ne razumem na šta ciljate, Ne razumem kamo/na šta smerate*). Imenica *briar*, poreklom iz francuskog jezika, u botanici znači: *trnov šib, trn*; *divlja ruža, šipak*. Prevodni stih – *Jah, al' ti napravi da u trnje uleti.* – u potpunosti prenosi duh Bejlijeve poruke/optužbe, a svojim završetkom pri-prema rimovanje sa završetkom narednog stiha (...*pameti?*).

[482] Doslovan prevod originalnog stiha *He showeth himself herein, ye see, so very a cox*, mogao bi da glasi: *Pokazuje se on ovim/ovde, vidiš, (kao) toliko velika budala*, ali je ponuđeni prevodni stih *Pokaza se ovde, vidi ti, teška ludija*, kompaktniji i verniji Dikonovom spontanom izražavanju. Složeni prilog *herein* je iz perioda staroengleskog jezika, sa značenjem: *u ovom, u tom*. Oblik *cox* je svakako skraćenje od *coxcomb*, što je: *ludačka kapa, kapa dvorske lude, kapa glupog avgusta*; ali i: *uobraženko, razmetljivko, gizdavac, kicoš, fićfirić.* Značenje koje je Dikon ovde želeo da postigne sasvim sigurno je: *budala, ble-savac, brljivko, praznoglavac.* Zanimljivo je da se u savremenom engleskom jeziku imenica *cox* javlja i upotrebljava kao skraćena forma od *coxswain* – *čamdžija, krmar, krmanoš, kormilar*, kao i da postoji glagol *cox* (i prelazan i neprelazan), sa značenjem *krmiti, krmaniti* (brodom, čamcem), *kormilariti.*

[483] Stih *For he leapt in for mice, and this sir John for madness.* – *On uskoči po miša, a pop što je budala.* završni je u nizu od tri stiha u kojima Dikon drsko, na sebi svojstven način, poredi Paroha Pacoja s mačorom iz basne u kojoj lukava lisica navede mačka da nagazi i otvori klopku slatkorečivo ga ubeđu-jući da je u njoj miš; lisica onda umakne s ukusnim mamcem, dok mačak os-taje priklješten u zamci. Prema Dikonovom mišljenju, mačak je stradao jer su ga instinkt i glad naveli da pokuša da se domogne miša, dok je sveštenik upao u klopku usled sopstvenog *ludila*, odnosno sopstvene *budalaštine*. Imenica *madness* se javlja krajem 14. veka upravo u značenjima: *ludilo, umobolnost, umna poremećenost*; *veliko uzbuđenje*, pa svakako i: *ludački postupak*, dok se nijansa značenja koja govori o *brljivosti, blesavosti, budalastom postupanju* javlja početkom 15. veka. Za Dikona je Paroh Pacoje *Sir John*, što je još napomenom br. 371 objašnjeno kao tradicionalan narodski naziv za *sveštenika, popa*; Dikon se tim nazivom već poslužio u neposrednom obraćanju Parohu Pa-coju kad mu je pomagao da tajno uskoči u kuću Gospe Čet (4. prizor IV čina).

[484] Uzrujani Paroh Pacoje na ovom mestu kaže: *Well, and ye shift no better, ye losel, lyther and lazy,* što bi u doslovnom prevodu značilo: *Vala, ti mu nisi ništa bolji, ti ništaku, ljigavi i lenji,.* Još u napomeni br. 277 objašnjena je imenica *losel,* danas arhaična i retko korišćena: *ništarija, ništavilo, ništak; nevaljalac, hulja*; pridev *losel*: *ništavan*; sve to, u sprezi s *ljigav* i *lenj,* asocira na *lenjivu ništariju* ali i *puža golaća,* tako da se prevodni stih opredelio za: *Ma, ti si pa nešto, bitango lenja, goli puže,*; poslednja reč obezbeđuje rimovanje sa završetkom narednog stiha (*...uže!*).

[485] U ovom stihu Paroh Pacoje nastavlja da se raspaljuje na Dikona i kaže da je, zbog svega što je ovaj sada učinio, rešen da traži da on *ukrasi uže*: *I will go near, for this, to make you leap at a daisy!* Prevodni stih je uobličen kao: *Za ovo sada, vala ću da ukrasiš uže!,* s posebnom napomenom da je ovaj završni deo, *...da ukrasiš uže!,* u stvari slobodan prevod idiomatskog *to leap the daisies,* što je značilo *to be hanged* – biti obešen. Glagol *leap* znači *skočiti, skakati, skakutati, poskakivati,* dok *leap at* ima značenje *jurnuti, kidisati, poleteti na.* Imenica *daisy* se odnosi na cvet *krasuljak (Bellis perennis),* ali i na cvet *volovsko oko (Chrysanthemium leucanthemum).* Čest je uzvik *Ups-a-daisy!* (pisan i kao *Upsidisy, Upsa daesy, Upsy-daisy, Oops-a-daisy, Oopsy-daisy, Hoops-a-daisy*), koji se koristi da se ohrabri dete da ustane posle pada, ili kad se dete podiže/baca u vis (*Opaaa!, Opa-laa!, Skoči, zeko!*). Paroh Pacoje kao da hoće da kaže da želi da priđe i izmakne Dikonu oslonac, da ovaj *poleti/skoči na cveće.* Sve to asocira na *vešanje.*

[486] Zanimljivost originalnog stiha *In the King's name, Master Bailey, I charge you set him fast!* pre svega je u tome što početni deo doslovno znači *U ime Kralja,...*; to bi moglo da je znak i potvrda da je „Igla Babe Gerton" prvi put izvedena svakako u proleće 1553. godine, za vreme kratke vladavine mladog kralja Edvarda VI, koji je imao samo 15 godina kada je umro, 6. jula te godine. Edvard VI je bio sin Henrija VIII i Džejn Sejmur, a rođen je 12. oktobra 1537. Kralj Engleske i Irske postao je 28. januara 1547, a krunisan je 20. februara, kada je imao samo devet godina. Bio je treći monarh iz dinastije Tjudora, a prvi engleski kralj koji je odgajen u duhu protestantizma. Tokom cele njegove kratke vladavine (pošto on nije doživeo punoletstvo) Kraljevstvom je upravljao Regentski savet.

Glagol *charge*, poreklom iz starofrancuskog, ima brojna značenja, od kojih bi ovde došla u obzir značenja prelaznog glagola: *naložiti, nalagati kome što, zapovediti, zapovedati, narediti, naređivati, staviti/stavljati kome u dužnost, dati/izdati kome nalog za što, ovlastiti, ovlašćivati, poveriti kome što*, ali i blaže: *opomenuti, opominjati, preporučiti, preporučivati; tražiti*. Prelazni glagol *set*, iz staroengleskog jezika, u velikom nizu značenja ima i: *stisnuti, stiskati, stegnuti, stezati*. U upotrebi na ovom mestu *fast* je prilog, u značenju *čvrsto, sigurno; nepomično, potpuno; duboko*. Na osnovu izloženih elemenata, jasno je da ponuđeni prevod u potpunosti izražava sadržinu i odlučan ton Pacojevog zahteva upućenog predstavniku zakona: *U ime Krune, drž'te ga dobro, tražim čvrsto!*.

[487] U originalnom stihu *What? Fast at cards, or fast asleep? It is the thing that I did last*. Dikon se pravi nevešt a u stvari sprovodi svoju drsku duhovitost, zasnovanu na igri rečima odnosno na različitim upotrebama priloga *fast*: *Kako? Da me drma u kartama, ili da me ljulja da spavam? Pa spavanje mi je poslednje što sam radio*. Prevodni stih, naravno, mora da je neuporedivo kompaktniji, sa završetkom koji mora da se rimuje sa završetkom prethodnog stiha (*...čvrsto!*): *Kako? Da me ljulja da spavam? Pa samo što sam ust'o*.

[488] Ražešćeni Paroh Pacoje se uklapa u igru upotreba priloga *fast*, i kaže: *Nay, fast in fetters, false varlet, according to thy deeds!*, što bi doslovno značilo: *Jok, da te ljuljne u okove, nitkove truli, prema zaslugama/prema tvojim delima!* Imenica *fetter* je iz staroengleskog perioda, sa značenjem: *bukagije, okovi, lanci*; figurativno (najčešće u pluralu – *fetters*): *okovi, smetnja, prepreka, stega, ropstvo*. Pridev *false*, njegovo poreklo i značenja izloženi su na više mesta, a naročito u napomeni br. 414. Imenica *varlet* je iz starofrancuskog jezika, a značenja su joj: *konjušar, pratilac, skutonoša, paž viteza; lični sluga, sluga, poslužitelj*, dok je značenje koje se danas doživljava kao arhaično ali je u vreme odigravanja ove komedije svakako bilo vrlo aktuelno: *izmećar, podlac, nevaljalac, nitkov*. Imenica *deed* se javlja na većem broju mesta, a najpodrobnije je objašnjena u napomeni br. 402; dodatno treba naglasiti da množinski oblik *deeds* znači *dela*, na primer *the deeds of a hero* – *dela jednog junaka*. Na osnovu shvatanja analiziranih elemenata ponuđen je prevodni stih: *Jok, u lance, nitkovu lažljivi, eto plate!*, koji svojim završetkom obezbeđuje rimovanje sa završetkom narednog stiha (*...znate?*).

[489] Na ovom mestu Bejli kaže: *Some other kind of punishment*, što doslovno znači: *Neku drugu vrstu kazne.*, a prevedeno je kao: *Nešto drugo moraćemo.*, jer predstavlja nadovezivanje na prethodni (prvi) stih ove Bejlijeve replike, u kojoj se predstavnik zakona pita da li je sve ovo što je Dikon uradio zaista protivzakonito, da li predstavlja kršenje zakona u strogom smislu. On već razmišlja o mogućnosti da Dikon bude privatno kažnjen, da mu oni zajedno smisle neko ispaštanje u odnosu na sve njih koje je oštetio.

[490] Na ovom mestu Paroh Pacoje kaže: *Nay, by all hallows!*, što bi značilo: *Jok, svih mu svetih/svih mu svetaca!.* Imenica *hallow* je zastarela, više se ne upotrebljava, osim u *All-Hallows* – *svi sveti*; *Svi sveti* (praznik, dan posvećen *Svim svecima* – 1. novembar). Prevod se ovde opredelio za: *Jok, svih mu nebesi!* da bi se obezbedilo rimovanje sa završetkom narednog stiha u ovoj Pacojevoj replici (*...da se besi!*).

[491] U originalnom stihu *That were too sore. A spiritual man to be so extreme!* zanimljiv je prvi deo, u kome Bejli naglašava da bi *to* bilo *mnogo, previše*, strašno. Pod *to* on svakako misli na vešanje, koje je tražio Paroh Pacoje; u drugom delu stiha on na skoro prekoran način izražava iznenađenje što jedan duhovnik zapada u takvu krajnost – *To Vam* mnogo *strašno. Duhovnik ste, a preteraste!* Pridev *sore* je iz staroengleskog jezika, a među brojnim značenjima su mu: *bolan, ranjav*; (figurativno) *bolan, žalostan; osetljiv, razdražljiv; ljût, žestok, jâk, silan; težak, mučan*.

[492] Originalni stih *It is a shame, Ich tell you plain, for such false knaves entreat!* doslovno bi značio: *Sramota je, otvoreno/u lice Vam kažem, tako lažljive nitkove podržavati!* Imenica *shame* je iz perioda staroengleskog jezika, a značenja su joj: *stid, stiđenje, sram, sramljenje, sramovanje, sramež*; izraz *it is a shame* – *stidno je, sramno je*. Pridev *plain* je iz starofrancuskog jezika, od latinskog *planus*, a među brojnim značenjima su mu: *ravan, pljoisnat, gladak; prost, jednostavan, lak; otvoren, prostosrdačan, prostodušan; običan, prirodan; neizveštačen, neukrašen*; ovde je upotrebljen kao *prilog*, u značenju: *jasno, razgovetno; očito*. Imenica *knave* javljala se na većem broju mesta, a objašnjavana je u napomenama br. 216, 235, 311, 354, 434. Glagol *entreat* objašnjen je u napomeni br. 251. Na osnovu izloženih elemenata, ponuđen je prevodni stih: *Bruka, oku Vam kažem, lažnog gada štitite!*, čiji završetak postiže rimovanje sa završetkom prethodnog stiha, to jest Bejlijeve replike koja prethodi (*...ljutite.*).

[493] U originalnom stihu zanimljiv je završetak *...with least or most?*, kojim Bejli upotpunjuje obraćanje Dikonu pitajući ga zar on nema tu šta da kaže *...ovako ili onako?* to jest *...u ovom smislu ili u onom?* ili *...bilo kako bilo?* ili *...kratko ili naširoko?*. Prevodni stih se opredelio za rešenje: *Imaš li ti tu šta, Dikone, reč krupna il' mala?*, koje je dovoljno kompaktno, a obezbeđuje i rimovanje sa završetkom narednog stiha (*...nestala!*).

[494] Uzrujani Hodž se na ovom mestu obraća Dikonu s dva uzvika. Prvi je *Thou liar, lick-dish!...*, u kom složena imenica *lick-dish* (*čankoliz*) nudi jasnu asocijaciju na *bedu, niskost; ulizištvo; prosjačenje; smišljenu pokvarenost*. Drugi uzvik je u formi pitanja: *Didst not say the nee'le would be gitten?*, a zapaža se oblik *gitten* kao znak da Hodž iz neukosti loše izgovara ono što bi trebalo da je *gotten*; takav izgovor ovde je još u funkciji obezbeđivanja rimovanja sa završetkom narednog stiha (*...beshitten*). Što se tiče samog oblika *gotten*, to je prošli particip glagola *get*, iz staroengleskog perioda, koji se danas smatra zastarelim a sreće se retko – kao provincijalizam ili u američkoj varijanti engleskog jezika. Prevodni stih *Bedo lažljiva! Ne reče li – igla vratiće se?* u potpunosti dočarava Hodžovo raspoloženje u ovom trenutku i ton njegovog obraćanja Dikonu.

[495] Stihom *As long as it is since, I fear me yet you be scarce clean! – Sve od tada, još se plašim da ti teško da si čist!* Dikon podseća Hodža na onu veliku nezgodaciju koja mu se desila pred kraj prvog prizora Drugog čina. Pridev *scarce*, iz starofrancuskog jezika, iz srednjolatinskog odnosno latinskog jezika, ima značenja: *oskudan, jedva dovoljan, mršav; redak*; ovde je upotrebljen kao prilog, čiji je današnji pun oblik *scarcely – jedva; teško, mučno, s teškom mukom, na jedvite jade*. Prevodni stih glasi: *I sve od tad se plašim opra li se, il' vonjaš!*, a završetak se rimuje sa završetkom prethodnog stiha (*...znaš,*).

[496] Najzanimljiviji deo ovog originalnog stiha je završni: *...is so clean shrive*, kojim Bejli hoće da kaže da je Dikon sada *čist*, pošto se poverio/ispovedio i dobio oproštenje. Oblik *shrive* je u ovoj konstruktivnoj formi oblik prošlog participa, a reč je o staroengleskom glagolu *shrive*, čiji su oblici inače: preterit – *shrived, shrove*, prošli particip – *shriven, shrived*. Značenje: *ispovediti, ispovedati; ispovediti se, ispovedati se*. Oblik *clean*, iz staroengleskog jezika, ovde je prilog, u značenju: *čisto; čedno; tačno; sasvim, posve, potpuno*.

[497] Originalni stih *To end with mirth among us all, even as it was begun.* – *U veselju svih nas, k'o pre gužve što beše slučaj.* u stvari je završetak Bejlijeve replike od ukupno osam stihova u kojoj on apeluje na sve da se slože s njegovim načinom sređivanja cele stvari; on hoće da osudi Dikona na javno pokajanje i poslušnost, a od svih učesnika u nemilim događajima traži da zaborave i oproste, kako bi se u veselju i dobrom raspoloženju rastali. Svoj doprinos vidi u tome što se odriče honorara koji mu pripada, jer uvažava činjenicu da je svako na neki način tu ozleđen i/ili oštećen.

[498] Originalni stih ovde glasi: *To help her to her needle again, if it do lie in thee* – , što bi doslovno značilo: *Da joj pomogneš da opet dođe do svoje igle, ako to stvarno leži na/u tebi* – . Značanje završnog dela u stvari je: *...ako si stvarno u stanju da to učiniš* – , tako da je ponuđen prevodni stih: *Da pomogneš da iglu vrati, ikako li umeš* – .

[499] Zanimljivost ovog stiha je u kombinaciji *...or ever...* primenjenoj u značenju *before* – *pre nego, pre nego što,* tako da je za originalni stih: *What, Hodge! Doth he hurt thee or ever he begin?* ponuđen prevod: *Šta je, Hodže! Je l' te pre zakletve tresn'o?,* čiji završetak obezbeđuje rimovanje sa završetkom narednog stiha (*...kresn'o!*).

[500] Stih *How now, Hodge, how now?* – *Šta bi, Hodže, šta je?* zanimljiv je po pojavi uzvika *how now,* u značenju *pa?, šta ima?, šta je bilo?, šta je (to) sad?.* Danas je zastareo izraz/uzvik *why how now?,* koji je imao isto značenje, a postojao je u vreme dešavanja radnje ove komedije.

[501] Originalni stih *Marry, so ye might, dress us.* predstavlja nadovezivanje Babe Gerton na Hodžovo *'Chould Ich were hanged, Gammer!* – *E, da visim, Bako!.* Ona u stvari kaže: *I hoćeš, visićeš, ako nam se sad ne obratiš.* ili: *I hoćeš, visićeš, ako nam ne kažeš šta je.* Ponuđen je prevod: *I 'oćeš, il' se oglasi!.*

[502] *Marš! Smešno nije!* – prevod je koji unekoliko slobodnije dočarava značenje originalnog *No, fie! Dost but dodge!,* što bi doslovno značilo: *Ne, fuj! Ti se samo sprdaš!.* Neprelazni glagol *dodge* ima značenja: *vrdati, izvrdavati* (telesno ili moralno); *izvrdavati istinu.* Imenica *dodger* se onda koristi u značenjima: *vrdalama, šeret; podvaladžija.*

[503] Prevod originalnog *Soft, Gammer!* ovde je: *Pazi, Bako!*, s napomenom da je *soft* prilog iz staroengleskog jezika, sa značenjima: *meko, mekano*; *blago*; *lagano, tiho*. Kao uzvik: *Polako!*, ili *Lakše!*, ili *Lagano!*.

[504] Zanimljivost ovog stiha je u pojavi glagola *beguile*, od srednjoengleskog *begilen, begylen*, što odgovara kombinaciji *be-* + *guile*, a u vezi je i s holandskim *beghijlen*, iz istog perioda. Samo *guile* je iz srednjoengleskog, od starofrancuskog, u značenju *lukavstvo, prevara*. Stoga je originalni stih *Nay, sweet Hodge, say true, and do not me beguile.* preveden kao: *Jok, slatki, stvarno? Nemoj da me radiš!*.

[505] Doslovno značenje originalnog stiha *Hodge, when I speak so fair, wilt still say me nay?* bilo bi: *Hodže, kad (ti) tako lepo govorim/kad te tako lepo molim, hoćeš li i pored toga/hoćeš li i dalje da mi je ne daš?*. Da bi se postigla životnost, uverljivost, prevodni stih neuporedivo kompaktnije kaže: *Hodže, lepo te molim, daj je! O, sreće!*. Izdvojen završni deo služi da izrazi raspoloženje Babe Gerton u ovom trenutku, i postiže rimovanje sa završetkom prethodnog stiha, to jest prethodne Hodžove replike (*...neće!*).

[506] Originalni stih *'Tis my own dear nee'le, Hodge, certainly I wot!* sasvim je adekvatno preveden kao: *Moja draga igla, jeste, jašta, vidim!*, a zapažanja je vredna još jedna od brojnih pojava glagolskog oblika *wot* – arhaičnog oblika za prvo i treće lice jednine sadašnjeg vremena glagola *to wit*, koji je već bio predmet većeg broja komentara, posle podrobnog objašnjenja u napomeni br. 39.

[507] U originalnom stihu *As though I my own self as good a turn had!* vredi zapaziti pojavu imenice *turn*, iz starofrancuskog jezika, među čijim je brojnim značenjima svakako: *okretanje, obrtanje, okret, okretaj, obrt, obrtaj*; *the turn of a wheel* – *obrtaj točka*, pa prema tome i: *the turn of Fortune*, odnosno *the turn of the Wheel of Fortune* – *obrt sreće, obrtaj točka Sudbine*. U obzir bi došlo i značenje: *obrt; preokret; nagla promena, prekretište, prekretna tačka, prekretnica*. Na osnovu navedenog, završni deo stiha *...as good a turn had!* lako bi mogao da se parafrazira s: *had the same good luck,* tako da sasvim odgovara prevodni stih *K'o da mene samu sreća strefi čisto!*, čija poslednja reč obezbeđuje i rimovanje sa završetkom prethodnog stiha (*...isto*).

[508] U ovom stihu se prvi put javlja još jedna imenica iz staroengleskog perioda: *whit – malenkost, čestica, tačkica, najmanji deo, trunka*; *not a whit – ni najmanje, nimalo*. Adekvatan prevod Pacojevog: *I am no whit sorry to see you so rejoice!* stoga je: *Ne žalim ni trun što u sreći blesnuste!*, s dodatnom napomenom da poslednja reč priprema rimovanje sa završetkom narednog stiha (*...živnuste;*). I pridev *sorry – žalostan, tužan* potiče iz perioda staroengleskog jezika, dok je glagol *rejoice* iz starofrancuskog, ovde upotrebljen kao neprelazan – *radovati se, veseliti se*.

[509] U originalnom stihu *Yet say „gramercy, Diccon, for springing of the gain.“* ponovo se javlja neprelazna glagolska forma *gramercy*, objašnjena u napomeni br. 225. Glagol *spring* je iz staroengleskog jezika, a od njegovih brojnih značenja na ovom mestu je važno figurativno značenje prelaznog glagola: *izazvati naglu pojavu, proizvesti, proizvoditi, izneti, izneti na videlo, probuditi*. Imenica *gain* je iz srednjoengleskog perioda, poreklom iz francuskog jezika, sa značenjima: *dobit, dobitak, zarada*, u familijarnom registru: *vajda, hasna, berićet, ćar*. Iz prevodnog stiha *Ipak, rec'te „Hvala, Diki, ti istera ćar“!* jasno je da Dikon traži da mu zahvale što je „izneo na videlo“ iglu, što je doprineo da se ponovo nađe toliko dragocena izgubljena stvar. Završna reč je *ćar* da bi se pripremilo i rimovanje sa završetkom narednog stiha, što je prvi stih u narednoj replici Babe Gerton (*...dar!*).

[510] *Ko me išta voli, da pijemo, aj'mo!* – prevod je originalnog stiha *If ever ye love me, let us go in and drink.*; Baba Gerton je toliko obradovana što se ponovo domogla svoje drage igle da sada želi da potroši svoj poslednji/jedini novčić od pola penija tako što će u krčmi svima u ovom društvu da plati po piće (to jest pivo). Prilog iz staroengleskog jezika *ever* ima brojne upotrebe i značenja, a na ovom mestu bi to najpre bilo familijarno: *igda; uopšte; god; iole*. Početak prevodnog stiha mogao je da glasi *Ko me imalo voli*, ili *Ko me iole voli*, ali je umesto *imalo* ili *iole* rečeno *išta* u cilju održanja ukupnog broja slogova.

[511] Predstavnik zakona Bejli izražava da je spreman da krene u krčmu i nada se da su i ostali saglasni, a Parohu Pacoju taktično obrazlaža da bi bilo najbolje da tako postupe jer će pre svega njemu prijati da se ugreje i da previje rane i ogrebotine: *Then shall you warm you and dress yourself, too.* – *U toplo, da rane previjete.* Zanimljivo je da se glagol *dress* javljao na velikom broju mesta u svom figurativnom značenju, pa je tako i tumačen većim brojem napomena

(br. 127, 220, 269, 458, 469, 480, 501); ovde je upotrebljen u fizičkom značenju *odevanja*, odnosno *presvlačenja/previjanja*; *to dress a wound* – *previti ranu*.

[512] Vragolasti ugursuz Dikon završava predstavu i ovo svoje (poslednje) obraćanje publici stihom: *For Gammer Gurton's needle's sake, let us have a plaudity!*. Zvuk/izgovor poslednje reči postiže rimovanje sa završetkom prethodnog stiha (...*be,*), inače je oblik *plaudity* zastarela upotrebna forma latinske imenice *plaudit* – *pljeskanje, tapšanje* (rukama); *odobravanje*. Poslednja reč prevodnog stiha *U ime igle babine, 'ajd' pljeskajte nam malo!* postiže rimovanje sa završetkom prethodnog stiha (...*dalo,*).

POGOVOR

Pojedini izučavaoci engleske renesansne književnosti na ovim prostorima u svojim tekstovima su skretali pažnju na doprinos i značaj dela *Igla babe Gerton* u razvoju engleske komedije, ali je ovaj komad, zanimljiv i inspirativan za tumačenje iz mnogo različitih uglova, preveden na srpski jezik tek 460 godina posle svog prvog izvođenja. Pored kontroverzi u vezi s pitanjem ko je, zapravo, autor teksta, pomenuta zabavna dramska forma, koja nosi „uočljivije obeležje svoga vremena" i ima „autentičnu lokalnu boju", kako to u svojoj knjizi *Engleska književnost 1* izražava profesorka Ivanka Kovačević (1991), navodi na interesantna razmišljanja u vezi s izvesnim aspektima svoje epohe.

Za razliku od druge čuvene engleske komedije iz rane renesanse, *Ralf Hvalisavac* (*Ralph Roister Doister*, autora Nikolasa Judala, svakako nastala pre 1553, a štampana kasnije), u kompoziciji ovog dela ne preovlađuju samo elementi isticani u antičkoj Grčkoj, već domaća književna tradicija, što potvrđuje zanimljivost da se engleska drama u svom razvoju nije oslanjala isključivo na klasičnu dramu. Štaviše, prvi dramski oblici izdvojili su se iz liturgijske drame u koju su postepeno dospevali svetovni oblici to jest zabavni i komični momenti, izvesna doza satire i nebiblijske forme. Po profesorki Kovačević, to „mešanje komike i tragike, šale i zbilje, tankoćutnosti i svireposti" bilo je karakteristično za mirakule, čije su elemente koristili dramski pisci renesanse. Međutim, pored mirakula, Šekspirovi prethodnici i savremenici su se u svom stvaralaštvu oslanjali i na moralitete, alegorijske drame s likovima koji nisu, kao u mirakulama, biblijske ličnosti, nego personifikacija apstraktnih osobina, najčešće vrlina i poroka. Za *Iglu babe Gerton*, i komediju u vreme Tjudora generalno, značajan je lik iz moraliteta koji se zove Porok (Vice) – „komično spadalo i spletkara koji svojim zabavnim ujdurmama uspeva da privremeno nasamari ili obmane glavnog junaka i njegove saveznike iz tabora vrlina".

Upravo je po ugledu na lik Poroka osmišljen lik Dikona u komediji *Igla babe Gerton*. Ovaj vrcav i duhovit protagonista inicira lukave, a nadasve šaljive, smicalice s komičnim ishodom. Na primer, uviđajući koliko je priglupom Hodžu stalo da se pred svojom simpatijom Kirstijanom pokaže na najbolji način, Dikon obećava da će mu pomoći da zašije poderane pantalone ukoliko mu ovaj poljubi stražnjicu i obaveže se tim činom da mu večno služi! Potom okrene gospođu Čet protiv Tibe, služavke Babe Gerton, a Babu Gerton nahuška i ubedi da joj je gospođa Čet ukrala iglu. Ubrzo dolazi do prave svađe i fizičkog obračuna između dve susetke, s razmenjivanjem lascivnih izjava, uvreda i psovki.

Dikonovo spletkarenje nije poštedelo ni paroha Pacoja, koji dobija batine od gospođe Čet i njenih služavki, jer pogrešno izvedu zaključak da je to Hodž i da će im on pokrasti živinu. Tek nadzorniku Bejliju, na kraju komada, postaje jasno da iza svih smešnih međusobnih komšijskih optuživanja, čarki i obračuna stoji, kao pokretač, Dikon.

Svi likovi su na zanimljiv način i uverljivo predstavljeni. Pored Dikona, koji je uza sve svoje mangupluke ipak svima simpatičan, upečatljivi su i ostali protagonisti. U prvi plan se ističe Baba Gerton kao na-

porna i svadljiva starica, potom sklona provokacijama i raspravama gospa
Čet, naivni i zaplašeni Hodž, koji ne uspeva da utekne od batina besne
Četove, i obespravljeni i zastrašeni Tiba i Koki. Tu su i paroh Pacoje, de-
motivisan i nerazborit sveštenik koji je na službi parohijanima samo da bi
dobio nešto za uzvrat, kao i razuman i vispren nadzornik Bejli.

Zanimljivo je pratiti dijaloge, u kojima se ističu živ kolokvijalni
govor seoskog stanovništva tog podneblja, i smeli, ponekad otvoreno vul-
garno duhoviti, komentari i upadice. Međutim, iako je pun naziv komedije
„Prava, Krepka, Šaljiva i Vesela Komedija: Naslovljena / Igla Babe Ger-
ton / Igrana na Pozornici, ne tako davno u Hristovom Koledžu u Kem-
bridžu / Iz Pera Gospodina S., Mastera", vidimo kako kroz tekst provejava
i osuda na račun nekorektnog ophođenja prema nižim slojevima. Pored
humora i razvijanja narativne niti u pravcu preispitivanja i ismevanja
ćudljivih i svadljivih žena i naivnosti izvesnih protagonista, važnu ulogu
u drami igraju i literarni presek društva i uočavanje izvesnih nepovoljnih
aspekata u periodu koji autoritativni istoričari i teoretičari književnog
stvaralaštva smatraju najslavnijim u engleskoj istoriji.

Odnos Babe Gerton prema njenim slugama, kao i njeni komen-
tari u kojima dominiraju psovke i vulgarni izrazi, u prvi mah deluje
komično. Međutim, kada se ozbiljnije udubimo u monologe slugu Hodža
i Tibe, možemo da zaključimo da njihov društveni položaj nije ni naj-
manje smešan. Već u prvom prizoru drugog čina Hodž se žali Dikonu što
ne može sebi da priušti normalan par pantalona i što radi za Babu Ger-
ton u toliko teškim uslovima. Kako Hodžu, tako ni Tibi, Baba Gerton ne
daje obrok koji im sleduje posle napornog rada. Štaviše, Baba Gerton se
Tibi obraća uz uvrede, neprestano je kinjeći i nipodaštavajući.

Nažalost, ovakva kritika društva nije prisutna u svakoj rene-
sansnoj dramskoj formi. U ranoj renesansi delimično su se političkim

okolnostima bavila dela *Fulgencije i Lukrecija* (*Fulgens and Lucrece*, otpr. 1497) Henrija Medvala, *Kralj Džon* (*King John*, otpr. 1538) Džona Bejla, i *Država* (*Republica*), neznanog pisca. Šekspirovi prethodnici u zreloj renesansi, „Univerzitetski umovi" (Džon Lili, Džordž Pil, Tomas Lodž, Robert Grin, Tomas Neš, Kristofer Marlo), u svojim dramama su prednost davali univerzalnim temama i, umesto kritike i osude tjudorovskog režima, pisali su komedije u kojima veličaju vladare ove dinastije. Stoga, kao što se možemo uveriti, *Igla babe Gerton* može biti podesna za analizu u nekoliko različitih ravni: kako u književnoj i lingvističkoj, tako i u istorijskoj i političkoj.

Prevodilac komedije je pristupio zadatku temeljno i posvećeno, nastojeći da u rimi pruži odgovarajuće prevodne ekvivalente koji verno dočaravaju raspoloženje i poruke vidljive, mada ne uvek i smesta očigledne, u originalnom tekstu. Prevod je upotpunjen značajnim dodatnim objašnjenjima najrazličitijih izraza u dijalozima, to jest preciznijim opisivanjem značenja i datiranjem određenih reči, izraza, aluzija i slika koje nudi autor. U okviru brojnih napomena posle teksta takođe se nalaze bitne kulturološke reference u vezi s poreklom različitih verovanja i običaja u datom periodu.

Na osnovu svega navedenog, jasno je koliko je važno da se prevod komedije *Igla babe Gerton* približi čitaocima i proučavaocima na širokom polju društveno-humanističkih nauka. Ovo prevodno delo ne samo da nam daje priliku da se nasmejemo i zabavimo već, zajedno s velikim bogatstvom objašnjenja posle same dijaloške tvorevine, može poslužiti kao značajan izvor leksike u nastavi engleskog jezika, a otvara i mogućnost za analizu iz različitih perspektiva i polja u naučnoistraživačkom radu.

dr Maja Ćuk

CIP – Каталогизација у публикацији
Народна библиотека Србије, Београд

821.111-2
821.111.09-2 Стивенсон В.

Стивенсон, Вилијам, 1530-1575
    Igla Babe Gerton / Vilijam Stivenson ; s engleskog preveo i prvo srpsko izd. priredio Slobodan Jovanović. - Beograd : Udruženje pisaca Srbije i okruženja, 2016 (Beograd : Pharmalab). - 210 str. ; 23 cm

Prevod dela: Gammer Gurton's Needle / William Stevenson. - Str. 7-11: Predgovor / Slobodan D. Jovanović. - Tumačenja i komentari: str. 83-205. - Str. 207-210: Pogovor / Maja Ćuk.

ISBN 978-86-89897-08-1

a) Стивенсон, Вилијам (1530-1575) – „Игла Бабе Гертон"
COBISS.SR-ID 224174348

www.ingramcontent.com/pod-product-compliance
Lightning Source LLC
Chambersburg PA
CBHW060746050426
42449CB00008B/1307